Minerva Shobo Librairie

埼玉学園大学研究叢書第17巻

近代日本における「受験」の成立

「資格」試験から「選抜」試験へ

吉野剛弘［著］

ミネルヴァ書房

近代日本における「受験」の成立——「資格」試験から「選抜」試験へ　目次

凡例

1. 引用文はすべて新漢字にて表記している。ただし、人名はこの限りではない。
2. 文中に登場する人名については、すべて敬称略とした。
3. 年号表記は、本文においては西暦（元号）に統一してある。なお、引用文中の元号表記の年号については、西暦を付していない。引用文献の出版年は、西暦のみを表記した。
4. 変体仮名や一部の繰り返し記号については、開いて表記した。
5. 政府ないし府県が定期的に発刊しているものに関しては、特に必要のない限り、著者や出版元は表記していない。

序章　入学試験の歴史を問う意味

1　問題の所在

二〇一四（平成二六）年八月の週末、高大接続の改革に関わって二つの象徴的な出来事が報じられた。

一つは、夏に報じられた代々木ゼミナールの大規模な校舎閉鎖である。この件について、『毎日新聞』は「少子化に伴う人口の減少が理由とみられる」[1]と報じ、『朝日新聞』も閉鎖の背景については同様の見解を示すとともに、「少子化による受験生の減少や競争の激化にあえいでいるのは他の予備校も同じ」[2]とし、「代ゼミでは浪人生の生徒がかなり減っていると聞く。私立の文系に強いと言われてきたが、国立大や理系人気で『お得意様』が集まらなくなったのでは」[3]という大手予備校関係者の話を紹介している。

予備校のピークは、一九八〇年代後半から一九九〇年代前半で、代々木ゼミナールはいわゆる三大予備校の中で最も多くの生徒を擁していたといわれる。数百人規模の大教室で、講師が一方的に講義し、しかもそれを衛星中継で全国の校舎で放映するという、四半世紀前の日本ではおなじみだった大手予備校のスタイル（とりわけ代々木ゼミナールが最も得意としたスタイル）は、今や受け入れられなくなりつつあるということである。

『毎日新聞』の代々木ゼミナールの大規模校舎閉鎖の記事の隣には、「達成度試験一九年度から　基礎レベル中教審部会が実施案」という見出しが躍っている。二〇一六（平成二八）年に高大接続システム改革会議が出した「最終報告」に示された、大学入試センター試験に代わる新たな試験に関するものである。もう一つの出来事とは、この新たな試験の導入時期の決定である。

大学入試センター試験に代わる「大学入学共通テスト」では、「知識・技能」と「思考力・判断力・表現力」を総合的に評価するような試験とし、今までのような一点刻みの採点を止め、年複数回実施するという。[4] 一方、「高等学校基礎学力テスト（仮称）」は、高等学校の必履修科目を基本とした「知識・技能」を測るためのもので、これもまた複数回の受験が想定されていたが、「高校生のための学びの基礎診断」として民間の学力テストを活用する方向になった。[5] 新テストはこれから本格実施に移されるので、未知数の側面もあるが、これもまた従来の入学試験のあり方を大きく変えることになろう。

このような改革は、これまでの大学入試制度に対する反省の上に成り立っており、質的な転換を含むものである。事実、上述の答申でもそれが高らかに謳われている。

このような新テスト、殊に「思考力・判断力・表現力」をも評価する「大学入学共通テスト」は、SSH（スーパーサイエンスハイスクール）やSGH（スーパーグローバルハイスクール）といった、すでに高等学校で始まっている施策とも親和性が高い。また、新テストは、二〇一八（平成三〇）年に改訂された学習指導要領との連動が「最終報告」の随所に示されることから、アクティブ・ラーニングとの親和性は言わずもがなである。このような高等学校政策と新テストとの親和性を考えれば、新テストの導入により予備校のような受験準備に特化した教育機関は必要なくなるのかもしれない。

しかし、試験に対策は付き物である。誰かが対策を取れば、それを出し抜くべく新たな対策が取られるのが常である。事実、このような改革に対しても、すでに予備校が対策を始めている。[6] 先述の代々木ゼミナールはSAPIXと提携し、Y-SAPIXを設立している。Y-SAPIXでは、書籍を読んで討論を行う「リベラル読解研究」という独自科目を、少なくとも二〇一〇（平成二二）年度から設置しており、すでに新テストへの一定の対策を取っているのである。[7] 大学入試制度を陰で支えつづけた予備校が、大学入試制度の質的な転換を経てもなお生き残るのだとすれば、大学入試を取り巻く風景はそう大きく変わらないのかもしれない。

では、質的な転換が決定打ではないとして、このような改革を促すものは何か。それは少子化にともなう量的な変化である。大学受験に臨む受験生の人数は、一九九三（平成五）年以降低下の一途をたどっている。[8] 私立大学は四割以上が定員割れを起こす時代である。[9] それゆえに大学全入時代の到来が叫ばれ、大学業界では「二〇〇九年問題（のちに、二〇〇七年問題）」と呼ばれるような危機感が広まった。今現在、大学はその全体から見れば全入状態には至っていないが、全入状態に陥っている大学はすでに存在している。大学入試を取り巻く風景は大きく変わらないのかもしれないと述べたばかりだが、大きく変わらないのは一部の大学の入学試験を取り巻くそれにとどまるであろう。

少子化による志願者の減少が進む中で、多くの大学で推薦入試やAO入試が人員確保の道具として使われていることは、早くも二〇〇八（平成二〇）年一二月二四日の中教審答申「学士課程教育の構築に向けて（答申）」でも示されている。「高等学校基礎学力テスト（仮称）」が構想されていた段階では、二〇二三年度以降の大学入学者選抜への活用が視野に入っていることからも、新テストが少子化と無縁でないということを示している。[10]

大学全入時代の到来はもはや時間の問題という感すらある中で、大学進学にはかつてほどの熾烈な学力試験を必要としない。入学試験が相対的に重みを持たなくなっているのである。「十八歳のある一日に、どのような成績をとるかによって、彼の残りの人生は決ってしまう」[11] とは、一九七〇（昭和四五）年のＯＥＣＤ教育調査団の報告書の言だが、今や大学入試は一部の大学を除いてそのような緊張感のあるものには見えない。大学入試全体を見渡せば、これまでと異なる様相を呈しはじめていることは間違いなさそうである。いわば大学入試の二極化である。テストの内容の変化に関係なく従来と変わらない入学者選抜が残存するとともに、熾烈な入学試験を重要な媒介項としない中等教育と高等教育との新たな接続関係が生起することになるのである。

一方で疑問も生じる。高大接続のあり方が今まさに変わろうとしているが、それまでの接続のあり方は首尾一貫して変わらなかったのだろうか。日本の近代学校制度は急ピッチで確立されはしたが、最初から学校が間断なく接続する状況にあったわけではない。近代学校創設期は学校間の接続関係が明確でなかった。近代学校制度の整備にあたって、中等教育機関の整備が最後になったことはよく知られているが、初等教育機関と高等教育機関をつなぐ役割を果たすはずのものの整備が遅れた以上、高等教育機関への進学者の確保には特別な方法を取らざるを得なかったということになる。小学校から大学段階までの学校が法令の上で間断なく接続されるようになったのは、一八八六（明治一九）年の諸学校令のときである。[12] しかし、その後も学校制度は改編されていき、安定した形態となるのは明治三〇年代に入ってのことである。

また、制度上は学校が間断なく接続するようになったからといって、同時に学力的に滑らかに接続するようになったわけでもない。近代学校制度の整備は、実態が成熟した状況に法制を布いたのではなく、法制に実態を合わせるという形で進められた。それゆえに学力面の接続という、実質的な接続関係は、後からついてくることが常であった。事実、帝国大学から逆算されるトップダウンの学力要求と、尋常小学校から積み上げた結果としてのボトムアップの学力到達度には大きな懸隔があった。この懸隔が消滅した（懸隔を埋めるための特別な措置を必要としなくなった）のは、明治二〇年代後半から明治三〇年代前半のことである。

この懸隔の消滅とともに生じたのが、熾烈な椅子取りゲームとしての入学試験と、その準備教育の隆盛という、四半世紀前の日本でおなじみの光景の原型というべきものである。多くの日本人が、時として海外の人々も、受験という言葉から想像する光景が成立するということである。先述した四半世紀前におなじみの光景は、その後に衰退していくことから考えても、「受験」(二〇世紀初頭に生じ、その後展開していった入学試験とその準備に特化した教育機関やメディアなど、入学試験を周囲から支える諸装置を含めた全体を称する場合は、「」付きで「受験」とする。以下同じ)の究極形態といえよう。すなわち、昨今の変化は、一部のエリート校の入試を除いて「受験」が消えゆく過程と評することができるのである。

学校制度が未整備の時期にも、入学試験は行われていたのだから、受験という行為それ自体は存在していたはずである。しかし、「受験」の成立は以下のような変化をもたらした。

①選抜制度の見直しと選抜観の確立
②受験対策を主とした学習方法の確立
③中等教育機関と高等教育機関の関係の変化

①について。学校制度が未整備の段階では、その学校で学ぶことが可能な学力を担保するために試験という方法で入学者を選抜しなければならなかった。入学資格として「○○学校卒業」というようなものを規程で定めることは可能だが、その「○○学校」の教育水準が担保され得ない以上、学力それ自体を確認せざるを得ないからである。しかし、制度的にも学力的にも学校が間断なく接続するようになれば、学力それ自体を確認しなくとも、一定の水準は維持されることになる。当然のことながら、選抜のありようは変わり、選抜方法が大きな関心となる。また、何のために選抜しなければならないのかという選抜観が必要になってくるのである。

②について。近代学校創設期から試験による選抜があった以上、当然その試験に臨む者は一定の準備を行ってきたのである。学校制度が未整備ならば、とにもかくにも学力を向上させることを旨としなければならないし、その

ために長い時間を要することもあっただろう。一方、学校階梯を順当に昇っていけばよい状況の中で選抜が行われるということは、その選抜のための学習を強いられることになる。さらには、順当に学校階梯を昇る「現役生」、そこで中断を余儀なくされた「浪人生」という言葉が意味を持つことになるのである。

③について。学校制度が確立するということは、中等教育機関と高等教育機関との関係が確立することでもある。中等教育機関の一部、近代日本においては中学校が、進学準備教育の中核を担うことになるが、その中学校とて卒業生のすべてが上級学校に進学したわけではない。学校制度の確立の過程の中では、そのような非進学者の存在を捨象して、上級学校につながるべくひた走ることは可能だっただろう。青年たちの要求する教育水準はさまざまなのだろうが、まずは学校階梯の確立こそが必要なのだ、ということである。しかし、制度が確立したがために、翻って中学校はその存在理由が問われることにもなってしまうのである。青年たちにいくばくかの知識を身に付けさせて、下から上へ流すだけでよいのか、ということである。

もとより上級学校の入学者は入学試験で選ばなければいけないわけではない。事実、上級学校への入学者はすべからく入学試験によって選抜されていたわけでもないし、入学試験を実施したとしても、選抜的な入学試験が成立し得たケースばかりでもない。多くの教育機関が入学試験によって選抜を行ったとしても、入学試験は入学者選抜の一つの選択肢にすぎないはずである。

実際に、入学試験による入学者選抜を回避する方法は、近代以降の日本の教育に厳然と存在している。一つは一貫教育の体系を作ることで選抜の回数を極小化するという方法であり、もう一つはひとまず入学を認めてしまうオープン・アドミッションという方法である。

一貫教育については、中等教育学校のような複数の学校種にわたる年齢の生徒を収容することが法的に容認されている機関はもとより、小中一貫や中高一貫などさまざまな形態がみられる。一貫教育で最も長い歴史を持っている慶應義塾を例にみれば、初等教育段階の幼稚舎から、留年などの特殊事情がない限り、大学部（現在の慶應義塾大学）にまで進学が可能になるというシステムである。慶應義塾では、近代日本の学校制度の整備に呼応するように、一貫教育体制を整備していった。もっとも、現在の慶應義塾幼稚舎やその他の一貫教育校の入学者選抜の熾烈さは、選抜の回避という状況からほど遠いようにも見えるが、その熾烈さは選抜回数の極小化とトレードオフの関係である。何度も入学試験を受けるのか、熾烈とはいえ一度の選抜のみで最高学府までの進路の保証を受けるのかということである。このような一貫教育は、現在では私立学校、殊に私立中学校・高等学校を中心に他の学校にも導入されているが、この種の学校が進学先として一定の人気を誇るのは、高校入試の回避と大学入試での有利さを獲得するためである。[13] 入学試験への対応というのは、個人のライフコースにとって重要な意味を持つ、つまるところその呪縛からは逃れられないということの証左である。

一方、近代日本において、官公立の学校でも一貫教育は存在した。完全な一貫教育ではないが、明治期の山口県では公立学校による一種の一貫教育が行われていた。後に崩壊することにはなるが、その崩壊には「受験」の成立が大きく関わっている。また、一九一八（大正七）年の高等学校令で設置が認められた七年制高等学校も、その趣旨は一貫教育と異なるが、結果的にそのような機能を果たしていたのである。[14]

オープン・アドミッションについては、大学レベルでいえば、放送大学においてすでに成立している。また、「大学全入時代」と評されるような状況が成立している中で、形式的な入学者選抜は実施するものの、実質的にオープン・アドミッションと評されるべき状況になっている大学は少なくない。しかし、大学の入学者選抜は、文部（科学）省から毎年出される「大学入学者選抜実施要項について」という通知に基づいている以上、たとえその選抜が実質的な意味を持たなくとも、無選抜ということは不可能である。つまり、入学試験によらない選抜が可能であることは含意されているが、結局のところ採用されるのは入学試験という手法なのである。

欧米の制度を模倣しつつ形成されてきた日本の近代学校制度が、当の欧米とはまるで異なる入学試験の存在を必要としてきたことは、抗いがたい事実である。[15] もう少し視野を広げれば、日本のような大学入学者選抜制度を採っているところは、韓国、台湾、中国である。[16] 現在はこのような国々でも、欧米流に近づけるような改革は進んでいるが、旧来の試験も今なお続いている。[17] 殊に台湾では、「補習班」という日本の予備校に該当するものも多く存在しているという点でも似通っている。その意味で、日本の状況を問うことは、いわば東アジアにおける学校間接続のありようを考える素材を提供することにもなるだろう。[18]

しかしながら、これまでの教育史研究において入学試験がその研究対象になることは決して多くなかった。教育学の研究領域の中で入学試験が最も多く研究対象となってきたのは教育社会学においてであるといってよいだろう。入学試験の持つ選抜機能を考えれば、教育社会学の研究対象として注目されるのは首肯できるが、近代学校に関して多くの研究蓄積を持つ教育史において研究が立ち遅れたことは、奇異な感さえある。この点に関してはこれまでも指摘がなかったわけではない。佐藤秀夫は以下のように述べている。

入学試験競争は日本近現代学校教育の本質部分を端的に表出している事象だと信ずるのだが、奇妙なことに、教育史研究において「最も立ち遅れている」研究領域の一つになっている。初等・中等・高等などの学校制度の層に対応して研究の領域と関心が分断されているためか、それとも教育の赤裸々な「本音」の露呈を恐れる関係者心理があるのかはともかくとして、世間での「関心」と研究関心の落差が、これほど大きく示されている教育史上のテーマは、そう多くはないだろう。「学歴社会」の成立に関わって、教育社会学の方法による入試の歴史研究はかなり以前から見られるのだが、学校教育ひいては教育そのもののあり方に深刻な関わりをもつ課題として、教育史研究の重点領域を構成していると考える。[19]

また、佐藤の指摘する入試が研究対象としてあがってこなかった二点の理由のうち、後者に関わる点を、菅原亮芳は以下のように指摘している。

進学のこと、受験のことを経験した我々は、その呪縛から解放されたい欲求に駆られる。しかし、我々は何故に故郷を捨ててまで東京に出て上級学校へ進学しようとしたのか。個人的欲求もさることながら、その問題を個人的問題に矮小化せず日本社会・文化全体の中で考えてみなければならないのである。[20]

入試に関わることをすべての人々が忌まわしいものとして考えているのかどうかについては議論の余地があるだろうが、両者の指摘は現状を鋭く突いているといえよう。入学試験がいかに忌避されるべきものであるとしても、近代日本教育史の中で一定の位置を占め、それが教育に関わるさまざまな問題を提起している以上、我々はそれを受け止めて、考察の俎上に載せる必要があるのではないかということである。

たしかに受験体制への批判は枚挙に暇ない。しかし、そのような批判がうずまくのは、それが個人のライフコースに重大な意味を持つものだからであり、入学試験という存在が学校教育の世界において持つ意味の大きさを裏打ちしているのである。

いくら大学の入学志願者数が減っているとはいえ、入学試験というものが完全に日本の教育から姿を消すということも仮定しづらい。よほどの強制力が働かない限り、一部の上位校には受験生が集中することは確実だからである。また、志願者の減少によって入学試験がなくなるのであれば、それこそ入学試験は単なる人数調整の道具にすぎないことを露呈していることと同義である。その単なる道具が個人のライフコース、ひいては教育に甚大な影響を与えたとすれば、なおさら入学試験をめぐる問題は大いに考察すべきといえるのである。

また、入学試験や学校間接続のありようを問うということは、これまでの中等教育史研究を前進させることにもなろう。学校間接続の研究が立ち遅れてきたのには、これまでの中等教育史研究が教育機関別になされてきたという側面を指摘し得るからである。個別の教育機関の研究はもとより重要である。しかし、教育機関そのものに焦点を当てると、上級学校との接続の問題は後背に追いやられがちである。さらには、それぞれの教育機関をつなげるのに必要だった受験準備教育機関のような存在は、さらに後背に追いやられることになる。これまでの成果をふまえて、中等教育機関とその外部との関係を問うことが必要である。それは、佐藤の指摘する入試が研究対象としてあがってこなかった二点の理由のうち、前者に関わる点への対応ともなるだろう。

近代の高等教育機関への入学をめぐる歴史的研究は、当時の進学率の低さを考えれば、エリート研究の一つとして位置づけることも可能である。高等教育機関への実質的な入り口は、旧制高等学校（前身校も含む）ということになるが、後節で触れるように旧制高等学校史研究において入学者選抜の問題を扱ったものは極めて少ない。

このような研究状況は示唆に富む。とかく批判されがちな戦前の教育機関において、旧制高等学校はその消滅が惜しまれることの多い稀有な存在である。[21] その自由な教育環境が評価されたり、国家エリートとなるべき人材に対して世間から隔絶された環境のもと教育を行う点が真のエリート教育である（総中流化の進む社会に対するアンチテーゼである）として評価されたりと、その評価のされ方はさまざまである。しかし、そのように評価される旧制高等学校が、多くの人が忌み嫌う過酷な入学試験を通過しなければ入学し得ないところだったのである。いささか挑発的にいえば、旧制高等学校教育という恩恵は、過酷な入学試験という代償の上に成立していたことにもなる。入学試験の合格によって得られるメリットが多く、またそのメリットを得るためには過酷な試練が待っていたという意味で、旧制高等学校の入学試験は日本の入学試験の存在意義を考える上で格好の素材ともいえるのである。

2　研究課題

本書では、前節に述べた問題意識に基づき、明治後期の高等教育機関への入学をめぐる問題を研究対象とする。より具体的には、明治三〇年代から末年にかけての高等学校の入学試験、受験準備教育機関と受験メディア、中学校と高等学校との接続関係を検討の対象とする。

分岐型学校系統をとった近代日本において、中等教育と高等教育の接続関係は多様である。中等教育段階においては、性別や教育内容、その後の進路などによって多様な学校が存在し、高等教育段階においても帝国大学を頂点として多様な学校が存在していた。多様なものと多様なものとの接続関係である以上、接続不能な関係を除いたとしてもその関係は極めて多様である。殊にその後の進路という点では、一方では帝国大学へつながるコースもあれば、袋小路のようになっているケースもある。専門学校入学者検定（専検）などの検定試験を経て上級学校へ進学するというようなルートが用意されていたとはいえ、どの学校へ進学するかによってどの教育段階にまで進学可能なのかが決まってしまいかねないという大きな問題が、近代日本の学校制度には存在していた。[22]

では、何故に高等学校の入学試験を主たる検討対象とするのか。最高学府までの進学を考えたとき、「中学校―高等学校―帝国大学」というルートが、学校制度の整備とともに当時の男子青年にとって最も正統な進路となっていったからである。また、高等学校入学が帝国大学への入学を事実上保証していた中では、中学校と高等学校との接続関係が最も問題とされたからである。さらには、その入学試験のありようが、その他の教育機関に波及、拡大していくことになった。つまり、高等学校入学をめぐる問題は、近現代日本の入学試験をめぐる問題の一つの範型となるのである。[23]

寺﨑昌男は、ピラミッドの頂点に当たる学校が存在せず、中学校が進学ルートの中に位置づいていなかった明治一〇年代から、法制度の整備とそれにともなう私学の相対的な地位の低下により、正系ルートが確立していく過程を、主として高等教育の面から明らかにした。[24] 寺﨑曰く、一九〇〇年代にあっては「(明治) 一〇年代にはアモルフなものであった学校体系は、すでに整序され、階層秩序化されてい[25]」たという。そして、大正期以降「正系」と「傍系」という格差を含みつつ、その秩序は拡大していったという。

学校体系という観点から考えたとき、寺﨑の主張には首肯できる。一方で、入学試験という観点から考えた際には、学校制度が確立していない状況での入学試験と、学校制度が確立した後の入学試験は、同じだっただろうかという疑問が生じる。学校制度を整序、階層秩序化する努力と入学試験とが併存していた時期と、学校制度が安定的に存在し、受験生も安定的に供給される中で入学試験が実施される時期とでは、入学試験の持つ意味が異なると考える。

学校制度を整序、階層秩序化する努力と入学試験とが併存していた時期とは、寺﨑の論では明治一〇年代に相当する。一方、学校制度が安定的に存在し、受験生も安定的に供給される中で入学試験が実施される時期とは、一九〇〇年代ということになる。本書は、このうち後者の時期を扱うということであり、一九〇〇年代、すなわち明治三〇年代が一つの画期となるという考えに立つ。

では、そのように時代区分をした際に、その前後はどのように違うのか、つまり本書における「前史」と「正史」との区分について述べておきたい。

「前史」の時期は、上級学校が「入学させてもよい」(入学後の学習に堪え得る) 人材を選ぶための試験、すなわち「資格」としての入学試験を実施しなければならなかった。よって、入試制度の問題を独立した問題として扱うことは難しい。入学者の学力水準の確保は、学校の運営そのものに関わる問題だからである。「資格」としての入学試験を実施しているので、一定の基準に達したら入学は許可された。それゆえ定員割れも辞さなかったし、一方であまりにも「資格」を満たす者が少なければ、基準を切り下げてでも人材を確保することすらあった。また、学校制度の不備は、受験準備教育機関（予備校）と中等教育機関との峻別を困難なものにさせた。上級学校への入学を考える者にとって、中等教育機関は必ずしも卒業を要件とするものですらなく、とにかく上級学校入学に必要な学力をつけることに注力しなければならなかったのである。

このような状況に終止符が打たれるのが、「正史」として扱う時期である。入学試験は、「選抜」としての入学試験に代わる。上級学校が「入学させたい」人材を選ぶための試験である。入学後の学習に堪え得ること自体は制度上保証されているので、上級学校が好きなように選んでよい。とにかく点数の高い受験生を入学させ、定員に達したら残りは切り捨てるのである。そのため、受験準備とは、そのような「選抜」に対応するためのものとなる。一方、上級学校入学のために通らねばならない階梯となった中等教育機関は、その階梯としての役割を果たしつつ、それがために単なる通過点としてのあり方に疑義が生じるようになるのである。いわば満たされたがゆえの疑問ということもできよう。

そこで本書は、学校制度が完備する中で入学試験をめぐる状況がどのように変容したのかを、中等教育機関や受験準備教育機関の動向を含めて検討する。その際、学校制度が未整備だった時期の状況に比して、何が変わって何が変わらなかったのかという点にも注目しつつ検討していく。本書では前節で示した「受験」の成立にともなう三つの変化に即して検討していく。

第一に入学試験制度の変化である。制度上も学力的にも中等教育と高等教育が接続される中で、二つの帝国大学に入学可能である高等学校の入学者の学力格差（この格差が卒業時の学力水準と密接に関係すると考えられていた）、すなわち学校間格差が問題となった。学校間格差自体はそれまでも存在していたが、選抜の必要性の根拠として「発見」された。それゆえ、どう入学者を絞り込むのかという問題が発生し、入試制度改革がなされる状況が生起した。しかも、選抜の目的が変わっているにもかかわらず、選抜試験の存在について上級学校側は特段意識していなかった向きもある。学校制度の整備にともない、入試制度がどのように変わったのか、またその意味が入学試験を実施する側でどのように変わり、また変わらなかったのかを検討するということである。

第二に受験準備機関の動向である。学校制度の確立は、学力的には一定の水準に達しているものの浪人する受験生を多く生み出すことになり、そのような学生を収容する予備校を出現させた。しかし、この時期の予備校は他校種からの進出が主であり、受験準備専門の予備校が出現するまでの過渡期でもある。また、「選抜」としての入学試験は、受験情報の提供の必要性も高め、従来の進学案内書以上に逐次性の高い情報提供の場、すなわち受験雑誌が要請された。「受験」の成立にはその周辺のさまざまな諸装置の成立が必要不可欠であるが、その成立過程を検討するということである。

第三に中等教育機関の対応である。明治初期以降、中学校は上級学校に接続し得る学力を付けさせる機関たるべく、各学校も政府もその教育水準の向上を図った。井上文政期には、中学校卒業者の進学志向の高さが問題となったが、一八九九(明治三二)年の中学校令で進学準備教育路線は確定した[26]。しかし、実業教育を通した完成教育を模索する動きが、受験準備教育機関である補習科を軸にして起こり、法制も整備された。そのような中で、千葉中学校の実業補習科のように、政府の意に沿った事例も見られるが、これは失敗に終わる。高等教育機関への接続に資する教育を提供することが法制上確定したがために生じた中学校の独自性の模索、そしてそれゆえに生じる中学校と高等教育機関の対抗的な関係の成立を検討するということである。

3　先行研究の検討

入学試験に関する研究は、教育社会学において蓄積が多いことはすでに指摘したが、その教育社会学でも一九九〇年代から二〇〇〇年代前半にかけて歴史研究が盛んであったことは、関連学会の大会や機関誌の動向などからも看取できる。そのような中で新谷恭明は、教育史と教育社会学は「もっと相互交流することは可能であろうし、そうすべきだろうと思う[27]」と指摘している。教育社会学における「歴史社会学」研究と教育史研究の違いなども注意する必要はあるだろうが、先述のような研究史のありようを考えれば、入学試験の歴史に関する研究はとりわけ相互交流の必要性も出てくるだろう。よって、本節でも教育史における研究成果にとどまらず、教育社会学における研究成果も視野に入れて検討を進めることにしたい。

(1)　学校間接続・入学試験制度に関する研究

本論文に最も深く関わる研究は、前節で言及した寺﨑昌男「日本における近代学校体系の整備と青年の進路」『教育学研究』第四四巻第二号（一九七七年）である。寺﨑曰く、この論文は一九七六（昭和五一）年の日本教育学会大会の課題研究を補完するものとして書かれたものである[28]。同論文の内容と、そこから導かれる補うべき点については前節で触れているので重複は避ける。同論文は、新出の資料やデータに基づくのではなく、これまでの蓄積の整理をもとに整理したと、寺﨑は述べている。また、「きわめて試論的で素描的な見解ないし仮説を提示してみよう[29]」とも述べている。そこで問題となるのは、この論文発表後には、後述するような多くの研究が出されているにもかかわらず、この寺﨑の仮説を検証する作業が十分になされていないという事実である。その検証が必要なことはいうまでもない。

入学試験制度の歴史について、本格的に研究されはじめたのは、一九六〇年前後のことである。経済成長にともなう高等学校の進学率の上昇、第一次ベビーブーマーの進学にともなう進学者数の急増によって、高校入試の大衆化、すなわち選抜経験の大衆化という状況が、歴史的な省察の契機となったことは想像に難くない。清水義弘『試験』（岩波新書、一九五七年）は、試験の持つ選抜機能や社会階層に関する問題を中心に、社会学的な関心から試験について検討しているが、このような書籍が新書という形で出版されることが、関心の高さを物語っている。増田幸一・徳山正人・斎藤寛治郎『入学試験制度史研究』（東洋館出版社、一九六一年）は、明治初期から昭和三〇年代までの入学試験を網羅的に叙述したものである。研究の目的として、「わが国の学校教育を今後ますます前進させる上に必要な、入学試験制度の研究および企画に対し、正確な参考資料を提供することにある」[30]と述べているように、同時代的な関心に対し、歴史的な基礎研究をしたということである。なお、著者の増田と斎藤は教育心理学者である。そのような事情もあり、事実の網羅にとどまる面もあるが、入学試験制度史の主要特徴として、「全面的な制度改革がくり返されたこと」「建設と崩壊の循環であること」「学科試験へのあくなき挑戦とその失敗の連続であること」「選抜制度の不安定が、わが国の教育制度の発展のブレーキとなったこと」「選抜制度の問題は、社会問題としての影響が大きいこと」があげられている。[31] いささか同時代的な関心に引きずられている面は否めないが、大いに示唆に富む。これをどのように検証していけるかが課題である。

天野郁夫『試験の社会史――近代日本の試験・教育・社会』（東京大学出版会、一九八三年）は、本格的な入学試験に関する歴史研究の最初のものであるといえよう。同書では、「近代産業社会」を成立、維持させるための制度としての試験というものが、近代日本において定着していく過程を描出している。その対象は広く、小学校の試業から資格試験までを網羅している。

しかし、天野の研究は試験というものが定着するプロセスに主眼が置かれるので、分析対象は明治三〇年代前半頃までにとどまっている。天野は試験の定着とその帰結について、モルレーが死去した一九〇五（明治三八）年頃のこととして以下のように述べている。

わが国の指導者たちは、モルレーがかつて東京大学卒業式の演説（一八七七〈明治一〇〉年一二月の東京大学法理文学部の卒業式での演説・引用者注）のなかで強調した通りに、試験の制度を、教育と社会の進歩をはかる手段として積極的にとり入れ、活用してきた。そしてそれがようやく期待通りの、あるいは期待以上の成果をあげるようになったとき、わが国は欧米諸国のそれまで知らなかった試験の問題――「入学試験」の問題に直面することになった。明治四〇年代に入る頃から、わが国の試験制度をめぐる問題はなによりも、この入学試験を中心に展開されるようになる。それはまた、いま私たちの直面している、試験をめぐるさまざまな病理現象が次第にはっきりとした形をとりはじめた時期でもあった。(32)

そうであればこそ明治三〇年代後半以降の状況の検討が必要である。まさしく試験の効用を認め、それを学校制度の中で利用した帰結が明治三〇年代後半の状況だからである。天野は、「試験の社会が本格的な展開の時をむかえるのは、大正・昭和期である」(33)ともいう。この点は寺崎と軌を一にしているが、それゆえに明治初期からの展開の帰結として成立した明治三〇年代後半の状況は検討を要する。(34)

天野には『学歴の社会史――教育と日本の近代』（新潮社、一九九二年）という著作もあり、こちらも『試験の社会史』と同様に扱う範囲は幅広く、当時の状況について有益な情報を与えてくれるが、学歴というものが定着する過程に重きが置かれるため、個人が学歴を積み上げていく際に障壁となり得る学校間接続に関する考察は必ずしも十分でない。学校間接続に関する仔細な考察が必要である。

教育社会学では、竹内洋も精力的に旧制高等学校入試について研究を行っている。『立志・苦学・出世——受験生の社会史』（講談社現代新書、一九九一年）では、『中学世界』や進学案内書などを用いて受験生の実態を明らかにしている。受験雑誌というメディアそのものは竹内のこの著作以前からその存在は知られていたが、これらの史料を入学試験の実態の検討のために本格的に活用したのは竹内が最初と見てよい。その後の『学歴貴族の栄光と挫折』（中央公論新社、一九九九年）でも、旧制高等学校の入学試験をめぐる問題が扱われている。同書では、「学歴貴族」をキーワードとしているので、必ずしも入学試験が主題ではないが、旧制高等学校へ入学し得た階層の人々の実態にまつわるストーリーを見事に描出している。ストーリーとしては非常に読み応えがあるのだが、それを支えた制度についての分析は少ない。おそらく竹内の関心が制度にあるわけではないのだろうが、裏付けの作業は必要であろう。

また、竹内は明治三〇年代以降の入学試験の状況をして、零和ゲームと評価する。[35]その主張には首肯できるが、問題はその先である。入学試験が零和ゲームと化したときに、実態はどうなるのかということの検討が必要である。入学試験が過酷になることは必然としても、そこへの対応はさまざまである。実態の検討が全くなされていないということではないが、散発的な点は否めない。

一九七〇年代後半から約一〇年近くにわたり旧制高等学校史研究は一つのピークを迎えた。単行書についていえば、後述する筧田知義の旧制高等学校史研究の一連の著作が出版されたのもこの頃である。研究会組織としては、一九七六（昭和五一）年から一九七九（昭和五四）年まで『旧制高等学校史研究』を刊行した旧制高等学校史研究会が結成された。『旧制高等学校史研究』は二〇号をもって廃刊となったが、この研究会の存在により、後に『資料集成　旧制高等学校全書』（全八巻・別巻一巻、昭和出版、一九八〇～一九八五年）の刊行を見ることとなった。ちょうどこれと同じ時期の一九七八（昭和五三）年に『国立教育研究所紀要』第九五集で「旧制高等学校の問題史的研究」という特集が組まれている。しかし、この旧制高等学校史研究のピークにあって、筧田以外の研究で入学試験についての研究はほとんど見られない。現段階で確認できる範囲では、旧制高等学校史研究会で発表が一回行われたのみで、『旧制高等学校史研究』および『国立教育研究所紀要』第九五集において、入学試験を中心的な考察の対象にすえた論文は一本もない。一方、『資料集成　旧制高等学校全書』には入学試験関係の史料も収録されているが、入学試験関係史料は法令が中心である。

筧田知義は、『旧制高等学校教育の成立』（ミネルヴァ書房、一九七五年）で高等中学校期から一九一八（大正七）年の改正高等学校令に至るまでの高等学校について論じている。同書では、五高と六高の校友会雑誌を用いて、入学試験に対する生徒の意識も検討されている。校友会雑誌を用いた点についてはまさに出色であり、その後の教育社会学者によるさまざまな二次史料の活用の先駆的事例といってよい。筧田の研究により、制度の概要と志願者数等の基礎的な統計をつかむことはできる。しかし、筧田の関心は旧制高等学校全般にあり、入学者選抜の問題に焦点化しているわけではない。これを土台に仔細な検討が必要である。

入学試験そのものを中心的に取り上げた研究という意味では、佐々木享が最も精力的に研究を行ってきた。『大学入試制度』（大月書店、一九八四年）や『わが国大学入学試験制度史の総合的調査研究（アーティキュレイション問題を中心に）』（昭和六二年度科学研究費補助金　一般研究〈B〉研究成果報告書、一九八八年）では、旧制高等学校のみならず、戦後の大学入試と新制大学の起源となった戦前期のさまざまな教育機関の入試についても論じられており、無試験検定といった筆答試験以外のさまざまな制度についても言及されている。また、統計資料を駆使した研究を行ったという点も、佐々木の研究の功績である。しかし、考察が個別の学校の入学者選抜にとどまっている点と、一定の不備がある統計資料への依存度が高いために、考察が十分でない側面は否めない。佐々木の研究成果を土台として、さらなる検討が求められよう。

(2) 受験準備教育(予備校・受験メディア)に関する研究

この時期の受験生や予備校に関する先行研究は決して多くはない。受験生という匿名の集団の実態は伝統的な教育史の手法ではとらえにくいものであったし、予備校についても正規の学校系統からは外れたものであり、その実態を示す公文書等の一次史料に乏しいからである。その中で本書の先行研究となり得るものをあげておくことにする。

受験準備教育機関の歴史に関する本格的な論考の嚆矢といえるものとして、関口(小金井)義「各種学校の歴史②・⑥」『各種学校教育』第二号・第七号(一九六五年・一九六六年)をあげることができる。「各種学校の歴史」という題目からも分かるように、各種学校の一つとしての受験準備教育機関というスタンスで執筆されたものであり、二つの論考は明治前期、明治後期という時期区分のもとに論じられている。明治前期は受験準備教育機関については全般的に論じられるのみなのだが、明治後期については、予備校を二つの側面から類別化している。[36] 一つは設置形態に基づく分類で、①漢学校、数学校などが、次第に他教科を加えて、中等教育準備教育機関としての役割を果すようになったもの、②英語学校が予備校的性格を持つようになったもの、③私立の大学が受験浪人を対象として予備校を設置したもの、④純粋に高等学校や専門学校受験準備のみを目的として設立された予備校、⑤中学校内に予備校を設置したもの、としている。もう一つは準備の対象の入試に基づく分類で、①中学校、高等女学校、師範学校等の中等教育諸機関へ入学のための予備校、②中学校への転学、編入学の課程としての準備コース、③特定学校入学志願者のための予備教育機関、予備校、④高等学校、官私立専門学校入学のための予備校、としている。編入学対策という点が特徴的ではあるが、全体としてこの分類はほぼ妥当なものである。この分類によってさまざまな機関を網羅することは可能だし、実際にこの分類をもとにさまざまな機関の沿革が語られている。ただ、沿革史などから引用したと思われる沿革が語られるのみで、分析の踏み込みという点では問題が残る。また、関口には「わが国に於ける予備校の発達過程とその展望」『天王寺予備校二十年史』（天王寺学館、一九七四年）という論考もある。通史を概観するという点ではこちらの方がまとまっているが、基本的な姿勢は先述の連載と同じである。これらの論考によって、受験準備教育機関はおおよその変遷は明らかになるという点で、いわば受験準備教育機関史の大枠を提示したと評価することは可能である。しかし、その実証性には問題が残る。随所に見られる当時の実態を示す叙述の多くが出典不明であり、どのような証拠のもとにそのような叙述が可能なのかという疑問が拭いきれない。[37]実証性を高めるべく、さらなる検証が必要である。

関口の一連の研究の後に、受験準備教育機関の歴史を概説したものに、佐々木享「大学入試の歴史（第三七回～第三九回）予備校の歴史（1）～（3）」『大学進学研究』第一四巻第（二）～（五）号（一九九二～一九九三年）がある。佐々木の研究では、教育学事典などの予備校の定義を整理した上で、予備校を「威信の高い上級学校への入学志願者で主として浪人している者、あるいは公的資格（または免許）取得をめざす者のために、その試験に必要な知識・技能を専門的に教授する教育施設」[38]ととらえ、その分析を進めている。受験準備教育の中に公的資格の予備校を含んでいることが大きな特徴といえるが、これらの学校については設置の経緯が中心的な話題であり、その歴史的変遷が語られているのは専ら上級学校入試のための機関である。佐々木の研究では、定義と同様の手法を用いて受験準備教育の機能の変化に即した時期区分として、明治二〇年代、一九〇〇年前後、第一次世界大戦後を境界とするものを打ち出している。また、関口の研究では分類は行われたもののその分析に不足が見られたが、佐々木の研究により私立大学に設置された予備校や中学校補習科などについても踏み込んだ分析も見られる。また、これらの分析にあたって、進学案内書や文部省がまとめた各種統計もその史料として使用している。これらの史料を活用することで、歴史研究としては関口のものより深まることになったが、関口の研究において残された問題が解決しきれたというところまでには達していない。

また、受験準備教育機関は単独設置されたものばかりではない。さまざまな教育機関に付設される形で存在していたものが多い。中学校補習科に関しては、学校沿革史にその存在が記されることはあるが、全体的には情報が乏しいのが現状である。中学校補習科を除いた受験準備教育機関に関する叙述のある学校沿革史には、河野隆二編『資料と写真で見る研数』（研数学館、一九八九年）、専修大学編『専修大学百年史』（専修大学出版局、一九八一年）、中央大学編『中央大学五十年史』（中央大学、一九三五年）、中央大学七十年史編纂所編『中央大学七十年史』（中央大学、一九五五年）、東洋大学創立百年史編纂委員会・東洋大学井上円了記念学術センター編『東洋大学百年史』全八巻（東洋大学、一九八八〜一九九五年）、日本大学『日本大学七十年略史』（日本大学、一九五九年）、日本大学編『日本大学九十年史』（日本大学、一九八二年）、日本大学百年史編纂委員会編纂『日本大学百年史』全五巻（日本大学、一九九七〜二〇〇六年）、法政大学『法政大学百年史』（法政大学、一九八〇年）、明治大学百年史編纂委員会編『明治大学百年史』全四巻（明治大学、一九八六〜一九九四年）、立命館百年史編纂委員会『立命館百年史　通史一』（立命館、一九九九年）、錦城学園百年史編纂委員会編『錦城百年史』（錦城学園、一九八四年）、正則学園高等学校『正則学園八十年小史』（正則学園高等学校、一九七九年）、正則学園編『正則学園史　紫紺百年の時を刻みて』（正則学園、一九九六年）、日本中学校編『日本中学校五十年史』（日本中学校、一九三七年）、早稲田中・高等学校校史編纂委員会『早稲田中学校　早稲田高等学校　百年の軌跡』（早稲田中学校、一九九五年）がある。それぞれの機関が併設した受験準備教育機関についての記述がみられるわけだが、その記述の密度についてはまちまちである。そのような中で、『東京開成中学校校史資料』（東京開成中学校、一九三六年）、『資料　明治大学教育制度発達史稿』（二）（三）明治大学、一九七七年・一九七八年）、『中央大学史資料集』第二集（中央大学大学史編纂室、一九八七年）のように併設の受験準備教育機関に関する史料を掲載した史料集も存在する。明治大学のものはいわゆる公文書にとどまらず、学校所蔵の文書も掲載されている。

また、個別の受験準備教育機関を扱った研究というものもみられる。田中政男「「高等予科学生原簿」（第一号）に見る予科生の実態」『明治大学史紀要』第一〇号（一九九二年）のような、一次史料に基づいた研究もある。この論文では、明治大学所蔵の学校文書を用いて、創設期の高等予科の在籍者の修了および転学状況等を検討して、高等予科の実態の分析を行っている。そこでは、高等予科は本科や専門部へ進学する人を収容すると同時に、「広義の高等教育機関への進学のための予備機関、現代風に言えば「進学塾」のようなものであったことも確かであ(39)」るとしており、後に設置されることになる明治高等予備校との関係から考えても大変興味深い結論を導いている。しかし、分析が創設期の一九〇三（明治三六）年度（一九〇三〈明治三六〉年九月～一九〇四〈明治三七〉年七月）にとどまっている上に、受験準備教育機能の存在の証左としては原簿にみられる転学者の存在と予科の広告中に見られる他大学や高等学校への進学に便宜があるという表現のみであり、受験準備教育史研究としては今一歩の踏み込みがほしいところではある。

受験メディアに関する研究は、菅原亮芳が精力的に進めてきた。その成果は、『近代日本における学校選択情報――雑誌メディアは何を伝えたか』（学文社、二〇一三年）にまとめられている。本書の対象とする時期に関しては、進学案内書の分析があるのみだが、当時の進学案内書の実相を知る上で大いに参考になる。一方、明治期にあって受験雑誌としての色彩を強めた『中学世界』は分析の対象としていない(40)。同氏が研究代表者を務め、筆者も加わった共同研究（「近代日本人のキャリアデザインの形成と教育ジャーナリズム」二〇〇七～二〇一〇年度科学研究費補助金基盤研究〈B〉）において、『中学世界』に関する研究を行っているので、その成果を反映させる必要があろう。

（3）中等教育機関の動向に関する研究

近代日本における中学校の役割を決定づけたのは、一八九九（明治三二）年の中学校令である。米田俊彦『近代日本中学校制度の確立――法制・教育機能・支持基盤の形成』（東京大学出版会、一九九二年）では、一八九九（明治三二）年の中学校令とその後の中学校令施行規則が、中学校をアカデミックな普通教育を施すものと規定したこととともに、その路線の確定にあたっては、その路線を支持する菊池大麓と、実業を尊重する澤柳政太郎との論争を経た上でのことであることを明らかにしている。それをふまえて、その後の中学校が進学準備教育に対してどのように向き合ったのかということを検討していく必要があろう。米田は中学校における実業教育をして、「結果的に進学しない場合でも進学する者と同じ水準のアカデミックな教育を受けたいという住民や生徒本人の強い希望によって完全に否定された」[41]と述べているが、一八九九（明治三二）年の中学校令前後の状況に限定される。後の状況を検討する必要がある。

先述した予備校のことと関連して、私立中学校の動向も重要である。武石典史『近代東京の私立中学校――上京と立身出世の社会史』（ミネルヴァ書房、二〇一二年）は、軍学校への予備校を中心に、その変遷を明らかにしている。明治初期から大正期までを検討対象として、一次史料、沿革史や伝記にとどまらず、教育雑誌や受験雑誌まで史料を探索している。時代が下るにつれ軍学校と予備校のもたれあい関係が希薄化していき、結論として「東京において得やすいと考えられていた受験知＝近代学知が、全国津々浦々の中学校でも習得できるようになった、という変化こそが、上京の減少――受験準備の場としての東京の求心力の低下――という形で表れ、陸士・海兵の予備校的私立中学校の衰退をもたらし」[42]たのであり、それはすなわち「明治初期より東京に集中していた受験知＝近代学知が全国の中学校に浸透し、平準化していくプロセスだった」[43]という。前者の指摘は特定の学校の問題なのでよいとしても、後者については議論の余地がある。事実、明治後期以降もいわゆる予備校は圧倒的に東京に集中していたことを考えれば、地方にいたとしても正規の学校階梯を昇ることが得策となった時期にあって、上京してまで遊学する先は私立中学校から浪人後の予備校に取って代わられたということであろう。軍学校の予備校的機能を果たした機関から、私立中学校全般、さらには予備校に対象を広げての検討が必要である。

4　本書の構成

本書は、制度的にも学力的にも学校が間断なくつながるようになった明治三〇年代から明治末年を対象とする。中等・高等教育制度の確立により、「受験」を構成する諸要素が出揃うことになるが、それは同時に新たな問題を惹起することにもつながった。そのことを入学試験制度と、その準備教育機関、そして中等教育機関の動向という三つの側面から検討していくことにする。

第一部は、高等学校の入学試験制度の分析である。「選抜」としての入学試験への変化を見るとともに、入試問題講評を通して「選抜」の秩序がどのように強化されたかを検討する。

第一章は、高等学校の入学試験制度の変化を検討する。「資格」としての入学試験から、「選抜」としての入学試験へ変化する様相を検討するということである。一八九六（明治二九）年の設置区域の廃止を期に、高等学校の入学試験は全国規模のものへと変化した。中等教育機関の整備と充実により、学力的に十分な生徒が入学試験に参入するようになったことで、学校間格差が問題として浮上することになった。その解消策として導入された総合選抜制は抜本的な解決策になり得ず、むしろ問題を拡大させることになった。このような入学試験制度改革の実態を検討する。また、総合選抜制の導入は、地方の高等学校の意識に影響を及ぼした。さらに、山口県における独自の中等教育体系を崩壊させることになった。「中学校―高等学校―帝国大学」という正系ルートの確立が地域に及ぼした影響も合わせて検討する。

第二章は、高等学校の入試問題講評を用いて、高等学校の入学試験観を検討する。選抜の当事者の意識が「資格」としての入学試験を実施していた頃と変わらず、しかも要求される学力水準は学校制度の整備とともに上昇することで、選抜の秩序が強化される様相を検討する。高等学校は、その前身校も含めて一貫して高い学力水準を要求してきた。それは上級学校から逆算される学力水準に他ならないのだが、一方で明治二〇年代までは下級学校の学力水準の向上にも一定の配慮を示してもいた。そのような配慮を必要としなくなり、選抜方法も変わっていったにもかかわらず、高等学校側の選抜観は旧来のものから大きく変化しなかった様相を明らかにする。

第二部は、入学試験を受ける側が分析の中心である。予備校や受験メディアという、受験生を対象とするものが、「選抜」としての入学試験の生起により、どのように展開したのかを検討する。「選抜」への対応と適応の様相を見ていくということである。

第三章は、受験準備教育機関（予備校）を対象とする。「選抜」としての入学試験に通るために取られた対応、「選抜」のための学力養成の様相を検討する。学校制度の確立にともない、受験準備教育は純粋な学力向上ではなく、入学試験に通るに十分な学力を身に付けるものへと変容した。つまり、受験準備に何年もかける必要はなく、受験準備教育は浪人生を相手に翌年の入学試験までの間の教育を引き受ける機関へと変化していった。とはいえ、この時期の予備校は、後の時代には普通となる受験準備教育のみを行う専門の機関は少なく、他校種からの参入が多く見られた。このような予備校の実態と当時の予備校への評価も合わせて検討していく。

第四章は、受験メディアを検討する。第二章で示される選抜の秩序が青年たちにおいて内面化されていく様相を検討する。進学案内書が最初に刊行されたのは一八八三（明治一六）年のことであり、その後もさまざまな進学案内書が刊行され、『東京遊学案内』のように毎年発行されるものも存在していた。しかし、受験生はさらに逐次性の高い情報を求めるようになった。そのような要求に対応したのが、雑誌『中学世界』である。雑誌や進学案内書が提供した情報の内容を分析するとともに、受験生の志望行動にどのような影響を与えたのかを検討していく。

第三部は、中等教育機関の動向を、補習科を中心に検討する。学校制度が確立したがための「選抜」への対抗と、中学校の独自性の模索の様相をみていく。

第五章は、中学校補習科の法制度を検討する。完成教育をも担う機関としての中学校という、中学校の独自性の模索の過程を検討する。第三章でも触れるように、中学校補習科は受験準備教育機関として機能した。しかし、それと同時に、補習科における実業教育の実施への動きが模索された。一八九九（明治三二）年の中学校令により、中学校は高等普通教育を施す機関として、進学準備教育に傾倒することが確定するわけだが、その数年後には進学準備教育に特化しない中学校像が、補習科を通して模索されたのである。その様相を法制面から検討する。

第六章は、千葉中学校の実業補習科を対象とする。この補習科は、第五章で検討する補習科における実業教育を体現した組織である。全国的にみれば平均的な進学志向を持ちつつ、千葉県内では最大の進学校であった千葉中学校は、文部省の意を受ける形で一九〇八（明治四一）年に実業補習科を設置した。この実業補習科は五年間で閉鎖されるのだが、そこで生じる意識の変化はその後の中等教育機関の姿勢を考える上で示唆に富む。千葉中学校の実態に踏み込むことで、進学準備教育に特化しない中学校像がどのように受容され、また同時に拒否されたのかを検討する。

注

（1）「代ゼミ七拠点に集約へ　少子化　二五校舎整理」『毎日新聞』一四版、二〇一四年八月二三日、二七頁。
（2）「少子化　苦しむ予備校　代ゼミ　校舎七割閉鎖へ」『朝日新聞』一四版、二〇一四年八月二四日、三七頁。
（3）同前掲。

（4）高大接続システム改革会議「最終報告」平成二八年三月三一日、五九―六〇頁。ただし、年複数回の実施については、当面の間見合わされることになっている。
（5）同前掲、二四頁および「高校生のための学びの基礎診断実施方針」平成二九年七月一三日、一頁。
（6）今後進んでいく大学入試制度改革への予備校の対応については、読売新聞教育部『大学入試改革――海外と日本の現場から』中央公論新社、二〇一六年、一九七―一九八頁に詳しい。
（7）「Y-SAPIX　東大館」（入会案内・二〇一一年度版）、八頁。
（8）文部科学省の「学校基本調査報告書」によれば、一九九二（平成四）年度の五〇六万二八六二人をピークに減少傾向にあり、二〇一七（平成二九）年度は四四一万四八四三人である。この減少傾向は大学数および入学定員が増加している中で起こっていることである。
（9）日本私立学校振興・共済事業団私学経営情報センター「平成三〇（二〇一八）年度私立大学・短期大学等入学志願動向」によれば、二〇一八（平成三〇）年度に入学定員充足率が一〇〇％未満の私立大学は二一〇校（三六・一％）である。
（10）前掲「最終報告」、三一―三二頁。
（11）ＯＥＣＤ教育調査団編著、深代惇郎訳『日本の教育政策』朝日新聞社、一九七二年、九〇頁。
（12）厳密に言えば、一八七二（明治五）年の学制も小学から大学まで間断なくつながった制度を構想している。しかし、学制はその段階で存在していない学校を含めたものである上に、その施行期間内に学校が接続されることはなかった。その点で、すべての学校が設立されることが前提となっている諸学校令とは異なっている。
（13）このようなことは、現在に限ったことではなく、戦前期にも見られたことでもある。戦前期の動向については、小針誠『〈お受験〉の社会史――都市新中間層と私立小学校』世織書房、二〇〇九年、第二章に詳しい。
（14）一九一八（大正七）年の高等学校令は、七年制高等学校を本体としたものであるから、高等科のみを設置した学校の方が例外というのが、条文に則した理解である。しかし、七年制高等学校がマジョリティーとなることはなく、また高等学校（高等科）の入試を回避できる手段として認識されていたという点において、機能的には一貫教育と同様の意味を有していたといえる。

(15) 欧米にあっても、たとえばフランスのグランゼコールのコンクールのような選抜性の高い入学試験もある。しかし、そのフランスでも、大学はバカロレアによって入学者を決めるのであって、全体的には欧米では中等教育修了資格と高等教育の入学試験が密接に結びついているといってよい。

(16) 東アジアの大学入試制度に関する邦語文献は多くないが、ここでは大塚豊『中国大学入試研究——変貌する国家の人材選抜』(東信堂、二〇〇七年)、南部広孝『東アジアの大学・大学院入学者選抜制度』(東信堂、二〇一六年)を掲げておく。

(17) 前掲『大学入試改革——海外と日本の現場から』八一—一四〇頁。

(18) これまでもそのような比較が全くなされたことがないわけではない。現代の問題に限定されるが、河合文化教育研究所・Z会・河合塾編『隣国ではどんな入試が行われているか——日・中・韓大学入試統一試験比較分析レポート』河合出版、一九九七年、中島直忠編『日本・中国高等教育と入試——二一世紀の課題と展望』玉川大学出版部、二〇〇〇年がある。

(19) 佐藤秀夫「本巻の構成」『学校の文化史1　学校の構造』、xvi頁。引用箇所は「入試競争の史的構造　序説」(初出は『偏差値』教育の史的構造」『ひと』第二〇九号、一九九〇年五月号)の著者による解説部分。

(20) 菅原亮芳「近代日本私学教育史研究(五)——大正期刊行の「進学案内書」の書誌的分析を中心として」『日本私学教育研究所紀要』第三六号第一巻、二〇〇一年、三頁。

(21) 旧制高校復活論は散発的に見られる動きではあるが、旧制高等学校出身者の手によるものとして、日本の教育改革を進める会『指導的人材の育成——旧制高校教育の真髄を活かす』日本の教育改革を進める会、二〇〇九年がある。

(22) たしかに専検は一種のバイパスとして機能し得るものではあったが、専検合格者が上級学校に進学することは容易ではなかった。むしろ、中学校卒業と同等ということを証明するものとして機能したと考えるべきである。中学校卒業と同等な資格としての専検の位置付けに関しては、三上敦史「近代日本における「中学校程度」の認定史」『北海道大学大学院教育学研究院紀要』第一〇三号、二〇〇七年を参照されたい。

(23) すべての側面において、範型であったとまではいえない。高等学校は、最後まで九月入学を貫いた機関のひとつであり、他の学校に追随する形で四月入学に変更している。

(24) 寺﨑昌男「日本における近代学校体系の整備と青年の進路」『教育学研究』第四四巻第二号、一九七七年。
(25) 同前掲、五二頁。
(26) 厳密には高等普通教育を施すことを定めた。しかし、中学校の教育内容として、実業教育を含みこむか否かの論争の中で、実業教育を排除することを決めたことから、高等普通教育が実質的に進学準備教育となってしまったのである。
(27) 新谷恭明「日本教育史の研究動向（近現代）」教育史学会『日本の教育史学』第四四集、二〇〇一年、二六四頁。
(28) その課題研究の成果は、日本教育学会入試制度研究委員会編『大学入試制度の教育学的研究』東京大学出版会、一九八三年に収められている。
(29) 前掲「日本における近代学校体系の整備と青年の進路」四九頁。
(30) 『入学試験制度史研究』二頁。
(31) 同前書、二九―三四頁。
(32) 天野郁夫『試験の社会史――近代日本の試験・教育・社会』東京大学出版会、一九八三年、二九六頁。
(33) 天野郁夫『学歴の社会史――教育と日本の近代』新潮社、一九九二年、まえがき四頁。
(34) 天野自身も全く検討を要しないと考えていたわけではない。天野の関心が『試験の社会史』の続編より、「学歴の社会」の成立過程に向いた（前書『学歴の社会史』まえがき四頁）ために、その検討に進まなかったと考えるべきだろう。
(35) 竹内洋『立志・苦学・出世――受験生の社会史』講談社現代新書、一九九一年、七三―七四頁。厳密にいえば、明治二〇年代までは零和ゲームではなかったと評価している。
(36) 「各種学校の歴史⑥――明治後期における各種学校（四）」『各種学校教育』第七号、一九六六年、九六―九七頁。
(37) 全く言及がないわけではないのだが、この連載では本文中に出典を付記するケースも稀であり、文末に参考資料が列挙されるケースもほとんどない。「紙数のつごうで参考文献は省略しました」というような叙述もしばしば見られる。
(38) 佐々木享「大学入試の歴史（第三七回）予備校の歴史（一）」『大学進学研究』第一四巻第二号、一九九二年、六四頁。
(39) 田中政男「「高等予科学生原簿」（第一号）に見る予科生の実態」『明治大学史紀要』第一〇号、一九九二年、七一頁。
(40) 「明治後期から青年たちの受験・進学の実態と学習方法に関する参考情報を提供するメディアが登場した。すなわち

『中学世界』等の青少年向け雑誌の受験雑誌化である」（菅原亮芳『近代日本における学校選択情報――雑誌メディアは何を伝えたか』学文社、二〇一三年、一四頁）と、その存在への言及はある。

(41)　米田俊彦『近代日本中学校制度の確立――法制・教育機能・支持基盤の形成』東京大学出版会、一九九二年、二六六頁。

(42)　武石典史『近代東京の私立中学校――上京と立身出世の社会史』ミネルヴァ書房、二〇一二年、一一六頁。

(43)　同前書。

第I部

学校制度の確立と入学試験

――「選抜」としての入学試験への変化と選抜秩序の強化――

第一章　高等学校の入試制度の変化――「資格」から「選抜」へ

1　学校制度と入試制度との関係――「資格」か、「選抜」か

本章では、高等学校の入学試験制度の変化を検討する。「資格」としての入学試験から、「選抜」としての入学試験へ変化する様相を検討していく。

中等教育機関や高等教育機関が十分に整備されていなかった明治初期から、中等教育機関と高等教育機関は、入学試験を媒介としてつながっていた。それは後の時代も一貫してそうなのであるが、明治前期のつながり方と明治後期以降のつながり方は異なる様相を呈している。

序章でも述べたが、学校制度が未整備の段階では、その学校で学ぶことが可能な学力を担保するために試験という方法で入学者を選抜しなければならなかった。入学資格として「○○学校卒業」というようなものを規程で定めることは可能だが、その○○学校の教育水準が担保され得ない以上、学力それ自体を確認せざるを得ないからである。

しかし、制度的にも学力的にも学校が間断なく接続するようになれば、学力それ自体を確認しなくとも、一定の

水準は担保されていることになる。当然のことながら、選抜のありようは変わり、選抜方法が大きな関心となる。また、何のために選抜しなければならないのかという選抜を実施する理由が必要になってくるのである。そこで問題となったのが、高等学校の入学者の学力格差、すなわち学校間格差である。学校間格差自体はそれまでも存在していたが、選抜の必要性の根拠として「発見」されたのである。このような変化を追うことが本章の目的である。

本章では、中等教育機関も高等教育機関も未整備であった明治初期の状況から検討していく。この時期にあっては、入学試験は上級学校が「入学させてもよい」（入学後の学習に堪え得る）人材を選ぶための試験、すなわち「資格」としての入学試験であった。一八八六（明治一九）年の諸学校令により法令上は学校階梯が間断なくつながることになったが、尋常中学校と高等中学校との学力面の懸隔により、「資格」としての入学試験という性格に変化はなかった。

その後の中等教育機関の整備と卒業生の増大にともない、入学試験は「選抜」を目的とするものに変わった。上級学校が「入学させたい」人材を選ぶための試験である。入学後の学習に堪え得ること自体は制度上保証されているので、上級学校が好きなように選んでよいからである。しかし、一定の学力水準を満たす青年から定員まで選抜するだけでよければ、試験による必要はない。たとえば抽籤でもよい。そこで、二つの帝国大学に入学可能である高等学校の入学者の学力格差、すなわち学校間格差をめぐる問題が注目されるに至った。その解消策として導入された総合選抜制の実態と、入試制度上の意義を検討する。

また、総合選抜制の導入は、地方の高等学校において一高追従の機運への反旗という形で議論を惹起した。また、山口県が築き上げた自県出身者への優遇措置を崩壊させ、山口高等学校を廃校に導くことになった。このような地域に及ぼした影響も合わせて検討する。

2　前史——学校制度の整備と「資格」としての入学試験

(1)　東京大学成立前の入学者選抜

学制以前の時期において、すでに幕府の施設を受け継ぐ形で南校や東校が存在したが、そこに連なる明確な入学ルートはなかった。幕府の施設を受け継いだという形式的な面もさることながら、入学者の学力という面でも、貢進生に代表されるような、旧時代の知識階級（士族）が持つ知的遺産に依存せざるを得ない状況だった。しかし、頼みの綱の士族出身の青年も、全員が俊秀だったわけでもない。優秀な者が多くいたという貢進生ですら、質の向上を目指して淘汰しなければいけない状況にあった。(1)

一八七三（明治六）年の学制二編追加により、後の東京大学につながる開成学校や医学校が専門学校となった。また、一八七四（明治七）年に設置された東京英語学校では、上等科に進む者はほとんどなく、下等科のみを終えて開成学校に進学するものがほとんどだった。すなわち、東京英語学校から開成学校へというルートが生まれることになった。とはいえ、この接続関係は、外国語の運用能力を高めるという現実的な必要性が、そのようなルートを踏ませたという方が正確である。一八七五（明治八）年の開成学校の入学者をみれば、三八人中二九人が東京英語学校出身者だったが、九人はそのルートを通ってはいない。(2)必要なのは学力であり、明確な学校階梯を昇ることではなかったのである。一方、東京英語学校の卒業生がすべて開成学校に入ったわけですらない。一八七六（明治九）年に東京英語学校から開成学校に進んだ者は三八人いるが、九人は札幌農学校に進学している。(3)

東京英語学校の入学試験方法は明らかではない。一方、一八七五（明治八）年に定められた開成学校の「入学ノ試験及法式」によれば、東京英語学校下等卒業者に特別な試験はなく、それ以外の者で予科の最下級への入学希望者に課す入学試験は、身体検査、国文読書、英語（口述剳記・読方・実際会話・作文）、英文典（九品詞・文章論）、地理（東西両半球）、算術（分数比例・毎百ノ割合・平方根・立方根）、歴史（万国史大意）であった[4]。東京英語学校に行かないというのならば、入学前に英語学習が可能な者でなければ、とても入学できるところではなかった。

この時期は、大学に相当するような機関をとにかく設置しなければならないという状況であった。学制では中学から大学への接続が構想されてはいるが、そもそも大学もなければ、中学も不備だったのであり、そのための学校間接続を考える余裕はなかった、接続させるだけの教育機関それ自体が不備であった。入学する青年たちは、どこで学んだのかが問題ではなく、実際に授業についていけるだけの学力をどこかで身に付けることが求められたのである。その意味では、制度としては近代的な学校制度が生まれつつあったが、青年たちの学びは、近世においてみられるような、学問を求めてさまざまな私塾を渡り歩く姿に近いものだったということができよう。

（2）東京大学予備門の成立

東京大学が設立されたのは、一八七七（明治一〇）年のことである。東京大学に直接接続したのは東京英語学校および開成学校予科を前身に持つ東京大学予備門であるが、その予備門はどの学校とも接続していなかった。東京大学予備門の入学者の状況は**表1‐1**の通りである。入学者はかなり限られているということが分かる。

東京大学で学習を進めるには外国語の運用能力が必要であるが、その外国語教育を行う予備門に入るにも一定の外国語の能力が求められた。一八七九（明治一二）年の入試科目は「和漢学（国史擥要・作文（単簡ノ俗文））、英語学（読方・綴文・釈解）、算術（分数・小数）[5]」であり、入るだけでも英語が必要なのであった。しかも、正則英語の運用能力の低さに業を煮やしていた予備門は、一八八一（明治一四）年に四年制を三年制にして、事前に学べる内容は他校で学ぶことを求めるとともに、入学水準を上げた[6]。その結果入試科目は、釈解（訳読・反訳・スウィントン

表1-1　東京大学予備門の入学者

（単位：人）

	一　級		二　級		三　級		四　級	
	受験	合格	受験	合格	受験	合格	受験	合格
1877（明治10）年　9月						31		
1878（明治11）年　9月			34	11		(20)	170	87
1879（明治12）年　9月			51	14		(23)	192	150(9)
1880（明治13）年　1月							63	25
9月	9	3	26	15	44	20	179	111
1881（明治14）年　1月							93	17
6月			24	12	118	29		
9月	3	3	5	5				
1882（明治15）年　1月			20	3				
6月			19	5	151	69		

	受験総数	一級合格	二級合格	三級合格
1882（明治15）年　9月	197		5	25
1883（明治16）年　1月	89			8
6月	275		1	103
9月	182	1	2	42
1884（明治17）年　1月	104		1	
7月	64			

	受験総数	改正学科独四級	改正学科英四級	旧二級
1884（明治17）年　9月	1,060	49	116	1

	改正学科英三級		改正学科独三級		改正学科英四級		改正学科独四級	
	受験	合格	受験	合格	受験	合格	受験	合格
1885（明治18）年　6月					705	95	454	41
9月	7	0	3	0	562	27	322	16
12月	4	0			258	7	137	2

注1：(　)は一級上の志望者の仮入学分。
　2：1882（明治15）年9月から1884（明治17）年9月までの受験総数は，英語学専課受験者も含む。
出典：東京大学百年史編集委員会編『東京大学百年史　通史1』（東京大学，1984年，pp. 594-595）より作成。

表1－2　英語学専修課の入学者

（単位：人）

		受験者	合格者
1883（明治16）年	6月	275※	3
	9月	182※	11
1884（明治17）年	7月	64※	32
	9月	1,060※	6
1885（明治18）年	4月	88	7
	7月	132	36

注：※は本科も含めた受験者数。本科の詳細は表1－1を参照のこと。

出典：東京大学百年史編集委員会編『東京大学百年史　通史1』（東京大学，1984年，pp. 595-596）より作成。

氏万国史・グートリッチ氏英国史・サンダル氏第四読本ノ類）、文法（字学・解剖）、算術（終リ迄）、代数（トッドホンター氏小一次方程式終リ迄）、幾何（ロビンソン氏第三巻ノ終リ迄）、地理（総体大意）、和漢文（日本外史講義）と定めた(7)。この年度の教科細目には、読法と英語釈解にサンダル氏第四読本、史学にはスウィントン氏万国史が教科書として指定されており、あたかも入学後の予習を求めているかのような内容である(8)。

一八八一（明治一四）年の中学校教則大綱を受けて、中学校を卒業した者を対象とした一年制の英語学専修課が予備門に設置されたのが、一八八三（明治一六）年のことである。初等中学科を卒業した者は同専修課を修了後に予備門二級へ、高等中学科を卒業した者は同専修課の修了後に東京大学法理文学部に進学可能となった。これにより制度上は中学校との接続関係が円滑になったといえるが、一方で一般の中学校の英語教育は中等教育として不十分であったことを同時に意味している。事実、英語学専修課の実態は極めて乏しいものだった。**表1－2**は英語学専修課の入学者を示したものだが、ほとんど入学者はいなかった。中学校を卒業しても、英語学専修課に入学するだけの学力すら身に付けていなかったということである。

一方、一八八〇（明治一三）年に大阪専門学校から転換された大阪中学校は、官立中学校として中学校の模範的な機能を果たすことが期待された。しかし、その大阪中学校に対しても、東京大学予備門は一般の中学校と変わらない扱いをするのであった(9)。

そもそも東京大学予備門は、定員割れの理由説明として「今ヤ本黌ノ学科タル諸中学ノ上首ニ位シ殊ニ教則ノ厳正ナル他ノ公立私立学校ト同一視スル可カラサルハ言ヲ俟タス（中略）衰退ノ根柢スル所ハ全ク公立私立学校ノ未タ能ク整全セサルニ在リ」[10]と言ってのける学校であった。中学校の水準が低いのならば、定員割れも辞さないというのだから、未整備の中学校との接続に不備があっても、それを問題にすることはないのである。

一八八五（明治一八）年の予備門の独立にあたっての意見書にあっても、「殆ント模範中学校之体裁を具へ」た学校であり、地方中学校と高等教育機関の間に置こうという立場を貫いていた。[11]予備門が後の第一高等学校であることを考えれば、大阪中学校と並んで模範の中等教育機関として機能した予備門は、その後も「上首ニ位」する学校でありつづけることになったともいえる。

（3）工部大学校の入学者選抜

東京大学は日本で最初の大学であるが、この時期にあっては唯一の高等教育機関というわけではない。寺﨑昌男が指摘するように、この時期にあっては、学校体系上においてピラミッドの頂点にあたる学校は存在しておらず、工部大学校や司法省法学校、札幌農学校といった他の官立学校も東京大学に匹敵する水準であった。[12]東京大学、そしてその後身の帝国大学は、このような諸機関を取り込むことで拡大していった。

工芸学部という単一の学部として東京大学に統合されることになったのが、工部大学校である。本項では、その工部大学校の入学者選抜について検討する。なお、工部大学校は、一八七一（明治四）年に設置された工学寮を前身に持つので、工学寮の時期も検討の対象に含む。

工学寮と工部大学校の入学者数は、**表1－3**の通りである。なお、同校については、入校者数は把握できるものの、志願者数が不明なため、選抜の状況は不明である。

表1-3　工部大学校の入校者
（単位：人）

	入校者
1873（明治6）年	32
1874（明治7）年	53
1875（明治8）年	53
1876（明治9）年	50
1877（明治10）年	46
1878（明治11）年	26
1879（明治12）年	25
1880（明治13）年	30
1881（明治14）年	29
1882（明治15）年	35
1883（明治16）年	50
1884（明治17）年	34
1885（明治18）年	30

出典：大蔵省『工部省沿革報告』（大蔵省，1889年，p. 974）より作成。

現在確認できる最も古い工学寮の規則は、一八七四（明治七）年の「工学寮学課並諸規則」である。そこでは、入学者選抜について以下のように規定されている。

第七条
入寮試験ノ学課左ノ如シ
一英書口読〔英文和訳和文英訳〕
（〔　〕は分かち書き）
二英文書取
三算術
四幾何学初歩
五代数初歩
六地理学
七窮理学初歩
入寮試験ノ学ハ初二三ヶ年間ハ軽易ノ学ヲ主トスト雖モ国民ノ学識進歩スルニ従テ追年学課ヲ変制（ママ）シ終ニ万国ト階級ヲ同スルヲ度トス(13)

試験科目は英語と数学が中心であるが、注目すべきは後段である。しばらくの間は内容を易しくするが、徐々にレベルを上げていくと規定されているのである。中等教育機関の不備を承知の上で、本来であれば入学する資格のない水準の者すら入学させるということである。ゆくゆくは本来の水準に上げていくという決意表明とも取れる。

工学寮は一八七七（明治一〇）年一月に工部大学校となった。その後三月に学課並諸規則が改正された。そこでの入学者選抜の規定は以下の通りである。

第一章　大学校建置ノ大旨及生徒修業ノ順序並ニ入校免許

第七節

入校試験ノ学課左ノ如シ

一英文和訳

二和文英訳

三英文書取

四英文典作文

五算術

六幾何学初歩

七代数初歩

八地理学

第八節

入校試験ノ学ハ初二三ヶ年間ハ軽易ノ学ヲ主トスト雖モ国民ノ学識進歩スルニ従テ追年学課ヲ変制（ママ）シ終ニ万国ト階級ヲ同スルヲ度トス(14)

工学寮の時代と内容に変化はない。その後、一八八二（明治一五）年二月の改正で試験科目の順番に変更が生じたが、内容に変化はない。

入学者選抜に関する規則が大きく変わったのが、一八八三（明治一六）年八月の改正である。そこで定められた入学者選抜の規定は以下の通りである。

第十七章　入校試験

第一節

入校試験ハ四月上旬ニ於テ三日間之ヲ設ク而シテ試験科目左ノ如シ

第一日

午前八時ヨリ正午十二時ニ至ル

一　英文和訳

一　漢文和解

午後一時ヨリ四時ニ至ル

一　英文書取

一　地理書

第二日

午前八時ヨリ正午十二時ニ至ル

一　代数及幾何学

午後一時ヨリ四時ニ至ル

一　和文英訳
第三日
午前八時ヨリ正午十二時ニ至ル
一　英文典及作文
午後一時ヨリ四時ニ至ル
一　算術

第二節
入校試験ノ点数ハ英文和訳四百五十点漢文和解四百五十点英文書取五百点地理書四百点代数及幾何学八百点和文英訳六百点英文典及作文六百点算術四百点外ニ会話ノ学力及ヒ平生ノ才能ヲ験スル為メニ英語会話ノ一科ヲ試験シ此点数ヲ八百点ト定メ合セテ五千点ヲ以テ高点トス(15)

試験のレベルに関する言及は消えている。この段階で試験のレベルは一定の水準には到達していたということになろう。筆記試験に加えて、英会話の試験があるのが特徴である。お雇い外国人の授業についていけるだけの能力を測るということであろう。まさしく工部大学校という学校で学ぶ「資格」があるかが確かめられているということである。

一八八四（明治一七）年四月に学課並諸規則は改正されたが、入学者選抜関係の規定は若干の文言が変わったのみで、基本的には変わっていない。大きな改正があったのは、一八八五（明治一八）年四月の改正である。第一節は試験の時間割と点数が、第二節は英会話の試験が規定されているが、これらは一八八三（明治一六）年の規則と内容に変わりはない。この二つの規定の後ろに「入校試験心得」が加わったのが大きな変化である。「入校試験心得」は、以下の通りである。

第十八章　入校試験
（第一節、第二節　省略）
入校試験心得
翻　訳　反訳ノ文体ハ従前ノ学課諸規則（附録中入校試験ノ部）ヲ見テ之ヲ知ルヘシ
地　理　入校志願者ノ心得居ルヘキハ文学上又ハ学者ノ通話ニ屡々用フル地名ヲ熟知シ日本ノ地理、亜細亜大洲ニテハ殊ニ航路ノ開ケ日本ト交通スル地方又欧羅巴洲ノ地理其各国政体上ノ区別其余四大洲ノ地勢地名ヲ知ルヲ要ス
代数学　二次方程式マテ
幾何学　「ユークリッド」氏或ハ「ウィルソン」氏幾何学初歩三巻迄
予備ニ用ヒテ可ナル書目
タドホンター氏　代数学
同氏　幾何学
ハムプリンス、スミス氏　代数学
同氏　幾何学
コレンソー氏　代数学
数　学　英国度量衡表
数学通則

予備ニ用ヒテ可ナル書目
コレンソー氏　算術書
パルナルド、スミス氏　算術書

英文法及ヒ作文
入校志願者ノ充分心得居ルヘキハ英語ノ字形、其変法、不規則復数(ママ)、形容詞ノ比較及ヒ働詞(ママ)ノ変化ナリ又能ク英文ヲ作リ意味ノ照応ト文法ノ一致トヲ請熟セサル可ラス予備中ニハ須ク大家ノ文章中ヨリ一文一章ヲ熟習シ左ニ記スル文法書ノ規則ニ照シテ之ヲ分解スルヲ要ス将タ古風ナル文法上ノ語名及ヒ規則ヲ心得居ルモ其効少ナシ

予備ニ用ヒテ可ナル書目
チヱムバル氏　英文典及作文法
ドクトル、ウイルアムスミス氏　英文典
ホイツトニー氏　英文法撮要
アポツト氏　字性分解法
ロバルトソン氏　文法及ヒ分解法
其外モーレル氏ノ著書[16]

「予備ニ用ヒテ可ナル書目」には、この時期の中学校でも使われていたものも散見される。中等教育レベルの内容を修得している者が入学可能ということである。しかし、当時の中学校に不備があったことは前項でも示した通りである。結果的に、工部大学校への入学も、東京大学予備門と同様に非常に困難だったのである。

(4) 高等中学校と尋常中学校との学力面の断絶

一八八六(明治一九)年の中学校令により、尋常小学校から帝国大学まで間断なく学校がつながることになった。中学校令により、予備門は第一高等中学校となり、大阪中学校改め大学分校は第三高等中学校となり、それ以外に第二(仙台)、第四(金沢)、第五(熊本)、山口、鹿児島の高等中学校が設置された。明治一〇年代にあっては上級学校への接続ルートとしての機能を果たしていたとはいえなかった中学校は尋常中学校となり、制度上は高等中学校の直下に置かれることになった。

法令上では、高等中学校と尋常中学校とがつながることになっていたが、現実はそうなってはいなかった。必然的に高等中学校はその入学者の学力を確認する必要に迫られ、尋常中学校卒業生を単純に入学させることはなかった。さらにいえば、一八八六(明治一九)年の高等中学校ノ学科及其程度では、「高等中学校ノ第一年級ニ入ルコトヲ得ヘキモノハ品行端正身体健康年齢満十七年以上ニシテ尋常中学校ヲ卒業シタルモノ若クハ之ニ均シキ学力ヲ有スルモノトス」(第六条・傍線は引用者による)と定められており、尋常中学校を卒業することなく入学することすら可能だったのである。その意味で東京大学予備門時代と変わりはなかった。

この時期の高等中学校の生徒数は、**表1-4**の通りである。高等中学校の本科は、慢性的な定員割れ状態であった。ただし、現在の定員割れとは意味が異なる。志願者は多く集まるものの、条件を満たす者が少なかった結果生じた定員割れである。

その結果設置されたのが、予科であり、予科補充科であった。三年制の予科は、本科に入学できない水準の者を収容した。しかも、本科よりも予科の方が多くの生徒を収容するのが常であった。二年制の予科補充科は、予科に入学できない水準の者を収容した。すべての高等中学校に予科が設置されたが、第一高等中学校には予科補充科は設置されなかった。[17]つまり、この時期にはすでに学校間格差が存在していたということである。

表1－4　高等中学校の生徒数

（単位：人）

		第　一	第　二	第　三	第　四	第　五	山　口	鹿児島
1886年（明治19）	本　科	413						
	予　科	776		149				
	予科補充科			247				
1887年（明治20）	本　科	344		11	6			
	予　科	704	47	196	81	82	75	
	予科補充科			112				
1888年（明治21）	本　科	381		22	17			
	予　科	679	52	291	99	98	117	74
	予科補充科		173	99	135	162		215
1889年（明治22）	本　科	377		49	29		6	4
	予　科	703	78	293	110	91	133	95
	予科補充科		245	116	64	107		113
1890年（明治23）	本　科	385	13	117	40	15	22	5
	予　科	736	137	352	115	120	135	96
	予科補充科		252	133	100	159		105
1891年（明治24）	本　科	413	24	150	44	55	34	9
	予　科	714	220	351	135	155	155	82
	予科補充科		156	29	94	164		124
1892年（明治25）	本　科	366	25	190	39	83	34	16
	予　科	598	294	347	177	200	188	80
	予科補充科		68		59	145		161
1893年（明治26）	本　科	384	50	196	60	107	37	28
	予　科	553	346	284	255	263	223	67
	予科補充科					40		134

注：医学部などの専門学部は含まない。
出典：各年度の『文部省年報』より作成。

表1－5　第五高等中学校の入学者

（単位：人）

年　度	入学級	尋常中学校		高等小学校	私立諸種学校	小　計	合　計
		卒　業	未卒業	卒業・未卒業	卒業・未卒業		
1887年（明治20）	予科３級		17		7	24	85
	仮入学		47		14	61	
1888年（明治21）	予科３級		14		11	25	203
	補充科１級		32	1	21	54	
	補充科２級		72	3	49	124	
1889年（明治22）	予科１級					1	88
	予科３級				1	1	
	補充科１級				3	3	
	補充科２級		4	7	72	83	
1890年（明治23）	本科一部１年	2				2	93
	本科二部１年	3				3	
	予科１級	7				7	
	予科３級				1	1	
	補充科１級				4	4	
	補充科２級	1	7	3	66	77	
合　計		14	193	14	248		489

注：「小計」や「合計」に計算違いが含まれているが，原文のまま記載した。
出典：小宮山道夫「高等中学校と尋常中学校との接続関係に関する研究――第五高等中学校における入退学実態の分析――」『1880年代教育史研究年報』第３号（2011年，p. 69）より作成。

法令上でも多様な入学ルートが想定されていたが、実際に高等中学校の入学者の入学ルートはまちまちであり、明確な接続関係が確立したとはいえなかった。一例として、**表1－5**に第五高等中学校の入学者の前歴と入学学年の状況を示しておく。これを見ると、全入学者の半数近くが「私立諸種学校卒業或ハ未卒業」であった。その多くは予科や予科補充科への入学者であったが、まさしく入るだけの学力があれば入れてくれたということである。また、本科に入れること自体が必ずしも前提とされていないということでもある。

表1－6は、当時第一高等中学校に多くの生徒を入学させていたとされる共立学校と東京英語学校

表1－6　共立学校・東京英語学校から高等中学校への進学状況

共立学校　　　　　　　　　　　　　　　　　　　　　　　　　　　　　　　　（単位：人）

学校名	東京大学予備門		第一高等中学校		第二高等中学校		第三高等中学校	第四高等中学校	第五高等中学校
年　級	第3級	(不明)	第3級	(不明)	第3級	(不明)	(不明)	(不明)	(不明)
1882(明治15)年	75								
1883(明治16)年	72								
1884(明治17)年	(データなし)								
1885 (明治18)	85								
1886(明治19)年		76							
1887(明治20)年				46					
1888(明治21)年			53						
1889(明治22)年			56		3				
1890(明治23)年			64			15	12	3	1

注：同書掲載の上級学校入学者は主な学校へのもののみのため，本表では高等中学校（含・前身校）のみを記載。

出典：東京開成中学校『東京開成中学校校史資料』（東京開成中学校，1936年）より作成。

東京英語学校　　　　　　　　　　　　　　　　　　　　　　　　　　　　　　　　（単位：人）

学校名	東京大学予備門	第一高等中学校	第一高等中学校医学部	第二高等中学校	第三高等中学校	第四高等中学校	第五高等中学校	進学者合計
1885(明治18)年 1886(明治19)年	4	36						97
1887(明治20)年		67		21				118
1888(明治21)年		54		13				109
1889(明治22)年		67		14				163
1890(明治23)年		94		15	14			170
1891(明治24)年		67	1	16			1	93
1892(明治25)年		4	11	25	8	3		82

出典：日本中学校編『日本中学校五十年史』（日本中学校，1937年，pp. 52-53）より作成。

からの進学者数を示したものである。共立学校から第一高等中学校への入学者は、一八八七（明治二〇）年以外は（予科）第三級に入学した者の数である。東京英語学校に関しては、入学した年級が不明であるが、すべてが本科の入学者だったとは考えづらい。つまり、予科の定員を満たすのに必要な学校という水準にとどまっていたのである。[18]

（5）設置区域と尋常中学校の教育水準の向上

尋常中学校の教育水準の向上は、高等中学校の維持のためにも重要な問題であった。そもそも中学校令それ自体が、尋常中学校の教育水準の向上を企図していた。府県税負担の中学校を一校に限定したのは、人的財的資源を集中させることによる尋常中学校の水準向上が意図されてもいたのである。たとえば、九州地方では、尋常中学校をモデル校として選択と集中を図ることで、中学校の学力向上に向けて動こうとしていた。[19]

高等中学校と尋常中学校との懸隔に対して、最も露骨な動きをとったのは宮城県である。高等中学校の予科や予科補充科の存在を理由に、尋常中学校の設置を見合わせた。しかも、すでに存在していた私立学校である東華学校が、実質的な高等中学校へのルートとして認識されるに至った。制度的な問題より、学力面での接続の実質を取ったということである。しかし、東華学校も一八九一（明治二四）年の中学校令改正を前に廃校となる。[20]

一八八七（明治二〇）年に予科の入学試験の内容を定めるにあたって文部省に照会した第一高等中学校は、「入学試業ノ程度ハ今日ヨリ少シツ、之ヲ高ムルニアラサレハ本校ノ予備タルヘキ諸学校ヲシテ姑息ニ安ンセシメ遂ニ中等教育ノ上進ヲ期シ難カルヘシ然ルニ本校ノ如ク今年モ規定ノ程度ヲ低クシ来年モ依然之ニ準ヒ更ニ進歩スル所ナキカ如キハ甚タ不可然儀ト存候就テハ来年ノ試業ニ於テハ少ナクトモ歴史習字ノ二科ハ之ヲ増加セシメラレ候様致度」（傍線は引用者による）[21]との回答を文部省参事官から受けた。高等中学校の入学試験を利用して、尋常中学校の教育水準を上げていこうという意図が表れている。

しかし、入学試験による教育水準の向上はいささか迂遠である。実際には設置区域を介してもっと直接的な方策が取られた。設置区域内での中学校長の会議と連絡制度がそれである。

第五高等中学校の設置区域内では、第五高等中学校と九州の尋常中学校長が集まり、さまざまなことが議論されているが、尋常中学校の教育水準や教育内容に及ぶこともあった。たとえば、一八八九（明治二二）年一〇月の協議会では、学年試験問題を送り合い、第五高等中学校は入学試験問題も送ることが決められている。[22]尋常中学校の学力水準の向上、高等中学校への接続を意識して、機関を整備していく様子が見て取れるのである。

一八九一（明治二四）年から高等中学校入試で実施された連絡制度は、教育が十分に整った尋常中学校の卒業生を無試験で入学させる制度であった。この制度は当時の文部次官である澤柳政太郎により導入されたことが知られているが、導入の詳細な経緯は不明である。もっとも無試験による入学は、連絡制度の導入以前より行われていた。第三高等中学校では一八八九（明治二二）年から導入されており、一定の生徒が入学している。[23]

連絡制度は、当初は公立中学校にのみ認められた制度であったが、私立学校側の運動の成果もあり、一八九二（明治二五）年から審査を通った私立中学校にも認められるに至った。この私立学校への拡大は、受験準備教育のありようを変えることになった。この点は第三章で詳論するので、ここでは連絡制度により高等中学校入学者における尋常中学校卒業生の割合が増えていったという事実を示しておくにとどめる。

また、無試験での連絡の対象校であるために生徒が転校してくるようなことが岡山中学校ではあったという。[24]岡山尋常中学校は、第三高等中学校より本科への連絡が名指しで認められた唯一の学校であったから、転校してまで入りたいというのは理解できなくはない。[25]

そもそも連絡制度の恩恵にあずかるには、一定の水準を満たすために学校の整備が必要であり、当然のことなが

表1－7　高等学校大学予科の生徒数

（単位：人）

		第　一	第　二	第　三	第　四	第　五	山　口	鹿児島
1886年（明治27）	大学予科	883	277	—	233	353	129	34
	予　　科	91	170	44	175	159	207	98
	予科補充科							61
1886年（明治28）	大学予科	917	330	—	333	509	157	29
	予　　科		90		53	67		151
	予科補充科							
1886年（明治29）	大学予科	877	455	—	427	621	200	—
	予　　科							—
	予科補充科							—

注１：「予科」「予科補充科」は中学校令下で入学し，在学していた者。
注２：「—」は廃止のために該当者がいなくなったもの。
出典：各年度の『文部省年報』より作成。

ら教育水準の向上に資することになったであろう。また、生徒にとっても、尋常中学校に通うことのメリットを実感できる制度でもある。すなわち学校と生徒双方に資する特典を利用して、尋常中学校と高等中学校を実質的につないでいこうという試みであった。

3　設置区域の廃止と全国規模の選抜体制

一八九四（明治二七）年の高等学校令により、高等中学校改め高等学校は、「専門学科ヲ教授スル所トス但帝国大学ニ入学スル者ノ為メ予科ヲ設クルコトヲ得」（第二条）と定められた。高等教育機関の少なさを受けて、高等学校は専門教育を主として、進学予備教育を従とする機関に改めたが、一八九七（明治三〇）年の第三高等学校の大学予科の復活、一九〇一（明治三四）年の各高等学校医学部の医学専門学校への分離と第三高等学校の専門学部の廃止、一九〇六（明治三九）年の第五高等学校工学部の分離により、高等学校は大学予科のみを擁する機関となった。

尋常中学校と高等中学校との学力面の懸隔は埋まっていった。

表1-7はこの時期の生徒数を示したものだが、予科補充科は一八九四（明治二七）年度、予科は一八九五（明治二八）年度をもって姿を消すことになった。これにより、尋常中学校と高等学校は名実ともに接続可能な体制が完成することになった。接続関係の円滑化は、尋常中学校の水準向上によるところも大きいが、高等学校令により二年制の高等中学校が三年制の高等学校に変わったことも大きい。第一高等学校では、従来の予科二級を終えた者を大学予科第一年に編入し、予科一級を終えた者を本科第二年に、本科一年を終えた者を大学予科第三年に編入させたという。(26)学年が格上げになった事実を考えれば、本科の年限を延ばして、予科や予科補充科という特例的な措置をなくそうとする動きと見ることもできる。この時期にあっても、中等教育と高等教育をどうつなぐかということが考慮されているのである。

一八九六（明治二九）年六月一一日に訓令第四号が出された。「明治三十年四月以降其校大学予科ヘ生徒ヲ入学セシムルニハ高等中学校設置区域ニ依ラサル儀ト心得ヘシ」というこの訓令により、高等学校の入学者選抜は設置区域に基づくものから全国規模のものへと変化した。それにともない、尋常中学校との連携関係にも変化が見られた。かつての設置区域内の中学校と高等学校との協議機関は一部で存続したが、連絡制度を失った中ではその意義を見出しにくくなり、明治三〇年代中盤には姿を消すことになった。(27)

とはいえ、当初は高等学校側も尋常中学校側に一定の配慮は示していた。たとえば、最も学力水準の高い志願者を集めていた第一高等学校でも、一八九六（明治二九）年九月三日に「尋常中学校卒業生推薦規則」を定め、設置区域廃止後も無試験での入学を維持しようとした。その規則の一部を以下に掲げる。

入学規則

第四条　特別試業ハ公立尋常中学校又ハ尋常中学校設備規則ニ依リ地方長官ニ於テ認可シタル私立尋常中学校

ノ卒業生ニシテ該校長ノ推薦ニ係ル者ニ之ヲ課スルモノトス

尋常中学校卒業生推薦規則

第一条　公立尋常中学校又ハ尋常中学校設備規則ニ依リ地方長官ニ於テ認可シタル私立尋常中学校ノ卒業生ニシテ将来其卒業生ヲシテ本校入学ノ規則第四条ノ取扱ヲ受ケシメントスル者ハ予メ該校長ヨリ地方長官ヲ経由シテ本校長へ申出テ其承認ヲ受クヘシ但申出ノ際左ノ書類ヲ送付スルヲ要ス

一、学校ノ経歴

二、学校諸規則

三、教員ノ姓名資格及受持学科

四、各級各組ノ生徒現在数

第二条　尋常中学校ニシテ前条ノ承認ヲ得タルトキハ該校長ヨリ第一号書式ノ印鑑ヲ本校長へ差出スヘシ但校長ノ変更及改印等ノトキモ亦同シ

第三条　第一条及第二条ノ手続ヲ了シタル尋常中学校長ハ毎年四月中ニ左ノ事項ヲ本校長ニ通知スヘシ

一、推薦スヘキ生徒ノ族籍、姓名、生年月、志望学科（法科志望者ニ在テハ其甲乙丙号ノ区別トモ）及卒業ノ年月

但推薦スヘキ生徒ハ尋常中学校卒業後二ヶ年以内ノ者ニ限ル

二、推薦スヘキ生徒ノ最終学年ニ於ケル同級生全体ノ試業成績表（学期及学年トモ）

第四条　尋常中学校長ヨリ推薦生徒へ交付スヘキ推薦書ハ第二号書式ニ依ル

第五条　本則第三条及第四条ハ明治三十年尋常中学校卒業ノ生徒ヨリ施行ス

（書式・略）(28)

表1－8　総合選抜制前の各学校別入学試験状況（大学予科のみ）

		全体	一高	二高	三高	四高	五高	六高	七高	山口
1897年（明治30）	志願者（人）	2,943	839	516	235	305	943			105
	入学者（人）	1,350	262	230	182	199	390			87
	競争率（倍）	2.18	3.20	2.24	1.29	1.53	2.42			1.21
1898年（明治31）	志願者（人）	3,178	973	668	406	455	537			139
	入学者（人）	1,580	419	257	254	216	328			106
	競争率（倍）	2.01	2.32	2.60	1.60	2.11	1.64			1.31
1899年（明治32）	志願者（人）	3,635	1,030	545	665	576	620			199
	入学者（人）	1,793	463	305	292	292	324			117
	競争率（倍）	2.03	2.22	1.79	2.28	1.97	1.91			1.70
1900年（明治33）	志願者（人）	3,832	1,224	469	680	361	380	338		380
	入学者（人）	1,426	342	225	177	200	203	129		150
	競争率（倍）	2.69	3.58	2.08	3.84	1.81	1.87	2.62		2.53
1901年（明治34）	志願者（人）	4,967	1,424	642	562	598	551	346	533	311
	入学者（人）	1,634	327	190	200	207	228	175	151	156
	競争率（倍）	3.04	4.35	3.38	2.81	2.89	2.42	1.98	3.53	1.99

出典：各年度の『文部省年報』より作成。

しかし、これも一八九九（明治三二）年二月に廃止された[29]。廃止にともなって制定された入学規則には「入学志願者ノ数予定人員ニ超過セサルトキハ無試験入学ヲ許可」するという規定があるが（第三条）、これは空文である。現実問題としてそのような事態が起こる時代ではなくなっていたのである。

4　総合選抜制の導入

表1－8は明治三〇年代前半の高等学校の入学試験の状況を示したものである。一高などの一部の学校を除けば、倍率が二倍程度であった。つまり、前節に示した第一高等学校の無試験入学の規則は実質的に意味をなさないのである。また、一九〇〇（明治三三）年の六高と、一九〇一（明治三四）年の七高は、初年度というせいもあるのだろうが、多くの志願者を集めた。

こうして旧制高等学校入試は、もはやかつての予備門や高等中学校の入試とは異なる様相を呈することになった。まずは、一九〇〇（明治三三）年の入学試験を同一日程で行うことが決定された。[30] さらに一九〇一（明治三四）年には、入学試験は日程、問題ともに共通にし、受験地も志望校以外の学校でもよくなった。同年の高等学校長会議では、共通問題による入学試験の実施方法について、その詳細を決議している。[31] この翌年から総合選抜制へと移行するが、それを可能にする体制が作られはじめていたということになる。

このような中で、中学校と高等学校との関係にも変化が生じた。一九〇〇（明治三三）年の高等学校長会議において「高等学校入学試験ノ程度ハ当分ノ内中学校卒業ノ程度ヲ以テ標準トスルコト」[32] が確認された。また、一九〇一（明治三四）年の高等学校長会議では、諮問案第五号として「中学校ニ於ケル学科程度改正ノ為高等学校ノ入学試験ハ新規定（改正された中学校令施行規則・引用者注）ノ程度ニ依ルヘキカ如何」[33] とある。そこでは「明治三十四年及同三十五年ノ高等学校入学試験ノ程度ハ明治二十七年文部省令第七号ノ程度ニ依ルモノトス」[34] と決議されている。一八九四（明治二七）年の文部省令第七号とは「尋常中学校学科及程度」改正であり、これは中学校令施行規則により廃止された規定であるから、もはや中学校との関係は考慮されていないということである。[35] 事実、同年の『教育時論』には「中学校令施行規則の改正せられたる為に、中学校と高等学校その他接続諸学校との間に、学科程度の連絡を失したるも、その善後策は未だ講ぜられず[36]」とある。

一八九四（明治二七）年の尋常中学校学科及程度と、一九〇一（明治三四）年の中学校令施行規則とでは、どちらの方が高度な教育内容を提供し得たかを判断することは難しい。しかし、ここで重要なのは、学校制度の整備にともない、もはや高等学校は中学校との接続を考慮していないという点である。この一〇年くらい前は尋常中学校卒業者を高等中学校の予科や予科補充科に入学させてまで接続を維持させていた状況だったことを考えれば大きな変化である。

表1-9　合格者の成績分布

1901（明治34）年　　（単位：人）

	一　高	二　高	三　高	四　高	五　高	六　高	七　高	山　口	計	割合(%)
80以上90未満	19		3				1		23	1.4
70以上80未満	91	4	24	3		2	15	3	142	8.7
60以上70未満	199	24	78	12	11	27	87	10	448	27.6
50以上60未満	18	71	95	57	47	50	43	32	413	25.4
40以上50未満		91		119	93	69		72	444	27.3
30以上40未満				17	77	26		32	152	9.3
30未満								4	4	0.2

1902（明治35）年　　（単位：人）

	一　高	二　高	三　高	四　高	五　高	六　高	七　高	山　口	計	割合(%)
80以上90未満	8		1	1					10	0.6
70以上80未満	130	15	27	4	8	7		2	193	12.1
60以上70未満	151	65	69	61	67	55	14	43	525	32.9
50以上60未満	19	94	79	78	102	46	80	55	553	34.6
40以上50未満	15	23	8	44	43	18	53	54	258	16.2
30以上40未満				3	4		25	17	49	3.1
30未満							8		8	0.5

出典：「高等学校大学予科入学試験合格者成績」『官報』第5820号（1902年11月26日，p. 582）より作成。

一方、各高等学校の入学者には歴然とした格差があることも事実であった。**表1-9**は一九〇一（明治三四）年と一九〇二（明治三五）年の入学試験の結果である。どの部類を希望しているかという問題は残るが、一九〇一（明治三四）年の結果を見る限り、四高、五高、六高と山口高等学校の入学者のうち約半数は、一高や三高には入れない計算になる。もっとも、学力の低い層を受け入れる高等学校が教育に力を注げば問題は解消されるはずなのだが、問題となったのは一高や三高に不合格となる浪人生の発生にともなう損失なのであった。

一九〇一（明治三四）年一一月二五日から三〇日にかけて第六回高等教育会議が行われ、諮問案第二として高等学校入学試験に関する事項が取り上げられることになった。この諮問案はこの年から行われていた共通試験をさらに徹底して総合選抜制を行うというものだった。

（諮問案第二）高等学校入学試験に関する事項

各高等学校大学予科に学力優等の者を入学せしめんが為め来学年より其入学試験は問題を同一にし同一試験委員をして其答案を調査採点せしめんとす

（参照）高等学校大学予科入学試験施行方法

一、高等学校大学予科入学試験を施行する為文部省に高等学校大学予科入学試験委員を置くこと

二、入学試験の問題の選定答案の調査は試験委員之を為すこと

三、入学試験は各高等学校に於て施行すること

四、入学志願者は其入学せんと欲する学校に入学することを得ざる時は其次に入学せんと欲する学校を順次に指定することを得しむること

五、入学志願者は任意の試験地に於て入学試験を受くることを得しむること

六、入学試験は中学校の学科目中五科目以内に就き中学校卒業の程度に依ること

七、入学試験の成績順に依り分科別に分類し各高等学校に於ける募集の総員と同数なる人員を選出し其内につき左の方法に依り配当すること（方法・略）

八、入学試験合格者氏名族籍及其入学すべき学校名等は官報に掲載すること(37)

「各高等学校大学予科に学力優等の者を入学せしめん」という目的からして、あくまで成績優秀者を採ることを

企図していたことが分かる。都市と地方の学校間格差が問題だったと考えてよい。

第六回高等教育会議の議事録は残されていない。新聞雑誌の記事によれば、この諮問案は多くの議論を呼び、審議は難航するのだが、最終的に修正を経て高等教育会議を通過した。まずはこの会議における諮問案第二の議論の経緯を時間を追って見ていくことにする。(38)

11月27日（3日目）質問百出するも時間切れ。
11月28日（4日目）第一読会にて多数の反対論が出るが、上田萬年専門学務長が反対論を駁し、熱心に原案維持に努めた結果、辛うじて第二読会へ。その後第二読会、第三読会を経て原案通り可決。
11月29日（5日目）委員会を開き決了する。
11月30日（6日目）本会議で委員会の結果を報告するも議論百出。部別に学生を採るか科別に採るかの議論があったが、部別に採ることを原則とする。それ以外は委員会の修正通り可決。

そのような中で当時宮城県の視学官を務めていた山田邦彦は反対論を展開した。(39)山田によると、この改革案における問題点としては、学力考査のみで、体力、品行、資産が分からないということ、試験のみでは運だけで通過してしまうこともあること、二高の場合過度の勉強により入学者の一割は病人であるということ、浪人などすれば予備校などで金がかかること、諮問案の通り実施すれば試験問題漏洩の恐れがあるということを指摘した。そこで代案として、第一に中学校卒業の資格で入学を許可し、定員を超えたときは中学での成績をもとに採用し、按分比例により志望者の数に応じてそれぞれ配分すること、第二に、高等工業学校や高等商業学校で行われていたように、入学問題は中央で作り、実施は各府県で行うよう提案した。二つある代案の一つに見られるようにこの時期にすでに入学試験重視対平常点重視の構図が生み出されていたことは注目に値する。

しかし、山田の意見は反映されることはなく、決議されたのは原案にわずかな修正を施しただけのものであった。修正点は以下の通りである（変更箇所は太字、削除箇所は傍線）。

一、高等学校大学予科入学試験を施行する為文部省に**毎回**高等学校大学予科入学試験委員を置くこと

二、入学試験の問題の選定答案の調査は試験委員之を為すこと

三、入学試験は各高等学校に於て**同時に**施行すること

四、~~入学志願者は其入学せんと欲する学校に入学することを得ざる時は其次に入学せんと欲する学校を順次指定することを得しむること~~

五、入学志願者は任意の試験地に於て入学試験を受くることを得せしむること

入学志願者には予め其入学せんとする学校を順次に指定することを得せしむること

六、**入学試験は中学校卒業の程度に依れること**

七~~六、入学試験は中学校の学科目中五科目以内に就き中学校卒業の程度に依ること~~

入学試験の学科目は中学校の学科目中に就き毎回文部大臣に於て定むること

八~~七~~、入学試験の成績順に依り~~分科~~**部**別に分類し各高等学校に於ける募集の総員と同数なる人員を選出し其内につき左の方法に依り配当すること**但設置の都合により部別に分類し難き場合には分科別とすることを得**

（方法・略）

八、入学試験合格者氏名族籍及其入学すべき学校名等は官報に掲載すること(40)

決議後にも、受験者五〇〇〇人規模の入学試験ゆえの事務上の煩雑さが危惧されるというような意見もあった[41]。しかしながら、このような意見は無視され、一九〇二（明治三五）年四月の高等学校長会議を経て、総合選抜制は実施の運びとなった。

一九〇二（明治三五）年四月二五日、文部省告示第八二号「高等学校大学予科入学試験規程」によって総合選抜制が行われることになった。告示の内容は以下の通りである（〔 〕は分かち書き部分）。

第一条　入学試験ヲ分チ予備試験選抜試験ノ二トス

第二条　予備試験ハ中学校卒業者ニアラスシテ高等学校ニ入学セントスル者ニ就キ之ヲ行フモノトス

第三条　選抜試験ハ中学校卒業者及予備試験合格者ニ就キ之ヲ行フモノトス

第四条　入学試験ヲ受ケントスル者ハ左ノ資格ヲ具備シ且体格検査ヲ受ケ之ニ合格スルヲ要ス

予備試験

一　年齢満十七年以上ナルコト

二　品行方正ナルコト

三　現ニ中学校ニ在学セサルコト

選抜試験

一　品行方正ナルコト

二　中学校ヲ卒業シ又ハ予備試験ニ合格シタルコト

第五条　各高等学校ニ入学セシムヘキ生徒ノ概数ハ毎回之ヲ告示ス

第六条　予備試験ハ各高等学校ニ於テ之ヲ行フ

第七条　予備試験ハ中学校ノ各学科目（当分ノ内法政経済及唱歌ヲ除ク）ニ就キ中学校卒業ノ程度ニ依リ之ヲ行フ
第八条　予備試験ノ出願期限及試験期日ハ毎回之ヲ告示ス
第九条　予備試験ヲ受ケントスル者ハ其ノ試験ヲ受クヘキ高等学校ニ乙号様式ノ願書及履歴書ヲ差出スヘシ
第十条　予備試験ヲ受ケントスル者ハ収入印紙ヲ以テ検定料五円ヲ納ムヘシ但シ一旦納メタル後ハ如何ナル事情アルモ之ヲ還付セス
第十一条　予備試験ニ合格シタル者ニハ合格證書ヲ交付ス
第十二条　予備試験合格證書ノ効力ハ二箇年トス
第十三条　選抜試験ノ学科目ハ中学校ノ学科目（当分ノ内法政経済及唱歌ヲ除ク）中ニ就キ毎回之ヲ告示ス
選抜試験ノ程度ハ中学校卒業ノ程度ニ依ル
第十四条　選抜試験ハ各高等学校ニ於テ同時ニ之ヲ行フ
第十五条　選抜試験ノ出願期限及試験期日ハ毎回之ヲ告示ス
第十六条　選抜試験ヲ受ケントスル者ハ其ノ入学セントスル高等学校及修業セントスル部（第一部甲〔英吉利法律学科、政治学科、文科（独逸文学科、仏蘭西文学科ヲ除ク）〕第一部乙〔独逸法律学科、独逸文学科〕第一部丙〔仏蘭西法律学科、仏蘭西文学科〕第二部甲〔工科〕第二部乙〔理科、農科、医科ノ内薬学科〕第三部〔医科〕）ノ六部ニ分ツヲ指定スヘシ
選抜試験ヲ受ケントスル者ハ入学セントスル学校及志望ノ部二箇以上併セ指定スルコトヲ得此ノ場合ニ於テハ其ノ入学セントスル学校及志望ノ部ニ付其ノ志望ノ順位ヲ定ムヘシ
第十七条　選抜試験ヲ受ケントスル者ハ収入印紙ヲ以テ検定料四円ヲ納ムヘシ但シ一旦納メタル後ハ如何ナル事情アルモ之ヲ還付セス

第十八条　選抜試験ヲ受ケントスル者ハ甲号様式ノ願書ニ履歴書、学校長ノ證明書又ハ予備試験合格證書ノ写及写真ヲ添ヘ試験ヲ受ケントスル高等学校ニ差出スヘシ
予備試験合格者ニシテ其ノ年ノ選抜試験ヲ受ケントスルモノハ其ノ予備試験ヲ受ケタル高等学校ニ於テ之ヲ受クルコトヲ要ス但シ此ノ場合ニ於テハ写真ヲ差出スコトヲ要セス
第十九条　選抜試験ヲ受ケタル者ハ之ヲ第一部甲、第一部乙、第一部丙、第二部甲、第二部乙及第三部ノ六部ニ分類シ其ノ試験ノ成績順ニ依リ各高等学校ニ於ケル各部募集ノ総員ト同数ナル人員ヲ選出シ其ノ内ニ就キ左ノ方法ニ依リ各高等学校ニ配当スルモノトス
一　入学試験ノ成績順ニ依リ本人ノ指定スル第一ノ入学志望学校ニ配当ス
二　第一号ノ場合ニ於テ試験成績相同シキトキハ抽籤ニ依ル
三　第一号第二号ニ依リ配当ノ結果本人ノ指定スル第一ノ入学志望学校已ニ満員トナリ配当スルコト得サル者ニ付テハ直ニ成績順ニ依リ本人ノ指定スル第二位以下ノ入学志望学校ニシテ欠員アルモノニ配当ス
四　第三号ノ場合ニ於テ試験ノ成績相同シキ時ハ入学志望ノ順序ニ依ル
五　第三号ノ場合ニ於テ試験ノ成績及入学志望ノ順序相同シキトキハ抽籤ニ依ル
六　前数号ニ依リ配当ノ結果本人ノ志望スル学校悉ク満員トナリタルトキハ更ニ本人ノ指定スル第二以下ノ志望部ニ付欠員アルモノニ配当ス其ノ方法ハ三号四号五号ニ準ス
七　前数号ニ依リ配当ノ結果本人ノ志望スル学校及部悉ク満員トナリタルトキハ入学スルコトヲ得サルモノトス
前項ニ依リ配当ノ結果又ハ事故ノ為入学人員ニ欠員ヲ生シタルトキハ前項選出人員以外ニ就キ更ニ前項ノ方法ニ依リ之ヲ補填スヘシ

第二十条　前条ニ依リ決定シタル高等学校入学者ノ氏名及学校名ハ官報ニ広告シ且本人ニ通知スルモノトス

（書式・略）

この告示に対する政府による趣旨説明は管見の限り存在しないが、『明治以降教育制度発達史』によれば、「日清戦役以後中学校は盛に増設せられ従て其卒業者にして大学予科に入学を志願する者は年年増加し入学の許可を得ずして方向に迷ふ者入学者の四倍に及び而して高等学校によりて多少入学に難易を生じ比較的優秀者にして志願者多き学校に受験したるが為に落第し、比較的劣等者も入学志望者少き学校に受験したるが為に及第することあり其間不公平を来すこととなつた」[42]から改革されたとある。学校間格差を解消するために導入したということである。

文部省告示第八二号はその後二回にわたって改正された。まず一九〇三（明治三六）年四月二一日、文部省告示第八四号により、予備試験が廃止されることになり、その代わり専門学校入学者検定（専検）の合格者に受験資格を付与することになった。また複数の部を志望することができなくなり、それにより入学者の配当も志望部別に行われることになった。ついで一九〇四（明治三七）年一月二五日、文部省告示第一六号によって宗教系の私立学校の卒業生が選抜試験の受験資格を得られることになった。

5　総合選抜制の実態

（1）　学校間格差の拡大

表1－10は各学校別の入学志願者・合格者と競争率を示したものである。[43]この時期は、年々一高を志望する者が増え、その他の学校、特に地方の学校では志願者を減らしている。一九〇七（明治四〇）年には、七高を第一志望

表1-10　総合選抜制期の各学校別入学試験状況（大学予科のみ）

		全体	一高	二高	三高	四高	五高	六高	七高	山口
1902年(明治35)	受験者(人)	4,182	1,310	456	563	424	514	307	294	305
	入学者(人)	1,596	323	197	184	191	224	126	180	171
	競争率(倍)		4.06	2.31	3.06	2.22	2.29	2.44	1.63	1.77
1903年(明治36)	受験者(人)	4,057	1,175	490	585	367	467	305	331	337
	入学者(人)	1,626	327	189	186	179	230	156	180	179
	競争率(倍)	2.50	3.59	2.59	3.15	2.05	2.03	1.96	1.84	1.88
1904年(明治37)	受験者(人)	3,945	1,428	456	621	360	464	290	326	
	入学者(人)	1,453	299	189	181	189	237	171	187	
	競争率(倍)	2.72	4.79	2.41	3.43	1.90	1.96	1.70	1.74	
1905年(明治38)	志願者(人)	4,709								
	入学者(人)	1,470	337	186	182	203	231	155	176	
	競争率(倍)	3.20								
1906年(明治39)	志願者(人)	5,151								
	入学者(人)	1,475	295	197	190	195	231	179	188	
	競争率(倍)	3.49								
1907年(明治40)	志願者(人)	5,982	4,117	323	714	206	278	268	76	
	入学者(人)	1,847	353	234	241	246	293	227	253	
	競争率(倍)	3.24	11.66	1.38	2.96	0.84	0.95	1.18	0.30	

注1：志願者は第1志望の数。
注2：1902（明治35）年の受験者の合計は4,173人だが，出典のまま記載した。そのため，競争率は算出しない。
注3：1905（明治38）年から1907（明治40）年は「受験者」のデータがないため，「志願者」を掲載。
出典：1902（明治35）年：「高等学校大学予科入学試験合格者成績」『官報』第5820号（1902年11月26日，p. 582）より作成。
1903（明治36）年：「本年入学者中学校卒業年度別表外二表」『明治三十六年専門学務局往復書類』（京都大学大学文書館所蔵）（頁数なし）より作成。
1904（明治37）年：「高等学校入学試験ニ関スル該統計」『明治三十七年専門学務局往復書類』（京都大学大学文書館所蔵）（頁数なし）より作成。
1905（明治38）年・1906（明治39）年：『文部省年報』より作成。
1907（明治40）年：SN「高等学校受験案内」『中学世界』第10巻第12号（1907年9月20日，p. 60）および『文部省年報』より作成。

表1－11　各学校部類別得点データ

1902（明治35）年

（単位：点）

			一　高	二　高	三　高	四　高	五　高	六　高	七　高	山　口	合　計
第一部	甲類	最高点	648	617	619	564	564	586	***454***	509	648
		最低点	481	377	435	376	380	380	364	370	364
		平均点	542	444	493	428	448	453	384	405	456
	乙類	最高点	687	512	580	607	535	513	510	***459***	687
		最低点	506	345	377	275	292	361	214	258	214
		平均点	568	457	464	385	401	419	313	333	419
第二部	甲類	最高点	645	618	662	592	571	568	***538***	599	662
		最低点	544	473	491	471	475	491	455	467	455
		平均点	576	531	540	513	504	519	471	492	523
	乙類	最高点	641	593	596	484	581	601	504	471	641
		最低点	447	322	402	345	322	361	300	322	300
		平均点	520	431	471	406	401	454	348	370	425
第三部		最高点	656	635	607	642	585	596	***512***	566	656
		最低点	556	455	509	461	456	462	442	453	442
		平均点	589	502	540	513	482	510	456	483	507

注：一高にのみ設置の第一部丙類，第三部独語受験は除外した。
出典：「専門学務局長ヨリ高等学校大学予科入学者ノ成績表送付」『文部省及諸向往復書簡』明治35年（甲）（東京大学文書館所蔵）（p. 141）より作成。

1903（明治36）年

			一　高	二　高	三　高	四　高	五　高	六　高	七　高	山　口	合　計
第一部	甲類	最高点	653	552	590	554	625	457	458	536	653
		最低点	442	291	371	288	291	310	286	292	286
		平均点	511.0	373.7	442.2	392.7	378.9	379.0	353.5	366.6	408.3
	乙類	最高点	588	470	558	452	519	561	521	***401***	588
		最低点	429	295	310	287	299	291	280	283	280
		平均点	487.5	362.5	395.7	351.3	346.0	358.5	306.4	310.3	317.6
第二部	甲類	最高点	623	541	588	614	613	578	561	592	623
		最低点	522	405	463	414	413	412	424	401	401
		平均点	555.6	472.2	508.1	490.4	482.6	490.1	462.6	467.8	496.9
	乙類	最高点	615	551	544	547	521	523	***420***	487	615
		最低点	424	387	400	383	394	416	383	383	383
		平均点	506.6	445.0	459.8	430.6	419.6	433.6	391.5	402.2	436.8
第三部		最高点	605	580	597	***510***	515	538	558	***475***	605
		最低点	510	420	431	409	411	409	407	409	407
		平均点	506.6	481.3	478.1	463.6	451.3	460.4	424.8	433.8	462.1

注：一高にのみ設置の第一部丙類，第三部独語受験は除外した。
出典：「専門学務局長ヨリ高等学校入学試験ニ関スル統計表送付」『文部省及諸向往復書簡』明治36年（甲）（東京大学文書館所蔵）（pp. 48-50）より作成。

1907（明治40）年

			一　高	二　高	三　高	四　高	五　高	六　高	七　高	合　計
第一部	甲類	最高点	683	665	622	565	632	552	535	683
		最低点	533	353	420	350	355	365	351	350
	乙類	最高点	661		628	520	532	503	491	661
		最低点	456		354	356	333	331	331	331
	丙類	最高点	664	***478***	630	508	585	648	563	664
		最低点	499	354	358	353	350	351	351	350
第二部	甲類	最高点	987	841	985	917	972	892	***803***	987
		最低点	830	701	771	700	699	706	697	697
	乙類	最高点	889	806	1,009	810	847	799	***702***	1,009
		最低点	754	696	697	690	687	706	682	682
第三部		最高点	931	867	905	882	906	882	***777***	931
		最低点	780	678	717	680	680	682	676	676

注：一高にのみ設置の第一部丁類，第三部独語受験は除外した。
出典：文部省専門学務局『明治四十年高等学校大学予科入学者選抜試験報告』（1908年，pp. 108-110）より作成。

にする学生は入学者の三分の一であり、一高の志願者は七高の五四倍ということにまでなった。

競争率が高いということが優秀な学生を集めているということを意味するとは限らない。前節で示した**表1-9**の一九〇二（明治三五）年の成績分布における合格最低水準の状況を見る限り、学校間格差は縮小したということは言えそうである。しかし、事態はそう単純ではない。

表1-11は一九〇二（明治三五）年と一九〇三（明治三六）年と一九〇七（明治四〇）年の各学校の部類別の得点データである。各部類において合格最低点のうちの最高点を記録しているのは一九〇二（明治三五）年の第二部甲類の三高、一九〇七（明治四〇）年第二部乙類の三高を除けばすべて一高であるが、表中で太字で斜体にしている得点の学校は合格最高点が一高（ないし三高）の合格最低点の学校を下回っている学校である。これを見れば、一高と地方の学校との格差が見て取れる。また、一九〇二（明治三五）年と一九〇三（明治三六）年分の一高の合格最低点とその他の学校の合格平均点を比べれば一高とその他の学校の差は歴然であるし、その傾向は一九〇七（明治四〇）年になっても変わりはない。

また、地方の学校では入学辞退者も相当数に上っていたと考えられる。当時の受験生の間では、七高に振り分けられるくらいなら入学を辞退した方がよいというような考え方もあったのである。[44] このようなことを勘案すると、**表1-11**に示した合格最高点よりも高い受験生が入学を認められていた可能性はあるが、実際のところそのような好成績の受験生は入学しなかった、つまり各学校の最高点はあくまで入学者の最高点であり、実際はもっと高得点の生徒に入学許可が下りていた可能性があることにもなる。

しかし、辞退そのものは仕方のないことであり、結果的に学校間格差は生じてしまったということでもある。また、選抜方法としては十分機能するものであったとしても、受験生のメンタリティが機能不全に陥らせていたということも可能である。

(2) 総合選抜制への批判

一九〇六（明治三九）年五月の高等学校長会議で、高等学校入試は学校別選抜にすることが建議された。建議の文面は以下の通りである。[45]

大学予科入学者選抜試験規程改正ノ儀ニ付建議
現行大学予科選抜試験規程ヲ改正シ入学試験ハ各高等学校ニ於テ施行スルコトヽ為シ入学志願者ニハ其志望ノ高等学校一箇及第一乃至第三(ママ)志望部類ヲ指定セシメ各高等学校ニ於テハ入学志願者カ其収容人員ニ超過スルト否トニ拘ラス総テ試験ヲ施シ其成績ニ依テ入学セシムル様規定セラレ度此段及建議候也

各高等学校総代
第三高等学校長　折田彦市

文部大臣牧野伸顕殿

理由

一現行規程ニ依ルトキハ入学者ノ多クハ第一ニ都会ニ在ル高等学校ヲ志望シ地方ニ在ル高等学校ヲ順次下位ニ置クノ傾向アリテ高等学校カ都会ヲ距ルコト遠キニ随テ第一ノ志望者ヲ得ルコト少ナク第二以下ノ者ヲ以テ人員ヲ充タスカ故ニ都会ニ在ル高等学校ハ優秀ノ生徒ヲ収容シ得ルモ辺鄙ニ在ル高等学校ハ劣等ノ生徒ヲ多ク収容スルハ目今ノ状勢ナリ

二今規程ヲ改メ各高等学校ニ於テ入学試験ヲ施行スルモ概シテ優等生徒カ都会ノ地ニ集マルハ自然ノ勢ナルヘシト雖モ現規程ノ下ニ於ケルカ如ク一時ノ客気ニ乗シ万一ノ僥倖ヲ期シテ都会ノ高等学校ヲ希望スル者ハ大ニ減少スヘク随テ優等生徒ニシテ地方ノ高等学校ヲ志望スル者増加スルニ至ルヘク（ママ）況ンヤ優等生徒ニシテ級ノ上位ヲ占ムルモノアルトキハ其級ハ挙テ俊秀ノ態度ヲ呈スルニ於テヲヤ

三第一志望トシテ入学シタル者ハ当初ヨリ其学校ニ於テ成業セント志シタル者ナルニ依リ常ニ堅忍ノ心ヲ以テ勉学シ又学校ヲ愛スルノ心甚タ深シト雖モ第二以下ノ志望トシテ入学シタル者ハ試験ノ結果已ムヲ得スシテ入学セントノ念ヲ去ルコト能ハス随テ動モスレハ不勉強ニ陥リ易ク愛校心ノ如キハ殆ト見ルヘキモノナシ殊ニ第四第五以下ノ志望者ヲ多ク入学セシメタル学校ノ如キハ生徒一般ノ教養上又校規振粛上ニ不良ノ影響ヲ及スコト少シトセサルナリ

四入学ヲ許可スル時ニ於テ可及丈ケ人物ヲ精選スルハ学校ノ要務ナルヘシト雖モ現行規程ハ学力ノミニ依テ生徒ヲ採択シ人物ノ良否ヲ甄別シテ入学ヲ許否スルカ如キハ不可能ノ事ニ属スルカ故ニ劣等ノ人物ヲモ入学セシムルコトアリト雖モ各学校ニ於テ入学試験ヲ施行スルトセハ修身試験ニ於テ各生徒ニ就キ口頭試験ヲ施シ其間ニ略々人物ノ良否ヲ甄別シテ入学ヲ許否スルヲ得ルノ便利アリ

五現行規程ニ拠レハ選抜試験ヲ施シ収容人員ニ充ツル迄入学ヲ許スカ故ニ劣等生徒モ亦入学シ得ルコトアリ之ヲ改正シテ収容人員ニ超過スルト否トニ拘ラス試験ヲ施シ及第者ノミヲ入学セシムルトキハ劣等生徒ノ入学ヲ拒絶スルコトヲ得ルナリ

その理由は、第一に入学者の多くは第一志望を都会の学校にし、地方の学校を下にする傾向があるので、地方の学校は劣等の生徒を収容することになるということ。第二に学校別選抜にすれば、万一の僥倖を期して都会に出る者が減り、地方の学校を志望する優秀な生徒が増える。第三に下位の志望の学校に入学した者はややもすれば不勉強に陥り、愛校心もわかない。第四に現行規定は学力のみで生徒を採択しているということ。最後に現行制度のもとでは定員一杯になるまで生徒を合格させるので、劣等の生徒が入学する可能性があるということであった。劣等生を入れたくないという第五の理由は高等学校関係者の入学試験観として興味深いが、主要な問題点は都市と地方の学校の学校間格差である。

さらに高等学校長会議以外にも試験制度改正への動きがあった。文部省でも試験制度の弊害を見た上で、欧米の制度の研究や派遣による視察のため、元視学官針塚長太郎と書記官松村茂助を海外へ派遣する予定という報道もあった[46]。また、大島義脩視学官によれば、一九〇七（明治四〇）年度の入学試験結果を見た上で、現在の入学試験には問題は多いが、廃止するわけにもいかないので、改良をする必要があるという意見もあった[47]。

（3）総合選抜制廃止後の高等学校入試

一九〇八（明治四一）年三月一一日の文部省告示第七八号により総合選抜制は廃止された。筧田知義は、第一に志願者増により学校間格差の解消が遠くないと推定されたこと、第二に事務上の複雑さと運営上の問題を理由にあげている[48]。たしかに第二の理由については、文部省専門学務長福原鐐二郎の「輓近高等学校大学予科入学志望者激増し年々七八千人に達するを以て之を一切文部省にて一括し選抜試験を執行するは啻に煩雑を極むるのみならず何等の利益なく試験答案採点についても粗漏なきを保すべからず[49]」という談話からも理解されるが、この理由では不十分である。

一高校長の新渡戸稲造は入学試験が一発勝負となることを欠点として指摘する一方で、「山口熊本等の不便なる地方学校は比較的東京より入学志望者少数なるにより此等の学校に志願する者は従来よりも競争の範囲を縮小さるゝ事となるを以て入学は稍々容易なるべし[50]」と言っている。また、翌四月に行われた高等学校長会議を報じる新聞記事においても、「同会議に於ける最も主要にして且つ困難なる問題は入学試験施行期日に関する事項にして各学校同時に之を施行すとせば志願者の多くは第一高等学校にのみ集まるの結果同校にては学術の優秀なるものをも落第させしむること、なるべきに反し他校に於ては志望者少なき為めに普通以下の学力のものにても収容せざるべからざること、なり甚だしきに至つては所要の人員丈の志望者を得ることすら困難にして殆んど無試験同様に入学せしむるの余儀なき場合に立ち至るやも計り難き虞あり[51]」と報じられており、一高と他の学校の格差が問題であることを示している。このことからしても、廃止の理由は一九〇六（明治三九）年の高等学校長会議の建議で出された最初の三つの理由、すなわち都市の学校と地方の学校との学校間格差のことの方が大きかったと考えるべきであろう。

かくして学校別選抜に戻ったわけだが、総合選抜制廃止後の入学者の状況は**表1－12**の通りである。七高や八高の一部の年で倍率も高くなっているが、これは上述の新聞記事の報道にある通り、試験期日の特例措置が取られたからである。一九〇八（明治四一）年四月の高等学校長会議で、七高と八高が他校に先んじて入学試験を実施することに決まった[52]。なお、八高は一九〇八（明治四一）年のみだったが、七高は一九一〇（明治四三）年まで繰り上げ入試を行った。さらに七高は鹿児島という立地の関係から東京にも受験会場を設置した[53]。しかし、このような繰り

表1－12　総合選抜制後の各学校別入学試験状況

		全 体	一 高	二 高	三 高	四 高	五 高	六 高	七 高	八 高
1908年（明治41）	志願者（人）	9,807	2,614	883	750	1,064	765	749	1,617	1,365
	入学者（人）	2,009	354	223	249	242	259	183	247	252
	競争率（倍）	4.88	7.38	3.96	3.01	4.40	2.95	4.09	6.55	5.42
1909年（明治42）	志願者（人）	8,977	2,239	991	1,116	723	929	793	1,427	759
	入学者（人）	2,111	366	233	280	248	309	202	233	240
	競争率（倍）	4.25	6.12	4.25	3.99	2.92	3.01	3.93	6.12	3.16
1910年（明治43）	志願者（人）	9,278	2,363	903	1,119	795	851	707	1,612	928
	入学者（人）	2,147	355	271	330	248	295	199	221	228
	競争率（倍）	4.32	6.66	3.33	3.39	3.21	2.88	3.55	7.29	4.07
1911年（明治44）	志願者（人）	8,082	2,116	1,055	1,188	848	752	668	684	771
	入学者（人）	2,199	353	265	320	237	297	220	258	249
	競争率（倍）	3.68	5.99	3.98	3.71	3.58	2.53	3.04	2.65	3.10
1912年（明治45）	志願者（人）	9,185	2,292	1,074	1,350	847	997	1,006	644	975
	入学者（人）	2,065	341	236	306	254	314	202	202	210
	競争率（倍）	4.45	6.72	4.55	4.41	3.33	3.18	4.98	3.19	4.64

出典：各年度の『文部省年報』より作成。

上げ入試に対して一九〇九（明治四二）年の『中学世界』の増刊号の入試についての予想をしている記事の中では、今度は四高か五高あたりが先に入試をやりたいと言い出すのではないかと予想するものや[54]、六高あたりから不平が出て、二高や三高も平気ではないと予想するものがあった[55]。

『教育時論』に掲載された瀬戸虎記視学官のコメントによれば、学校別選抜に戻った一九〇八（明治四一）年の入学試験は、数校に願書を提出する受験者や駆け込み出願による混乱もあったが、第一志望の学校を受けるのだから「試験規定の改正は、確かに教育上頗る有効なりと思惟す」（傍点・引用者）といい、繰り上げ入試を行った七高などは倍率も高く優秀な学生を多く入学させたのではないかとしている。さらに高等学校入学実績は中学校の評価にもつながるので、入試問題についてはは多くの注意をはらう必要があるとしながら

も、全体的には好意的な評価をしている。(56)

しかし、一九〇九（明治四二）年四月の高等学校長会議で文部大臣が行った訓示では、早くも新しい入学試験制度に疑義が表明されている。その内容は以下の通りである。

昨年入学試験の施行を各学校に一任せし結果につき主務局に於て調査せしめたる所に拠れば試験問題の程度統一を欠くものあるを認む随て将来志望者の多数なる学校に在りては次第に問題の程度を高むるの傾向を生ずるなきを保せず若し斯の如くなる時は全国中学校に於ては自校卒業生の高等学校入学試験に於ける良好なる成績を得んことに腐心するの余り徒らにその教授程度を高くし或は猥りに学科目に軽重を付し終には普通教育を授くるの目的とせる中学校が却て高等学校の予備校たるの奇観を呈するに至らんことを恐る諸君は此弊害を未然に救済する為に此際十分に討究熟議を遂げ以て本年以後に於ては入学試験問題選定の際必ず中学校の学科課程を参酌し中学校卒業程度を標準として之を超越せざる様注意あらんことを望む(57)

かくして、一九〇九（明治四二）年度からは、日程を繰り上げている七高を除いて、共通問題で入学試験を実施することになった。しかし、入試問題を作るのは文部省ではなく高等学校であるから、最終的にどのような問題を出すのかは高等学校側の選抜観に依存する。選抜観については次章で検討するが、このような危惧はかなり現実味を帯びたものであった。

（4）地方の高等学校と総合選抜制

総合選抜制に関する地方の高等学校の不満は、第二項で見た通りである。校長の意見ではあるが、その背後に総合選抜制に異を唱えたくなる各校の実態があると考えるべきである。総合選抜制への異論は、それを経由して入学した生徒たちの間にも見られるのである。

総合選抜制の矛盾を露呈させた一件に、一高で起きたいわゆる栗野問題というものがある。これは外務省の高官の息子であった栗野昇太郎が一九〇六（明治三九）年に五高から一高に転校したことに端を発する問題である。彼が一高に転校すると一高では猛烈な反対運動が起こり、寮の臨時総代会で五高への復校を決議されるにまで至った。結局栗野は一高にとどまるのだが、この問題は総合選抜制のもとでの学校間格差を如実に反映するような動きである。

また、各学校で発行されていた校友会雑誌などには、入学試験関係の記事が見られる。しかし、すべての学校の校友会雑誌などに入学試験の話題が掲載されているわけではない。概して学校間の序列において中位以上に位置する学校では入学試験の話は少ない。その理由としては入学試験制度の変化による影響が小さかったからであると推測される。筧田は五高と六高の校友会雑誌を用いて、総合選抜制のもとで地方の高等学校の校風に与えた影響について検討をしており、不本意入学による劣等感が学校生活へ悪影響を与えかねないとして総合選抜制の問題点を指摘している。[58]本項では、六高の校友会雑誌をもとに総合選抜制廃止後の状況を中心に検討していく。

地方の高等学校にとっては、入学試験における学校間格差は、否定的な感情を抱かせるものであった。以下、六高の状況を検討していく。

七高のように前身として高等中学校を持たなかった六高は、その意味では総合選抜期においては最も新しい学校である。開校三年目にして総合選抜制が導入されており、校風に関する論争も激しいものとなった。それゆえに入試制度改革にともなう期待も大きかった。総合選抜制廃止直後には、「本年度より高等学校入学試験制度を改め各学校随意に之を行うことになりしとき、喜びの情禁ずる能はず　元来高等学校の入学試験はまさにかくあるべかりしなり[59]」と喜んでいる。総合選抜制の弊害の一つとして、「各学校生にして第一志望学校に入学するを得ずして第二第三志望の学校に入学したりしとせよ　之れ等の学生中の一部分の生徒は常に自己が第一志望せし学校の生徒は皆我にまされりとなし自ら卑下し自己の学校に対する愛校心も薄く常にこの考をもちて何事にも対するが故に知らざるの間に精神卑屈となり矮松の如き人物となり終るに至るべし[60]」という。さらに「入学試験に関して吾人更に望むところのものあり曰く志望学科を一種に限ることなり[61]」として、「例へば甲科を志望したる志願者あり而して乙科に編入せられたりとせよ彼等の多くは不愉快なる心にて毎日授業をうけ甚しきは中途にて退学するものあり　之れわが志望を達する能はずして難有迷惑なる他科に編入せられたるによる[62]」という。入学試験制度の改正を喜ぶだけにとどまらずさらなる改正案を出しているわけだが、それも究極的には不本意入学を防ぐためのものである。その意味でも六高における危機感がうかがえる。

しかし、それも絶望へとかわっていく。一九一〇（明治四三）年の新入生と思われる生徒によれば、「当時我僚校たる第一高等学校の名天下に喧傳し、其籠城主義、ストーム主義は直ちに向陵精神の具体的発動なりと歌はれ、如是精神、如是主義の功果如何は姑く措き、それが特立的独歩的事象なるに於て、兎に角向陵精神なる者の事実上存在せるを確認し、吾が将に笈を移さんとする六高に於ても、亦一個の精神、一個の主義として、如是事象の存在するあるを信じ[63]」ていたのに、結局六高に入っても一高流のストームやデカンショ節しか聴くことがないという。そして、「彼等は要するに模倣也。模擬也。猿真似也。主義精神の名、果して或限定的意味を含有するありとすれば、彼等は決して三文の価値だに有するものに非ず[64]」といい、「予が此れ間に於ける経験の帰納的論決に憑拠し、強いて六陵精神、六陵主義なるもの、形体を描出せんと欲せば、予云ふべきあり。曰く『六陵精神、六陵主義とは要するに是れ空のみ。仮装のみ。虚偽のみ。鬼面人を嚇すの類のみ[65]』」と断言する。総合選抜制が廃止されても校風レベルにおける一高優位の体制に揺らぎはなかったのである。

つまり、入学試験の結果が、その後の学校生活にも一定の影響を与えてしまっていたということなのである。第二項で検討したように、圧倒的な受験生が一高を第一志望としている以上、地方の入学者の多くは第二希望以下の入学者なのである。それを理由の一つとして総合選抜制に反対する決議が高等学校長会議でなされたことも第二項でみたが、このような動向が生徒指導上の問題として認識されていたことを推察させるのである。

6　山口高等学校の廃校

総合選抜制が実施されていた明治三〇年代後半の高等学校は、収容力が不足していた時期である。しかし、そのような中で、山口高等学校は一九〇五（明治三八）年に山口高等商業学校へと転換された。

山口高等学校は、防長教育会が運営資金を拠出することによって、他の学校に比べて自主裁量権が大きく認められていた。山口県の尋常中学校出身者は無試験での入学という特典を持ち、授業料や受験料も減額されていた。[66]

荒井明夫によれば、山口県内の五学校（山口学校・萩学校・豊浦学校・徳山学校・岩国学校）も山口高等中学校も諸学校通則を適用された学校であるが、五学校は高等中学校予科補充科相当の学校であり、これらの学校の卒業者が山口高等中学校予科へと入ることで、進学経路を確立するというものであった。[67]第一節で見たように、第一高等中学校と並んで山口高等中学校にも予科補充科が置かれなかったが、それは五学校という形で外部にそれを抱えていたからである。山口県内の五学校の卒業者は、山口高等中学校への先入権があったので、山口高等中学校は入学試験を実施してはいたが、あくまで本来の入学者は五学校の卒業生ということになる。

永添祥多によれば、その五学校でも一定の淘汰は行われていたという。[68]また、五学校に入り最終的に帝国大学に進学した者の割合が低下していくことや、卒業時の年齢を考えると、五学校から山口高等中学校、そして帝国大学へという進学ルートというものは、制度として構想されたほどには効率のよいものではなかったともいう。[69] しかし、第一節で検討したような他校の状況を考えれば、山口県の青年ははるかに容易に高等中学校に進学できたことは抗い難い事実である。高等中学校予科補充科相当の五学校卒業という「資格」だけで高等中学校の予科に入学できる山口県の青年と、尋常中学校などの学校に通い、さらに「資格」としての入学試験を受けた結果として高等中学校の予科補充科に入学を余儀なくされる青年とでは、その容易さに大きな差がある。

だからこそ、この山口県の学校体系は、賞賛されることになる。一八八九（明治二二）年に山口高等中学校を視察したハウスクネヒトは、「山口高等中学校ヲ其予科及山口学校ト合シテ一箇ノ統一的ノ学校ニナスニアリ今之ヲ称シテ山口高等学校ト云フ（中略）斯ル模範タルヘキ学校編制ノ山口ニ於ルノ関係ハ実ニ其宜シキニ適シタルモノト云ヘシ」[70] と絶賛した。さらに、外山正一は、「山口ノ元老輩ガ、早ク十余年前ニ於テ莫大ノ教育資金ヲ募ッテ、大英断ヲ以テ高等学校ヲ設立セラレタルハ実ニ卓見デアル」[71] と絶賛するのである。

しかし、外山が「藩閥」を絶賛したまさにその時期は、この独自なシステムが認められなくなっていく時期に重なっている。一八九一（明治二四）年の中学校令改正により、尋常中学校が必置となり、山口県もそれに対応することになった。高等学校令後は、予科や予科補充科もなくなっていくことになる。独自の進学体系は、法制の整備にともない、維持できなくなったのである。[72]

さらに、防長教育会の財政は日増しに逼迫していった。[73] 一八九九（明治三二）年に防長教育会が交渉を委託した桂太郎と樺山資紀文相の間で山口高等学校への国庫補助八九〇〇円が諒解されるが、文部省による高等学校入学定員拡大に協力という条件がつけられた。ついで一九〇二（明治三五）年三月に山口高等学校の官立への移管を交渉したが、文部省の方から明確な解答を得られず、一九〇三（明治三六）年八月七日、防長教育会は山口高等学校への寄付を廃止することを決定し、文部大臣へ寄付の廃止を出願したが、これは許可されなかった。一九〇四（明治

表1－13　山口高等学校の全生徒における山口県出身者

	在籍者（人）	山口県出身者（人）	割合（%）
1895（明治28）年	158	92	58.2
1896（明治29）年	200	113	56.5
1897（明治30）年	223	148	66.4
1898（明治31）年	244	174	71.3
1899（明治32）年	254	180	70.9
1900（明治33）年	335	198	59.1
1901（明治34）年	399	165	41.4
1902（明治35）年	456	198	43.4
1903（明治36）年	521	143	27.4
1904（明治37）年	343	77	22.4
1905（明治38）年	169	28	16.6

出典：山口高等商業高校『山口高等商業学校沿革史』（1940年，pp. 414–415）より作成。

三七）年三月、再び廃止を出願した防長教育会に対し、文部省は防長教育会との本格的交渉を始めるが難航し、ついに一九〇四（明治三七）年五月一八日、在校生の卒業までは寄付を続け、その後打ち切ることを決定した。

山口県出身者への優遇措置は、高等学校になってからも続いていたが、それも狭まっていった。一八九九（明治三二）年七月二六日の山口高等学校の入学者に関する文部省専門学務局から山口高等学校への照会文書によると、「募集人員百四十名ニ対スル応募人員ハ弐百拾六名ニシテ八拾六名ノ超過ナルニモ拘ハラス実際入学ヲ許可セラレタル者ハ僅々百拾九名ト相成居候[74]」とあり、この年度は定員以上の応募があったことが分かるが、最後に「試験ヲ受ケテ入学シタル者ト否ラサル者トノ区別ヲ添ヘ詳細御回報有之度此段更ニ及照会候也[75]」とある。「（試験に）否ラサル者」とは、山口県出身者のことを指すのであろう。本来無試験入学は志願者が定員を超過しない場合に行うものとなっていたことから考えれば、山口県出身者にとっていかに有利な学校であったかということが分かる。その一方で、文部省が山口高等学校の入学者選抜の状況に、疑念を持っていることも明らかである。

そして、一九〇一（明治三四）年からは無試験による入学自体が禁止ということになる。さらに、全国一律の総合選抜制の導入によって入学者選抜における裁量権を完全に失ってしまい、結局山口県民の利益を守れずに廃校に至った。当時の山口高等学校の在校生全体における山口県出身者の割合は**表1－13**の通りである。これを見れば、無試験検定の禁止、総合選抜制の導入を受けて山口県出身者が著しく減っていることが分かる。

　山口高等学校の廃校はもちろん財政的な問題によるところが大きいとはいえるが、防長教育会にとって金銭的に多少苦しくても運営するだけのメリットがあるならば廃校にする必要はなかったのである。総合選抜制の導入は廃校に至らしめた一因である。全国規模の「選抜」としての入学試験は、一地方の利益を許す体制ではなくなったのである。

7　学校間格差の「発見」と「選抜」としての入学試験

　中等教育機関も高等教育機関も未整備だった時代には、入学試験は「資格」として機能するものであった。その学校での学習に堪える学力、具体的にはお雇い外国人が教授する学校での学習に堪える能力を担保するものとして機能していたのである。それを傍証するように、東京大学予備門や工部大学校の入学者数は、年度によってまちまちである。定員を設定したところで、それを満たすことも難しかっただろうし、設定する意味もなかったということである。高等中学校にあっても、定員は有名無実であった。本科で学ぶための準備課程を設置しなければ、学校としても維持できない状況だったからである。

　その後の学校制度の整備にともない、高等教育機関の収容定員を上回る中等教育機関修了者が安定的に供給されるようになった。学校制度が整備されているために、これらの卒業生は一定の学力を保持している。つまり、高等教育機関で学ぶ「資格」は、中等教育機関の教育課程によって担保されているものとみなされるようになり、一方の入学試験は定員まで絞り込む、すなわち「選抜」としての入学試験に変容していった。

「選抜」としての入学試験の成立は、入学試験における学校間格差という問題を顕出させることになった。学校間格差自体は、森文政期の高等中学校においても予科補充科を置かなくてよい第一高等中学校とその他の学校という形で存在していたのだが、そもそも高等中学校に入ることが困難な状況の中で、それが問題視されることはなかった。むしろ、定員すら満たし得ない状況で、学校間格差を認識する必要もなかったというべきであろう。まずは法制と実態との乖離を埋めることに注力しなければいけないのである。

その後、学力的に十分な受験生が高等学校に参集する中で、学校間格差が重大な問題として認識されることになったのである。二つの帝国大学に入ることが事実上決まっている状況で、都市の高等学校に不合格になる高学力の者と、地方の高等学校に合格する相対的に学力の低い者との格差が問題とされたのである。しかし、そこでは高等学校での教育効果は考慮されていない。高等学校入学時の学力がすべてというわけではないにもかかわらずである。つまり、学校間格差は入試制度改革の理由として、「発見」されたものである。

学校間格差とそれにともなう損失を解消するために、総合選抜制の導入に代表されるさまざまな入試制度改革が実施されたが、学校間格差をめぐる問題を解消するには至らないどころか、むしろ顕出させることになった。それは地方の高等学校の生徒の意識にも影響を与えるほどであった。それゆえに総合選抜制は高等学校側から廃止が建議される状況になったのである。

また、政府が一括して入学試験を管理する総合選抜制のもとでは、山口高等学校のような特定の地域の青年たちに利するような学校はその存続が不可能となった。上級学校進学にあたっては、「藩閥」といったものはもはや通用せず、実力本位の時代が到来したということも意味しているのである。

本章では、制度の変遷を検討した。しかし、学校制度が整備される中で十分な学力を持った中学校卒業者が輩出されるのであれば、高等学校以上の機関の学校数を増やせばよいまでである。結果的にそれは学校制度の発展につながるからである。また、学校間格差を問題にはするが、高等学校の中での教育、またその教育による学力向上の可能性が問題になることはない。なぜ選抜しなければいけないのかについての理由に乏しいのである。
では、当の高等学校側は入学試験というものをどのように考えていたのだろうか。次章では、高等学校側の入学試験観、すなわち選抜する側の意識の問題を検討していくことにする。

注

(1) 東京大学百年史編集委員会編『東京大学百年史　通史一』東京大学、一九八四年、一四七―一四八頁。
(2)「東京開成学校第三年報」『文部省第三年報』一八七五年、五三三頁。
(3)「東京英語学校年報」『文部省第四年報』一八七六年、三五七頁。
(4)『東京開成学校一覧』一八七五年、九―一〇頁。
(5)『東京大学予備門一覧　自明治十二年至明治十三年』一八八〇年、九頁。
(6) 前掲『東京大学百年史　通史一』五六四―五六五頁。
(7)『東京大学予備門一覧　自明治十四年至明治十五年』一八八二年、二九―三〇頁。
(8) 同前書、一四―一七頁。
(9) 厳平『三高の見果てぬ夢――中等・高等教育成立過程と折田彦市』思文閣出版、二〇〇八年、一五一頁。
(10)「東京大学予備門第六申報」(『東京大学年報』内)『文部省第十年報』一八八二年所収、八四〇頁。
(11) 前掲『東京大学百年史　通史一』五八六―五八七頁。
(12) 寺﨑昌男「日本における近代学校体系の整備と青年の進路」『教育学研究』第四四巻第二号、一九七七年、四九―五〇頁。
(13)「工学寮学課並諸規則」(ヨ　377-0057、国立公文書館所蔵)、頁数なし。
(14)「明治十年三月改正　工部大学校学課並諸規則」『明治文化全集　第二八巻　農工編』日本評論社、一九九三年、八九頁。
(15)「工部大学校学課並諸規則」(明治一六年八月改正)(ヨ　377-0056、国立公文書館所蔵)、五七―五九頁。

(16)「工部大学校学課並諸規則」（明治一八年四月改正）（ヨ　377‐0056、国立公文書館所蔵）、六〇―六五頁。

(17)予科補充科がないという点だけをみれば、山口高等中学校も該当するが、第一高等中学校とは全く異なる事情によるものである。詳細は第六節を参照されたい。

(18)「必要な」という表現は、当時の『文部省年報』における報告をふまえたものである。詳細は第三章第二節を参照されたい。

(19)小宮山道夫『学校間接続関係の形成と近代教育政策の地方における受容過程に関する実証的研究』（平成二二～二四年度科学研究補助金研究成果報告書）二〇一三年、三三頁。

(20)田中智子『近代日本高等教育体制の黎明――交錯する地域と国とキリスト教界』思文閣出版、二〇一二年、終章。

(21)第一高等学校編『第一高等学校六十年史』第一高等学校、一九三九年、一六五―一六六頁。

(22)「廿二年十月十四日ヨリ仝十月十七日ニ至ル第五高等中学校設置区域内各県協議会決議」。本書では、小宮山道夫『熊本大学五高記念館所蔵第五高等中学校史料――協議会・高等中学校長会議関係』（平成二〇・二一年度科学研究費補助金研究成果報告書）二〇一〇年の一〇三―一〇四頁に影印されたものを参照した。

(23)西山伸「第三高等中学校における「無試験入学制度」」『地方教育史研究』第二三号、二〇〇二年。

(24)前掲『三高の見果てぬ夢――中等・高等教育成立過程と折田彦市』二九一―二九八頁。

(25)岡山尋常中学校との連絡の詳細に関しては、前掲「第三高等中学校における『無試験入学制度』」を参照されたい。

(26)前掲『第一高等学校六十年史』、二四一頁。

(27)筧田知義『旧制高等学校教育の成立』ミネルヴァ書房、二〇〇九年、一七八―一七九頁。

(28)前掲『第一高等学校六十年史』、二八三―二八五頁。

(29)同前掲、二八八頁。

(30)「高等学校長会議」『教育時論』第五四五号、一九〇〇年六月五日、一六頁。

(31)『自明治三十四年至仝三十六年高等学校長会議決議』（五高記念館所蔵）、頁数なし。

(32)「専門学務局長ヨリ高等学校長会議へ諮詢スル事項分科大学長回覧ノ為メ送付」『文部省及諸向往復書簡』明治三三年（甲）（東京大学史史料室所蔵）、一七頁。

(33) 前掲『自明治三十四年至全三十六年高等学校長会議決議』頁数なし。
(34) 同前。
(35) ただし、中学校令施行規則が実際のところどのように機能したか、すなわち施行前から在学していた生徒にどのように適用されたかが不明なので、全く考慮されなかったと言い切ることはできない。
(36)「高等学校入学試験程度に就いて」『教育時論』第五九八号、一九〇一年一一月二十五日、四四頁。
(37)「高等教育会議諮問案」『教育時論』第五九九号、一九〇一年一二月五日、三四頁。なお、第六回高等教育会議の議事録等は現在のところ発見されていない。
(38) 議論の経緯は『教育時論』第五九九号（一九〇一年一二月五日）・六〇〇号（一九〇一年一二月一五日）の高等教育会議の記事を参照した。
(39)「山田邦彦氏の高等学校入学試験談」『教育時論』第六〇〇号、一九〇一年一二月一五日、四八―四九頁。
(40)「高等教育会議」『教育時論』第六〇〇号、一九〇一年一二月一五日、四八頁。同記事は修正箇所のみを掲載しているが、ここでは修正を施した全文を掲げてある。なお、第七項の省略部分にも修正があるが、「第一号」を「前号」とし、「各号」を省略するだけなので、方法そのものの変更はない。
(41)「高等学校入学試験法改正に就いて」『教育時論』第六〇九号、一九〇二年三月一五日、四〇頁。
(42) 教育史編纂会編『明治以降教育制度発達史』第四巻、龍吟社、一九三八年、四一〇頁。
(43) 一九〇五（明治三八）年と一九〇六（明治三九）年の分は、統計資料の存在が確認できない。一九〇四（明治三七）年までは各学校に統計資料が送られているが、一九〇五（明治三八）年以降は『高等学校大学予科入学者選抜試験報告』が送られるようになっていることが関係していると思われるが、推測の域は出ない。一方で、一九〇七（明治四〇）年の統計は『中学世界』にまで掲載されており、採点や合否判定の過程で統計資料に類するものは作られていたのだろうと思われる。
(44) SN「高等学校受験案内」『中学世界』第一〇巻第一二号、一九〇七年九月二〇日、五〇頁。また、実際に入学を辞退しているケースもある。
(45)『自明治三十九年至大正三年高等学校長会議決議』（五高記念館所蔵）、頁数なし。

(46)「試験制度改正の調査」『教育時論』第七四九号、一九〇六年二月五日、三二頁。
(47)「高等学校入学試験成績」『教育時論』第八〇八号、一九〇七年九月二五日、三四—三五頁。この段階でも入学試験の存在そのものは否定されていないことは注意を要する。大島視学官の入学試験観については、第二章第二節を参照されたい。
(48)筧田知義『旧制高等学校教育の成立』ミネルヴァ書房、一九七五年、一九四—一九五頁。
(49)「高等学校試験改正」『教育学術界』第一七巻第一号、一九〇八年四月一〇日、一一六頁。
(50)同前掲。
(51)「高等学校入学試験期問題」『讀賣新聞』一九〇八年四月八日、一頁。
(52)「高等学校試験期日問題」『教育時論』第八二九号、一九〇八年四月二五日、三五頁。
(53)「もう遠い昔のこと、明治四十二年の春に中学校を出て例年になく早く執行された七高の入学試験を受けたのは一高のとある教室」とあり、東京で入学試験を実施していたことが分かる（多田齊司「南国の思ひ出よ」第七高等学校記念祝賀会編『記念誌』第七高等学校記念祝賀会、一九二六年、二七六頁。
(54)一老兵「誰れか一高の堅塁を抜く乎」『中学世界』第一二巻第四号、一九〇九年三月二〇日、一二四頁。
(55)「四高事情」『中学世界』第一二巻第四号、一九〇九年三月二〇日、一九八頁。
(56)「高等学校入学新制度調査」『教育時論』第八四〇号、一九〇八年八月一五日、三五頁。
(57)「文相高等学校長会訓示」『教育時論』第八六五号、一九〇九年四月二五日、三三頁。
(58)前書『旧制高等学校教育の成立』、二一六—二一七頁。
(59)御白生「高等学校入学試験制度改正につきて」『校友会会誌』第六高等学校校友会、第一九号、一九〇八年五月、五七—五八頁。
(60)同前掲。
(61)同前掲。
(62)同前掲。
(63)赤木忠孝「六陵精神とは何ぞや」『校友会会誌』第六高等学校校友会、第二八号、一九一一年五月、五五頁。

(64) 同前掲。
(65) 同前掲。
(66) 山口高等商業学校『山口高等商業学校沿革史』山口高等商業学校、一九四〇年、四一五頁。
(67) 荒井明夫「山口高等中学校の性格と歴史的役割」『地方教育史研究』第二三号、二〇〇二年。
(68) 永添祥多『長州閥の教育戦略――近代日本の進学教育の黎明』九州大学出版会、二〇〇六年、一五四―一五六頁。
(69) 同前書、一五八―一六一頁。
(70) 寺崎昌男・竹中暉雄・榑松かほる『御雇教師ハウスクネヒトの研究』東京大学出版会、一九九一年、二三九頁。
(71) 外山正一『藩閥之将来』東京博文館、一八九九年、八三―八四頁。
(72) 尋常中学校の設置や予科の廃止にともなう独自の進学体系の崩壊については、前掲『山口高等商業学校沿革史』三二五―三二七頁に詳しい。
(73) 本段落の防長教育会と文部省との交渉の経緯は、前掲『山口高等商業学校沿革史』四八七―五〇八頁による。
(74) 「発専第一〇〇号（表題なし）」『明治二十七年ヨリ明治三十三年八月ニ至ル　文部省達通牒等級　其他書類』（山口大学経済学部東亜経済研究所所蔵）頁数なし。
(75) 同前掲。

第二章　入試問題講評にみる高等学校側の入学試験観の変化——変わらない選抜観

1　選抜する側の声としての入試問題講評

第一章で見たように、学校制度の整備にともない、高等学校の入学試験は「選抜」としての入学試験に変化した。学力それ自体を確かめるということ以上に、入学定員まで絞り込むということに重きが置かれるようになったのである。「選抜」としての入学試験は、学校間格差を顕在化させることになり、結果的に地方の高等学校が割を食うような形となったわけだが、それは時に生徒を巻き込むほどの問題にもなったのである。

このような入学試験の性格の変化に対して、選抜する当事者である高等学校の関係者はどのように考えていたのだろうか。学力的に問題のない受験生が参集したがために入学試験は選抜の道具と化していくわけだが、当の高等学校関係者は受験生の学力は十分であると考えていたのだろうか。総合選抜制の施行によって学校間格差が表面化し、それゆえに地方の高等学校長は総合選抜制の廃止を訴えたわけだが、そのような学校間格差をどのように認識していたのだろうか。そもそも学校間格差があるということで、生徒指導上にさまざまな支障をきたしていたのだから、地方の高等学校の教員にとっては決して小さな問題ではないはずである。

そこで本章では、入試問題講評を素材として、選抜する側の考えを探っていくことにする。制度によるさまざまな変化はもちろん重要であるが、その選抜に携わる者がどのような考えに立っているかも重要である。また、選抜する側の高等学校と選抜される側である受験生とが、実際に向かい合うのは、入学試験問題を通してである。しかも、高等学校の教員は入試問題の作成者でもある。入試問題の解答状況に対する講評は、選抜する側の高等学校関係者の入学試験に対する考えを如実に反映しているのである。

本論に入る前に利用する史料について言及しておく。本章では、文部省専門学務局『高等学校大学予科入学者選抜試験報告』[1]（以下、『報告』）の入試問題講評を使用する。それが文部省から出ている公的色彩の強いものであり、一九〇五（明治三八）年度から一九一五（大正四）年度分までほぼすべて署名入りで意見が掲載されているからである。入試問題講評は、『中学世界』などの受験雑誌にも掲載されはした。しかし、雑誌の場合は執筆者に偏りがあるのに対し、『報告』はほぼすべての学校についてどの教科に対しても万偏ない記載がある。たとえば、この時期の『中学世界』では、一九〇七（明治四〇）年より入学試験を総括する増刊号が出されるようになったが、この時期に同誌に入試問題講評を寄せる高等学校関係者は一高関係者に特化している。

『報告』における講評のほとんどすべてが署名記事となっており、あくまで個々の教員の意見ということには注意を要する。しかし、そのようなバイアスをもってしても、政府から全高等学校への依頼に基づいて執筆された講評は、高等学校側の入学試験観を知る有力な手がかりとなるであろう。

『報告』は一九〇五（明治三八）年に最初に刊行されているため、それ以前の入試問題講評については、本章では扱わない。また、『報告』は一九一六（大正五）年度分までは入試問題講評を中心とした構成となっていた[2]。そこで、本章での分析対象は専ら一九〇五（明治三八）年以降の明治期の入試問題講評ではあるが、一部に大正前期のものを含むことにする。

2　入学試験問題の水準に関する政府の懸念

入試問題講評そのものの検討に入る前に、入試問題それ自体に関する外部の認識を確認しておきたい。一九〇五（明治三八）年五月二二日に「選抜試験ニ関スル通牒」が出された。その内容は、高等教育機関の入学試験は中等教育機関の目的の達成を妨げているので、試験問題の程度種類などについて注意すべきということであった。通牒の内容は以下の通りである。

生徒募集ニ当リ入学志望者多数ナル場合ニ於テ之ヲ選抜センカ為メ施行スル試験ハ成ル可ク其生徒ノ有スル学力ノ全部ヲ観察スルヲ目的トスヘキハ勿論ノ儀ニ候条選抜試験問題ノ種類、程度及其数等ニ就キテハ周密ナル注意ヲ要スヘキコト、存候若シ問題ノ程度高キニ過キ種類一方ニ偏シ其数亦少キニ失スルカ如キコト有之候テハ啻ニ試験ノ目的ヲ達スルコトヲ得サルノミナラス中学校ノ教育上直接間接ニ大ナル影響ヲ及シ種々ナル弊害ヲ醸成スルノ懸念モ有之候条貴校ニ於テ中学校卒業ノ程度ヲ入学ノ要件トシタル学科ニ対シ選抜試験ヲ施行スルニ当リテハ中学校学科程度ノ範囲ヨリ問題ヲ選定相成候様致度依命此段及通牒候也（高等師範学校長への通牒における加筆事項は省略）(3)

しかし、実態はそうとはいえなかった。『教育学術界』には、一九〇五（明治三八）年の入試に関して「高等学校の入学試験問題に就いて望む所は、其問題の極めて普通平凡の事にして、中学校が結局常識養成所たるに外なさざることに考へ及ぼさんこと」（傍点原文ママ）を主張し、高等教育諸機関の入試問題中の難問奇問の一例を紹介した記事が見られる。[4] さらに一九〇六（明治三九）年の『教育時論』では、文部省が「曩に各校（高等学校や各種専門学校・引用者注）における前年の同問題（入試問題・引用者注）を取纏め、全国中学校の意見を徴」したところ、「大体に於て尚相変らず高尚に失し、中学校の教授科目の趣旨を無視せるもの少からず」とあり、中学校側からすれば難易度は改善されていないといえる。[5]

一九〇九（明治四二）年四月の高等学校長会議で文部大臣が行った訓示で、総合選抜制廃止後も入試問題の出題レベルに難があったことを危惧されていたことは、第一章で示した通りである。つまり、高等学校側の入試問題の出題のあり方は、『報告』刊行後にも大きな変化はなく、中学校への影響も懸念される事態に立ち至っていたということである。

3　講評にあらわれる入学試験観

（1）入試問題に求められる水準

前節で示したように、一九〇五（明治三八）年に出された「選抜試験ニ関スル通牒」により、あまり高尚に失することのないようにする必要があった。しかし、実態としてはそうではなかったということも、すでに示した通りである。

しかし、高等学校側の認識は異なっていた。一九〇五（明治三八）年の『報告』の巻頭言では、「高等学校大学予科入学者選抜試験問題ニ付テハ往々其ノ中学校ノ学科程度ト相伴ハサルヲ議スル者アリ本年ノ選抜試験ニ際シテハ特ニ此点ニ留意シテ問題ヲ選定シ高尚ニ過キ若ハ好奇ニ類スルモノハ之ヲ舎テ成ルヘク平易ニシテ実用ニ近キモノヲ採択センコトヲ期シタリ」[6]と述べられている。それに応じるかのごとく、国語文法に対する六高教授の原栄は、

「余ハ現今中学学課程度ニ対シテハ近年ノ入学試験問題ガアナガチ高尚ニ失シタルモノトハ思ハレズコハ中学校ノ教科用書ヲ見レバ自ラ明瞭ノ事ナルベシ」[7]という。前節で示した外部からの批判を勘案すれば、自画自賛ともいえる状況である。

それだけに彼らの要求水準、すなわち高等学校入試に求められている水準は極めて高かった。たとえば、一九〇五（明治三八）年の国語解釈国語文法の講評で五高教授の本田弘は「国語解釈ハ国語文法ニ比シ平易ニ過ギタル感アリ現ニ或ル人ノ評ニ「コレハ尋常師範学校ノ入学試験問題ノ如シ」ト云ヘルヲ聞ケリ」[8]といい、同じ年の英文解釈の問題に対して一高教授の畔柳都太郎は「入学試験問題ヲ一層容易ナラシムルハ受験生ノ惰容ヲ誘致スル恐レアルニアラスヤト存候間絶エズ大学トノ連絡ヲ Consideration 中ニ入レサルベカラザル高等学校入学試験問題カ同一資格者ノ受クベキ外国語学校高等商業学校入学試験問題ヨリモ容易ナリトノ世上ノ批評ヲ等閑視シ能ハズ候」[9]という。あくまで他の高等諸教育機関からは一歩抜きん出た出題が求められるのである。

さらに、一九一二（明治四五）年の漢文解釈の問題をめぐっては、以下のような批判が出た。

第五高等学校教授　村上龍英・寺内淳二郎

「本年度ノ高等学校大学予科入学者選抜試験問題国語及漢文ソノ二漢文解釈ハ中学校第三年級若シクハ第四年級ノ教科書程度ニシテ文章字句孰レモ稍簡明平易ニ過クルカ如クナリシカハ必スヤ好成績ヲ得ヘシト予期シタリシニ事実ハ之ニ反シテ比較的ニ良好ナルモノ少シ」[10]

第七高等学校教授　山田準

「本年の問題は平易に過ぎたる如し其程度は中学校の二、三年級に相当せるならん」[11]

問題の水準が実際のところ中学校何年程度であったかが問題なのではない。要するに高等学校の入試問題としてふさわしくないと言っているだけのことである。五高のコメントに至っては、受験生の出来が「良好ナルモノ少」ないにもかかわらず、その問題の簡単さを批判する。ここではもはや受験生の存在は問題ではない。高等学校の入学試験としての絶対的な程度が問題となっているのである。

(2) 出題のあり方をめぐる問題

このように高い水準を求める一方で、問題作成は安直な面もある。それを象徴するのが問題の重複である。重複はいずれも国文解釈で、一九一〇（明治四三）年、一九一一（明治四四）年、一九一五（大正四）年に見られる。[12]

一九一〇（明治四三）年　国語及漢文　第三高等学校教授　大野徳孝

「本年ノ問題ハ明治四十一年東京高等師範学校予科入学試験問題ト全然同一ナリシモ亦遺憾ノ一ナリキ凡テ問題ハ可成斯ルコトハ避ケ度キモノナリ若シ夫レ年々歳々類似ノ試験多カルニ同一ノ課題ヲ避クルノ困難ヲ感スル場合ニハ必スシモ古書ニヨラス新ニ問題文ヲ製作スルモ亦一法ナルヘシ[13]」

一九一一（明治四四）年　国文解釈　第三高等学校教授　阪倉篤太郎

「本年の問題は明治四十年海軍兵学校入学試験問題と同一なり（昨年もこの事あり）選定の際大に注意を要す然らずんば受験者の入学試験問題答案集等のみを読む風を助長する恐あるべし[14]」

一九一五（大正四）年　国語及漢文　第五高等学校教授　本田弘・戸澤正保・村上龍英・野々口勝太郎・堀重里

「第一問ハ明治四十三年東京女子高等師範学校ノ入学試験問題ニ出デタレバ問題集等ニ依リテ予習シタル者ハ

実力以上ニ出来シモノアルベク、第二問ハ前文ナクシテハ少シク異様ナル題ナレバ受験者ノ多数ハ意ニ難渋セシナルベシ[15]」

ここではもちろん重複した問題を出題したことへの批判は見られるが、重点はこのような重複が起こることで受験生の学習態度が変わることへの危惧である。過去の入試問題を利用して学習することそのものは否定されていないが、それで有利不利が生じてはいけないという、極めてまっとうな認識が示されている。東京女子高等師範学校の入試問題との重複が指摘されているが、当然のことながら高等学校と東京女子高等師範学校の受験層が一致することはない。受験準備に利用する問題集等はいきおい過去の入試問題を採択することも多くなることは想像に難くないし、『中学世界』といった受験メディアには東京高等女子師範学校も含めて毎年入試問題が掲載されていた。高等学校が受験生に求められる学習法をどのように考えていたかは不明だが、過去問を使った学習で有利不利が生じないようにするには、出題に慎重を期せばよいのであって、批評としては成立しているが、当事者意識がいささか欠けている。

(3)　高等学校側の入学試験観

高等学校は入試問題に対して高いレベルを求めていたわけだが、そもそも入学試験というものをどのように考えていたのであろうか。以下にあげるのは一高教授の須藤伝次郎が一九一一（明治四四）年の総括コメントの中で述べたものである。

世間にも或る見地から切りに容易なる問題を採用すべしと唱ふる論者がある固より其議論には一理あるが同時

に高等学校の入学試験は何処までも撰抜試験であるといふ事を無視する訳には行かぬ否却て後者が主前者が客である後者は積極的の意味を有し前者は消極的の意味のものであるさうでなければ撰抜試験は無意義に終るのである若し単に此試験は抽籤に代ふべき形式的のものと云はゞそれ迄であるがさなくば問題が本年度の如き有様ではまるで主客顚倒で仮令ひ中学教育には或は影響を与ふること無くとも合格者の多数は抽籤によりて定められるゝと殆んど同じ結果である此事は決して無軽視すべき事で無いと思ふ要するに入学試験は学校内に於ける進級試験とは全然異なるものであると云ふ事を深く考慮したる後問題の適否を判定して試験に用ふる様にして貰ひたい。(16)

つまり、簡単な問題は抽籤と同義であり、選抜試験は進級試験と異なり難しい問題で行わなければ意味がないというのである。このような考え方は決して一高の教授であるから抱き得たものというわけではない。文部省視学官を務め、その後八高の校長となった大島義脩も同じように考えていた。以下には一九〇七（明治四〇）年に視学官として出した総括コメントと、一九〇九（明治四二）年に八高校長として出した総括コメントをあげておく。

一九〇七（明治四〇）年

「試験の結果を審査するものは試験そのもの（特に選抜試験に就いて言ふ）が或る程度まで不良の成績を要求するものなることを知らざるべからず受験者全員の成績が尽く満足なるものなるときは試験は其の目的を達することを得ず選抜せんと欲して落選せしむべきものなきに苦むべし(17)」

一九〇九（明治四二）年

「選抜試験ノ問題ノ選定ハ中学校卒業者ノ学力程度ヲ標準トスベキハ勿論ニシテ従来兎角高尚ニ失セントスル

弊アルニ省ミテ成ルベク之ヲ平易ニセントセラル、ハ謹ンデ其旨ヲ領スル所ナリ然レドモ其ノ平易ニ過ク（ママ）ルモ亦不可ナル点ナキニアラズ蓋シ適当ナル問題ノ程度ヲ定ムルニ当リ其ノ難キニ過ギザル様注意スル外ニ猶顧慮スベキコトアリ

（1）試験ノ性質ガ選抜試験ナル以上ハ受験者ニ出来不出来ノアル問題ヲ選ブ必要アリ受験者大多数カ（ママ）大差ナキ成績ヲ示ス如キ問題ヲ取ルコト能ハズ故ニ其ノ程度ハ中学校卒業者ノ全部ノ学力ヲ標準トシテハ低キニ失スルモノトナルベシ中学校卒業試験問題ト選抜試験問題トヲ比較スレバ後者ハ前者ヨリモ若干高尚ナル程度ヲ維持スルコト試験ノ性質上当然ナルベシ

（2）中学校ニ於テハ其卒業者ノ全部ガ高等学校ノ選抜試験ニ応ジテ好成績ヲ示スヤウニ苦慮スルコトハ無用ナルベシ

高等学校ニテハ中学校卒業者ノ学力ヲ試ミントスルニアラズシテ卒業者相互ノ間ノ学力ノ差ヲ見ント欲スルナレバ其ノ試験ノ程度ヲ標準トシテ中学校ノ教授ヲナス必要ナシ高等学校ノ選抜率即志願者ニ対スル入学者ノ比ガ例ヘバ四分ノ一ナレバ中学校卒業者ノ四分ノ一ガ可ナリ満足ニ試験ヲ通過スルヤウニ準備スレバ足ルコトナリ高等学校ノ試験程度ガ中学校ノ教授ニ影響スルハ自然ノ勢ナレドモ中学校ニ於テモ亦相当ニ注意ヲ要スルコトナルベシ然ラザレバ高等学校ハ適当ニ自己ノ必要ニ応ズル試験ヲ行フコト能ハザルベシ[18]」

もはや高等学校においては選抜試験を行うことは必然であり、選抜である以上落伍者の出現は止むを得ないというのである。さらに中学校に対しては、一定数の優秀な人材を育成しさえすればよく、高等学校は自らの必要に応じて試験を行うことが望ましいとされるのである。もはや受験生や中学校への配慮はないのである。

4　高等学校側の学校間格差に関する認識

学校間格差の存在は入試関係統計から見て取ることができるわけだが、入試問題講評ではそれはどのような様相を呈するのであろうか。

(1)　学校間格差に関する認識

総合選抜制のもとで入試を実施していた明治三〇年代後半は、受験地と志望学校が一致しない。また、学科目ごとに出題学校が持ち回りになっていて、入試問題の採点は全高等学校の教員等で構成される高等学校試験調査委員会が行っていた。一九〇二（明治三五）年の総合選抜制による最初の入学試験では、高等学校試験調査委員会は国漢一四、外国語英語一二、独語二、数学九、地理三、物理化学六で構成され、委員は各高等学校より送出された。[19]この年度の委員の所属校は不明だが、一高と帝国大学、高等師範学校から多く出ており、地方の高等学校は三名と同記事には記されている。また、一九〇四（明治三七）年から一九〇六（明治三九）年の間は一高以外の各高等学校は一部の例外を除いて三名、一高は一定しないことから、毎年ほぼ同じ形であったと思われる。[20]答案がどこに集められたかは不明なのだが、東京に集められるとすれば、受験者数に応じて一高の教員が担当する形にしていたと考えるのが、最も自然であろう。なお、総合選抜期は、一括で採点されているため、講評レベルでの学校間格差を見て取ることはできない。

入試問題講評における学校間格差は、同一問題に対する各学校のコメントの違いに端的に表れることになる。たとえば、一九一一（明治四四）年の国文解釈の問題をめぐっては以下のようなコメントが各学校より出された。[21]なお、一高のコメントは全体総括のコメントより引用したものであり、須藤は国語の教授ではない。

第一高等学校教授　須藤伝次郎
「最高点の高さ　国語漢文に於けるが如く受験者の多数が同一の評点を得るのは撰抜の意味に於て此の学科の効力の頗る薄弱なるを示すのである」[22]
第二高等学校教授　岡澤鉦次郎
「本年ノ国語解釈ノ成績ニツキテハ別段良好ナリトイフヲ得ザレドモ問題ノ性質ニ合セテハマヅ相当ノ出来ナリトイフヲ得ベク候」[23]
第三高等学校教授　阪倉篤太郎
「問題平易に過ぎ為めに受験者の学力の差異を認むるに甚だ困難なり」[24]
第四高等学校教授　宮川熊三郎・八波則吉・駒井徳太郎・赤井直好・岩城準太郎
「問題ハ稍ヤ平易ニ過グ句読点ハ無用ナリト思惟ス」[25]
第五高等学校教授　今井正親
「前年度ニ比スレバ各部ヲ通ジテ稍々良好ナル結果ナリシハ問題ノ撰択其ノ当ヲ得タルニ因ルカ或ハ青年一般ガ漸次国漢文ニ対シ注意ヲ払フニ至リシ結果ナルカ」[26]
第六高等学校教授　志田義秀・原榮・秋月胤継
「国語解釈ノ問題ハ平易ニ過キタルヲ覚ユ選抜試験ノ問題トシテハ今少シ難キヲ適当トスベシ」[27]
第七高等学校教授　鴻巣盛廣
「成績ハ一般ニ良好トハ言ヒ難シ。本題ニハ字句ノ難解ナルモノ無キヲ以テ其方面ニハ比較的誤謬少カリキト雖大体ノ文意ヲ了解スルコト能ハザリシモノハ極メテ多カリキ」[28]

全体として平易さを指摘する声が多いが、その具体的内容はさまざまである。一高や三高の簡易さゆえの選抜としての無意味さを指摘するコメントがある一方で、五高のように学力の向上を理由にするものもある。さらには七高のように成績不良を訴える学校もある。そして、ここで述べられている難易の差は、一般的に想定されていた学校間格差と必ずしも一致しない。前節で検討した入学試験観に基づいて考えれば、高等学校側は数字として現れるほど学校間格差を意識していなかったと考えることが可能である。

次にあげるのは、一九一三（大正二）年の英文和訳の第一問の問題をめぐっての各学校のコメントである[29]。こちらは全体としてその難しさを指摘するものが多い[30]。

第一高等学校教授　小島憲之・村田祐治・畔柳都太郎・岡田實麿・岡本忠之丞・森巻吉／同講師　和田正幾
「文章の構造が、や、解釈の障礙たるべきかと感ずるのほか、何等難点無き問題也[31]」
第二高等学校教授　粟野健次郎・玉蟲一郎一・土井林吉・松本閶薫
「本年ノ英文解釈第一問ノ如ク同語同句ヲ反復スル所多キ種類ノモノハ適当ナル問題ニアラズト思考ス[32]」
第三高等学校教授　厨川辰夫・瀧川規一／同講師　大浦八郎
「第一問ト第二問トノ間ニハ難易ノ差甚ダ少ク、従ツテ成績上ニモ著ルシキ径庭ヲ見ザリキ。又試験問題トシテハ二ツナガラ甚ダ適当ナル好問題ナリシガ如シ[33]」
第四高等学校教授　林並木・岡本勇・大谷正信・西川巌・岸重次・篠原一慶
「此問題ハ文字及文章ノ構造甚ダ簡単ナレドモ内容ハ稍複雑ナルヲ以テ高等学校選抜試験問題トシテハ恰好ナリト信ズ然レドモ此内容ノ複雑ナル為メ完全ナル答案ヲ得ザリシヲ遺憾トス[34]」
第五高等学校教授　奥太一郎・深澤由次郎／同講師　遠山參良

「本題中ニハ受験者ノ知ラズト思ハル、ガ如キ語ハ殆ド之レ無ク、用語平易ニシテ構造複雑ニ、解釈力ヲ見ル問題トシテハ至極適当ナリト信ズ」[35]

第七高等学校造士館教授　小崎成章・高田貞彌・野間眞綱・皆川正禧

「本年ノ問題ハ各科目概シテ適当ナリト信ズ」[36]

第八高等学校教授　中川芳太郎

「受験生ノ実力ヲ知ルニハ二問題ニテ十分ナリト思考ス今回ノ問題ハ両問題共ニ難解ニ過グル等ノ弊ナク甚ダ適当ナルモノト信ズ（中略）第一問ハ一見スレバ平易ナルガ如キモ思想ノ連絡上受験生ヲ試ミル点多ク其真ノ理解力ヲ検スルニハ極メテ便利ナリ」[37]

ここでも難しさの内容は学校によって大分異なっている。文の構造一つとっても四高は簡単というが、一高や五高では複雑という解釈である。問題の内容にまで踏み込むと意見の差異が見られるが、難易度についてはおおむね妥当という評価である。高等学校の入学試験という観点からは、少々難しい文章でも妥当ということである。「何等難点無き問題」という一高と他の学校との差はやや際立っており、その点は学校間格差とも呼応してはいるが、格差というほどの差異はない。高等学校側の学校間格差の認識は、各種統計が示す実態よりは希薄だったとみるのが妥当である。

（2）一高の選抜観

では、総合選抜制期には多くの優秀な入学者を集め、総合選抜制後の共通問題による入試の講評では一貫して入試問題の平易さを指摘した一高は、入学試験というものをどう考えていたのだろうか。総合選抜制期はすべての受験者の答案を一斉に採点している関係で、一高の選抜観というものは見えづらい。一方、学校別に入学者を選抜するようになって最初に『報告』が刊行されたのは一九〇九（明治四二）年だが、最初の三年間は総括的にコメントをして、教科別のものについては一部を掲載するのみであった。以下、その最初の二年間の総括的なコメントをあげておく。

一九〇九（明治四二）年

「本年ノ試験問題ハ大体当ヲ得タルモノナルヘキモ本校ノ受験生ニ対シテ稍、易キニ過キタルノ感ナクンバアラス如何トナレバ本校受験生ノ数非常ニ多ク学力優秀ナル者亦随テ多キカ故ニ本年ノ如キ平易ナル問題ニテハ優秀ナル者ト格別優秀ナラザル者トノ差ヲ判別シ難キ恐レアリ（中略）今後ハ今少シク程度ノ高カランコト受験生ノ力ヲ検スル上ニ於テ一層ノ良結果ヲ得ベシト思考ス[38]」

一九一〇（明治四三）年

「本年ノ試験問題ハ大体ニ於テ先ツ其当ヲ得タリト謂フヘシ唯前年ニ於ケル入学者選抜ニ関シ本項ニ於テ陳述セシ如ク本年ニ於テモ亦稍々易キニ過クルノ感ナクンハアラス即チ本校ノ入学者選抜試験ノ問題トシテハ今少シク程度ノ高カランコト実際受験生ノ優劣ヲ検シ及落ヲ判スル上ニ於テ便宜ナルヘシト思考ス[39]」

学校別に出題した一九〇八（明治四一）年の問題の水準がどの程度であったのかは不明だが、共通問題への不満が強調されたコメントである。そして、一九〇九（明治四二）年の歴史の講評でも、斎藤阿具は「本年度ノ試験問題ハ他校ハ知ラズ本校ノ入学志願者ニ対シテハ易キニ過ギ俊秀ノ者其ノ能力ヲ発揮シ能ハザリシナルベシ[40]」と総括コメントと軌を一にするコメントを出している。

この流れに基本的には変化はない。一九一三（大正二）年の英語の講評でも各問題へのコメントの際に以下のような文面が付されていた。

英語　第一高等学校教授　小島憲之・村田祐治・畔柳都太郎・岡田実麿・岡本忠之丞・森巻吉／同講師　和田正幾

「一言以て之を尽せば、各科を通じて成績甚だ良好、苟も各科目を通じて満点、若しくは満点に近き点数を獲るに非ざれば、乃ち競争圏内に入る能はざりしやの観あり。（中略）但し、如上の現象は、一般受験者の学力が進歩せし証左なりと云はんよりは、寧ろ、問題の容易なりし結果と首肯せられたし。正直に云へば、入学試験の問題は年々易を趁ふの傾向あり。特に十目の見るところ、今年度の問題に於てその然るを感ず。試に昨年の問題と比較し来らば、一層容易となれることを認めらるべき也(41)」

ここでなされているのは出題者への批判である。受験生の学力をどう評価しているのかは不明だが、受験生の学力向上よりも問題作成のあり方が問題なのである。

5　変わらない選抜観がもたらしたもの

これまで『報告』に掲載された入試問題講評を入学試験観と学校間格差を軸に検討してきた。以下、これまでに検討してきたことを、まとめておくことにする。

第一に入学試験観であるが、「選抜」ということに対して全くといってよいほど無批判ないしは無自覚である。

高等学校側にとって選抜試験は必然なのであり、高等学校入試ではその水準に見合ったレベルの問題を出題することが第一義なのである。そこに中学校への配慮はない。高等学校の入学試験観は、高等中学校時代のそれと本質的な変化はない。

一方で、高等中学校では一定以上の学力に満たないものに対して予科や補充科を用意したのに対し、高等学校はそれをなくしていった。救済措置の消滅という意味では、高等学校入試は苛酷さを増したとすらいえるのであり、それに加えて選抜を所与のものと考える教員たちが実施する入学試験のもとではさらに過酷なものになるしかなかった。高等学校側の認識としては、高等学校教育を受けるにふさわしい学力を求める従来の「資格」としての入学試験という意識を引きずりつつ、選抜試験に勝ち抜く学力――おそらく高等学校教育を受けるにふさわしい学力よりさらに高いもの――を「資格」として求めていたということである。

入試問題について簡単であるとか難しいという批判をしている教授たち自身は、他ならぬ問題作成者である。学校別に問題を作成していたときは各学校の教授、共通問題の際は各教科で複数の学校が指定され問題を作成していた。そのような点を勘案すると、この講評は時として痛烈な自己批判という側面を持つ。さらに、当時の高等学校教授は予備校に講師として出講することがあった[42]。受験生に知識を教授する立場の者が書いたものとしてこの講評を見れば、これまた痛烈な自己批判ともなり得る。しかし、講評の文面からはそのような批判意識を読み取ることはできない。

第二に学校間格差についてだが、数字として現れる傾向と高等学校側が考えているものとは必ずしも一致はしていない。先述のような入学試験観のもとでは学校間格差の意識は薄れることになろう。大切なのは高等学校としての水準であるから、学校間格差は後背に追いやられることにもなるからである。そして、一高のコメントは示唆に富む。学校間格差の頂点に立つ一高においてその格差が全く省みられていないのである。彼らの主張は常に入試問題の平易さを指摘するのみで、最終的に受験生や問題作成者に批判の矛先を向けることになるのである。

これらを総合すれば、「選抜」としての入学試験の成立にともない、高等学校側の欲望がむき出しになったということができる。学校制度に不備があるときには、学力水準を満たし得る数少ない青年を何とか見つけ出さねばならなかったのに対し、学校制度が完備されていく中で、入学試験は完全なる買い手市場と化してしまったのである。そういう中で、高等学校は思い通りに入学者を選抜することができるのだから、必然的にその要求は直截かつ過酷なものとなってしまうのである。

つまり、より高い「資格」、すなわち高等学校教育を受けるにふさわしい学力をはるかに上回る選抜試験に通る学力、を求めることで、「選抜」は正当化される。選抜試験に通る高い学力という「資格」によって人数まで絞ることが、「入れたい生徒」を入れる、すなわち「選抜」するということであり、その手段が他ならぬ入学試験なのである。

第一章も本章も、専ら高等学校側からの分析を進めてきたが、これに応える受験生がいないことには意味がない。無理難題を押し付けるがために、誰にも相手にされない機関となってしまうからである。中学校卒業後の教育機関として常にその頂点にいることを求める態度、そしてその地位を保つためには厳しい選抜は当然とする態度は、受験生の志望動機をさらに強固なものにしたというのが実情である。高等学校の入学試験に合格するということが、帝国大学への切符を手にすることであると同時に最も苛酷な関門を通り抜けたことの証明であるとするならば、向上心旺盛な青年にとって受験勉強は苦しいものには違いないが積極的な意味をも持つことになるだろうし、そのような中で一高に合格するということは格別な意味を持つことにもなるのである。

では、このような過酷な入学試験に通るためにどのような準備をしたのか、このような入学試験を受験生はどのようにとらえていたのか。試験に臨む側の問題を第二部で検討していく。

注

(1) これは、一九一七（大正六）年度分は『高等学校大学予科入学試験ニ関スル諸取調書』、一九一八（大正七）年度分は『高等学校入学者選抜試験ニ関スル諸調査』と改名された。このような書名の違いはあるが、以下注で引用する際はすべて『報告』（年度）という表記とする。なお、一九〇八（明治四一）年、一九一四（大正三）年、一九一六（大正五）年分については現在のところその存在が確認されておらず、刊行されなかった可能性も否定できない。

(2) 一九一七（大正六）年度以降は、統計資料を掲載するようになり、入試問題講評は『文部時報』に掲載されるようになった。

(3) 『官報』第六五六五号、一九〇五年五月二二日、八三一頁。

(4) 「試験問題の改良を促す」『教育学術界』第一二巻第三号、一九〇五年一二月、一―三頁。

(5) 「入学試験問題批評」『教育時論』七五四号、一九〇六年三月二五日、三三頁。

(6) 『報告』一九〇五（明治三八）年、一頁。

(7) 同前書、二一頁。

(8) 同前書、一八頁。ただし、一九〇五（明治三八）年段階で「尋常師範学校」は存在しない。「師範学校」の意と思われる。

(9) 同前書、三三頁。

(10) 『報告』一九一二（明治四五）年、一〇七頁。

(11) 同前書、一八一頁。

(12) 一九一〇（明治四三）年の重複分については東京高等師範学校予科の問題が発見できないため、以下には一九一一（明治四四）年と一九一五（大正四）年の問題のみをあげておく。

一九一一（明治四四）年　国語及漢文（国文解釈）（『報告』一九一一〈明治四四〉年、一頁）

〔一〕左ノ文章ヲ平易ナル口語ニテ解釈セヨ

四つ時のうつり行くけしきこそまたなくをかしきを、咲かざるをりの花を咲かせむとし、散るころに散らさじと思ふは、いとくるし。散らばまたこむ年は咲きぬべし。いかに心を苦むとも、霜しろく氷かたきをりに、はちすの咲くべきことわりなし。されど咲くを待ち、散るを惜むは道なり。散るをもよそにして心とせぬは道しらぬ心なるべし。

参照　一九〇七（明治四〇）年　海軍兵学校　国語及漢文（『中学世界』第一〇巻第一二号、一九〇七年九月二〇日、六六頁）

三　左ノ文ヲ解釈スヘシ

よつの時のうつり行くけしきこそまたなくをかしきをさかざるをりの花をさかせんとしちるころにちらさじをおもふはいとくるしちれば又こん年はさきぬべしいかに心をくるしむとも霜しろく氷かたきをりにはちすの咲くべきことわりなしされど咲をまちちるをしむは道なりちるをもよそにして心とせぬはみちしらぬ心なるべし

一九一五（大正四）年　国語及漢文（国文解釈）（『報告』一九一五〈大正四〉年、一頁）

左ノ文章ヲ平易ナル口語ニテ解釈セヨ

〔一〕寺々の初夜鐘のひゞきをもをさまりて皆人も寝たるにいとうれしう燈火あかくしなしてふづくゑに打向ひたるいたう心すみて書見たりしあたりの何心なくて過きにしも思ひ知られて深き心ばへあるくだりくだりもおのづから解き得らるかしかゝげ尽くしてもなほねぶたさも知らず油さしそへつゝ見もて行くに遠き世の人もたゞさし向ひ語らふ心ちす

参照　一九一〇（明治四三）年　東京女子高等師範学校　解釈（文科）（『中学世界』第一三巻第一二号、一九一〇年九月一六日、九五頁）

（左ノ文中線ヲ引キタル辞句ヲ抜出シテ略解シ然ル後ニ全文ヲ解釈スベシ）

一　寺々のそやの鐘の響もをさまりて、皆人も寝たるに、いと嬉しう、燈火あかくしなして、文机にうちむかひたる、いといみじう心すみて、書見たりしあたりの、何心なくて過ぎにしも思ひ知られて、深き心ばへある條々もおのづからときえらるかし。かかげつくしても猶ほねぶたさも知らず、油さしてそへつゝ見もてゆくに、遠き世の人も、さしむかひかたらふこゝちす。冊子つくりて、をかしきふしぶしあるはふと思い得たることなどをば、墨すりつゝ書きつけなどするもをかし。鳥の声は夜深きにやと思ふに、いとくあけはなれたる、しばしとてうち寝る夢のうちも、あだしごとならむやは。

(13)『報告』一九一〇（明治四三）年、三九頁。

(14)『報告』一九一一（明治四四）年、三九頁。

(15)『報告』一九一五（大正四）年、三二頁。この他に三高教授の林森太郎・川内晋卿・阪倉篤太郎、講師の福永亨吉も同様の指摘をしている（『報告』一九一五〈大正四〉年、二一頁）。

(16)『報告』一九一一（明治四四）年、一七頁。

(17)『報告』一九〇七（明治四〇）年、一三四頁。

(18)『報告』一九〇九（明治四二）年、二六〇―二六一頁。

(19)「高等学校入学試験調査の進行」『教育時論』第六二三号、一九〇二年八月五日、三八頁。

(20)『自明治三十九年至大正三年高等学校長会議決議』（五高記念館所蔵）、頁数なし。

(21)実際の問題については注一二を参照されたい。

(22)同前書、一七頁。

(23)同前書、二五頁。

(24)同前書、三九頁。

(25)同前書、七五頁。

(26)同前書、一〇八頁。

(27)同前書、一六三頁。

(28)同前書、一八一頁。

(29)実際の問題は以下の通りである。（『報告』一九一三〈大正二〉年、三頁）

(1) I like very well to be told what to do by those who are fond of me; but never to be told what not to do; and the more fond they are of me the less I like it. Because when they tell me what to do, they give me an opportunity of pleasing them; but when they tell me what not to do, it is a sign that I have displeased, oram likely to displease them.

(30)六高はこの問題内容に直接触れる講評を掲載しなかったため、比較の対象とはしない。

(31)『報告』一九一三（大正二）年、八四頁。
(32) 同前書、九四頁。
(33) 同前書、九八頁。
(34) 同前書、一〇一頁。
(35) 同前書、一一一頁。
(36) 同前書、一三一頁。
(37) 同前書、一二三頁。
(38)『報告』一九〇九（明治四二）年、一四頁。
(39)『報告』一九一〇（明治四三）年、一七頁。
(40)『報告』一九〇九（明治四二）年、一二三頁。
(41)『報告』一九一三（大正二）年、八三—八四頁。
(42) 当時の予備校は東京に集中していたこともあり、予備校に出講していた教授が多いのは一高である。本章で講評の執筆者として名前が出ている一高の教授の多くは、予備校に出講している。当時の予備校の講師の概況については、第三章で詳述する。

第Ⅱ部　受験文化の成立

――「選抜」への対応と適応――

第三章　予備校の成立——中等教育機関の補完から受験学力の養成へ

1　予備校の概要と分類

本章では、受験準備教育機関、すなわち予備校の動向を検討する。「選抜」としての入学試験に通るために取られた対応、「選抜」に通るための学力養成の様相を検討していく。

学校制度の確立にともない、受験準備教育は純粋な学力向上ではなく、入学試験に通るに十分な学力を身に付けるものへと変容した。入学試験が学力の確認から選抜装置としての性格を強めていったからである。「選抜」としての入学試験の成立は、学力的には上級学校に進み得るにもかかわらず入学が認められない浪人生を発生させることになる。そのような受験生はどのように受験準備にあたっていたのだろうか。

浪人生を中心とした一年間の受験準備教育を施す予備校の発生は、明治三〇年代のことであり、入学試験の性格の変化と符合している。符合しているというより、入学試験の変化にともなって要請された、すなわち「選抜」への対応の一つとして発生したというべきである。

しかし、当時の予備校は、以下の二つの理由から過渡的な段階であったともいわねばならない。第一に、中学校が三月卒業で、高等学校を含む多くの上級学校は九月入学だったため、予備校がその間隙を埋める機能をも有していたことである。第二に、当時の予備校は他校種からの参入も多い上に、予備校を自認しているわけでもない機関が予備校としての役割を担った側面もあり、純然たる受験準備教育を掲げた機関のみで構成されていないということである。これらの点が解消されるのは、大正後期のことである。

実態を見ていく前に、当時の回想を見てみよう。一九〇二（明治三五）年に高等学校を受験した安倍能成によれば、「東京の様子はよく知らなかったが、斎藤秀三郎氏の正則英語学校などは、受験科目中最も重要な英語の受験準備学校として、東京の中学卒業生、近県の中学卒業生は、大抵通って居たようである。後になる程受験準備学校の組織が完備して来て、英語の外に国語、数学、物理、化学等と、試験科目の総てが網羅されるようになったらしい[1]」という。

和辻哲郎は、姫路中学校を卒業した後に上京し、中央高等予備校に通ったが、そこでの授業をして「この予備校での授業はまるで迫力のないものに見えた。しかしさういふ予備校の実情に接して初めて解つたのは、競争試験のための特殊の訓練などといふことが、さう簡単にやれる筈はないといふことであつた。（中略）むしろさういふ特殊な訓練などの行はれてゐないことに安心して、反つてのんきな気持になれたやうに思ふ[2]」と語っている。和辻は一九〇六（明治三九）年に第一高等学校に入学している。

安倍の回想からは明治三〇年代に東京に予備校が隆盛しはじめたこと、和辻の回想からはその予備校も受験技術の習得のために邁進するというよりは悠長な授業が展開されていたことがうかがえる。はたしてそれは当時の実情といえるのだろうか。

そこで本章では、予備校の性格の変化をみるために、学校制度の確立過程における受験準備教育機関の動向を検討し、整備の遅れた中等教育機関と不即不離にあった状況を概観する。明治前期の受験準備教育機関は正規の学校に変化したり、廃校したりしたため、明治二〇年代後半に断絶が見られる。その後の明治三〇年代以降に新たに生じた予備校を、その設置形態に基づいて動向を検討する。また、このような新たに生じた予備校に対する評価を、当時の進学案内書等を用いて検討していくことにする。

なお、明治三〇年代以降の予備校については、予備校の発生形態に基づいて五つに分類した関口義の分類[3]をふまえて、以下の四つの類型に分けて当時の予備校の状況を考察することにする。

①英語学校が予備校化したもの
②受験準備教育機関が設置した予備校
③私立大学が設置した予備校
④中学校が設置した予備校

この類型から分かるように、②を除いて他の教育機関からの参入である。

2　前史——学校間接続の間隙と予備校

（1）　明治初期の受験準備教育

明治初年代においても準備教育機関と呼ぶべきものは存在したものと思われる。ただしそれらは、開成学校入学への準備にせよ、東京英語学校入学への準備にせよ、入学準備というより純粋な学力向上のためのものだったと推察される。第一章で見たように、学校制度が整備されていない上に、開成学校などに入るにはそれ相応の学力が要求された以上、どこかで学習歴を積まなければならなかったからである。そのような青年たちを受け入れたのは、東京に多く設立された洋学校、外国語学校の類であったものと思われる。[4] ただし、それらの学校が進学準備を目的に掲げたわけではなく、卒業後の進路も不明のため、推測の域は出ない。

明治一〇年代に入ってもその状況に本質的な差はない。当時の中学校は数としてはそれ相応に存在したが、東京大学予備門に接続しうる水準のものはほとんどなかったことを考えれば、ごく当然である。東京大学予備門に入るだけの学力を身に付けるための機関は、東京を中心に数多く存在した私学の教育機関である。それらの私学のすべてが準備教育機関を自認していたわけではなかろうが、結果的にこれらの機関が一種の予備校としての機能を果たしていたと考えてよかろう。[5]

英語学校以外にもその他漢学校や数学校も受験準備に関わったと考えられる。また、漢学や英学といった一つの学科にとどまらず漢学と英学と数学をすべて教授する学校もあった。明治一〇年代後半頃から発行されはじめる進学案内書を分析した菅原によれば、このような受験予備教育の学校は東京の私立学校の一つの層をなしていたという。[6]

また、一八八〇（明治一三）年頃に慶應義塾が予備科を設置している。この予備科の趣意には「本科は東京大学三学部に入らんとする者を予め教授するものとす。又生徒の年齢に従ひ、大学予備門に入らんとする者をも教授す可し」[7] とあるから、予備門ではなく東京大学本体への入学が主であり、他の機関とは趣を少し異にしている。東京大学への入学に関する規定に、東京大学予備門の卒業生以外に予備門が試問をして同等の学力を持つ者は入学が可能になったことを受けて設置されたものだと思われるが、そもそもその規定自体が空文のようなものだったので、ほどなく立ち消えになったと推察される。[8] 東京大学と同等の学塾を自認する慶應義塾にあっても、一時的な試みとして受験準備教育を手がけるのであるから、その他の機関が受験準備教育を手がけても不思議はない。ただし、この時期の学校は改廃が激しいので、受験準備教育に携わったと思われる多くの機関の詳細は不明である。東京大学予備門の入学をめぐる問題の最たるものは、英語である。当時の入学試験において最もネックとなったのは英語だったこともあり、英語を中心に教授する学校が多くの生徒を集めた。この時期の学生たちの人気を二分していたといわれる予備校は、共立学校と東京英語学校である。

共立学校は、一八七一（明治四）年に英語塾として設立されたものの、校主佐野鼎の死によって廃校になったのを、一八七八（明治一一）年に当時東京大学予備門の英語教師をしていた高橋是清が同僚の教師とはかって再興したものである。[9]その際に、専ら東京大学予備門に入学する者のための予備を行う機関として再興された。ここに東京大学予備門入学のための準備教育機関としての共立学校が誕生することになる。

その後、一八八一（明治一四）年には代数学と幾何学を学科に加え、さらに東京大学予備門の修業年限の変更に合わせて、予備門の第三級に入学するのに必要な教育を施すことにした。東京大学予備門への対応はさらにつづき、一八八二（明治一五）年には西洋歴史と西洋地理を加えた。その東京大学予備門第三級への入学者であるが、一八八二（明治一五）年には七五名、一八八三（明治一六）年には七二名、一八八五（明治一八）年には八五名で、一八八六（明治一九）年には大学予備門に七六名入学したという。

一方の東京英語学校は、一八八五（明治一八）年に東京大学予備門前校長の杉浦重剛によって創設された学校である。[10]この学校は当初から官立諸学校の入学試験準備を目的としていた。初期の学科課程は、英語と数学が必修で、漢文が随意として設置され、初等科三年、高等科一年となっていた。また、一八八五（明治一八）年一〇月には夜学科を設置した。

(2) 一八八六(明治一九)年の中学校令と受験準備教育機関

一八八六(明治一九)年の中学校令により高等中学校が成立を見たが、予科や予科補充科という救済措置のような課程が存在しても、高等中学校への進学は容易ではなかった。そのような中で、引きつづき予備校が要請されることになった。そもそも高等中学校には尋常中学校卒業相当の学力があれば入学できたのだから、その種の予備校に通って学力さえ付ければ、何ら問題はなかったのである。そのような中で、一八八九(明治二二)年度の『文部省年報』では以下のような報告がされた。

独リ東京府下ノ東京英語学校共立学校成立学舎等ハ主トシテ英語ヲ教授シ官立専門学校若クハ高等中学校ニ入ルノ予備ヲ為スモノニシテ入学ノ生徒ヲ出スコト甚タ多ク目下必要欠クヘカラサルノ学校トス[11]

しかし、共立学校や東京英語学校も予科に生徒を入れるのが精いっぱいだったことは、第一章で示した通りである。その後共立学校は、一八九〇(明治二三)年に高等中学校予科二級以上への入学が可能なように高等科を設けるなど、高等中学校により円滑に接続しうる機関として、改革を行った。[12]

一八九一(明治二四)年から高等中学校入試で実施された連絡制度が、学校と生徒双方に資するものとなり、尋常中学校と高等中学校を実質的につないでいこうという試みであったことは、第一章で示した通りである。連絡制度がある中では、東京の私立学校に通うより、連絡の認定を受けた地方の公立尋常中学校に通う方が得であるとの認識を生み出すことは、容易に推察される。

実際にこの連絡制度に呼応するかのように、それまで予備校として機能していた機関は尋常中学校となっていった。先に触れた共立学校は一八九一(明治二四)年七月に尋常中学共立学校に、東京英語学校は一八九二(明治二五）年七月に日本中学校となった。

しかし、このように中学校に変わった機関が、連絡制度への対応という現実的な理由のみで中学校となったかといえばそうではない。共立学校は一八八七（明治二〇）年八月には規則を改正し、学科課程を尋常中学校の課程に準じたものにしていた。[13]東京英語学校でも一八八七（明治二〇）年九月に教則を改良し、尋常中学校に近いものを提供するようにしているのである。[14]その他東京府には、明治二〇年代に各種学校から私立中学校に移管し、明治三〇年代以降も存続したものが、上述の二校を含めて一二校ある。[15]一二校のすべてが受験準備教育機関として機能していたわけでもないが、そこには正規の中等教育機関として存続させたいという学校側の意向が見え隠れする。

事実、尋常中学校となったこれらの機関は、私立の尋常中学校も連絡制度の適用対象となるよう運動を起こすのである。以下に示すのは、一八九三（明治二六）年三月に日本中学校から第一高等中学校に出された請願文である。

連絡之儀ニ付キ請願

本校義（ママ）ハ原ト東京英語学校ト称シ明治十八年創立以来専ラ御校及其他諸官立学校ニ入ルノ階梯トシテ日夜力ヲ尽シ中学ニ準シタル普通学科ヲ教授シ来リ候処日ヲ逐フテ生徒モ増加シ随テ御校ヲ始メ各種ノ官立学校ニ入校シタルモノ実ニ千有余名ノ多キニ及ヒ特ニ御校ニ入校ノ許可ヲ得タル者最多ク其数三百四五十人ニ下ラス（中略）東京英語学校ト称セシ当時ヨリ卒業生若クハ在学者中御校ノ試ニ応シ登第シタルモノ既ニ鮮カラス殆ント公立尋常中学校ト相駆馳シ径庭スル所無之ト確信致候就テ今後尋常中学校ノ課程ニ随ヒ養成セラレタル生徒ノ学力操行ハ夫ノ公立中学校ニ比シテ敢テ劣ル所有之間敷ト愚考仕候然ルニ各公立中学校独逸協会学校ノ如キハ今日現ニ無試験ニテ御校ニ入学スルノ特典アリ某等窃ニ以為ラク彼等既ニ此特典アリ本校ニ於テモ亦同様ノ御取扱ヒニ与カルヲ得ヘキ義ト存シ茲ニ連絡ノ儀ニ付請願致候……[16]

この結果、七月二七日に連絡が許可されることになった。[17] この請願文からは、私立の尋常中学校であっても、これまでの実績を勘案すれば決して公立尋常中学校に劣ってはいないという自負がうかがえる。受験準備教育機関と目されてきた機関にあっても、中等教育機関としての強烈な自覚があったと考えるべきである。

第一章でも見たように、この時期の尋常中学校は、高等中学校に接続するにはあまりにも心許ない状況であった。そのような中で、上級学校に接続しうる教育を提供しようという姿勢は、準備教育に特化した中等教育機関としての姿である。当時の受験準備教育機関は、中等教育機関の間隙を埋める役割を担ったのであり、中等教育と不即不離の関係にあったというべきである。その意味で、中学校への変化は必然といえるのであり、この変化をして受験準備教育の断絶と評しうるのである。

3　英語学校と受験準備教育

英語学校が予備校として機能するということはこの頃に始まったことではない。前節で触れた共立学校も東京英語学校も、元を正せば英語学校である。しかし、これらの英語学校は、明治二〇年代のうちに中学校となっており、もはや予備校ではないことはすでに見た通りである。

明治三〇年代以降にあっても、英語学校が受験準備教育機関として機能することはあったが、その対応のあり方は明治二〇年代以前とは異なる。この時期に受験準備教育機関としても機能した代表的な英語学校として、国民英学会と正則英語学校があった。ここではこの二校について見てみることにしよう。

国民英学会は、一八八八（明治二一）年にアメリカ人イーストレーキと磯辺弥一郎によって創設された。この学校は実用英語を普及させることを目的の一つとしており、創立当初は会話作文を中心とする本科と訳読科が設置されたのみであった。もう一方の正則英語学校は、一八九六（明治二九）年、かつて国民英学会の教壇に立ったこともある斎藤秀三郎が、すでに国民英学会を辞めていたイーストレーキの協力を得て設立した学校である。

では、これらの学校がどのように受験向けの学校へと変化していくのか。**表3－1**は、国民英学会と正則英語学校の学科の変化を示したものである。「受験」という名を冠した、一年程度で修了する学科の発生からは、受験を意識させ、一年後の入試に対応する指導体制ができあがったことが分かる。

設立当初から教授していた英語を受験生向けに特化させるのみならず、英語学校は他の学科目への対応も取った。正則英語学校は一九〇二（明治三五）年に正則予備学校を設置させている。さらには、一九〇七（明治四〇）年には、正則英語学校の中に正則補習科を設置し、国語二時間、漢文二時間、英語一八時間、算術・代数四時間、幾何三時間、三角法二時間、物理三時間、化学二時間、作文随時の課程とした。[18]正則補習科の設置理由は特に触れられておらず、その後の消長も不明であるが、国民英学会に対抗して、一校で受験に対応できる体制を目指したものと推察される。[19]

その国民英学会が一九〇六（明治三九）年に設置したのが、数理化受験科である。東京府への申請書類には、その設置理由が以下のように述べられている。

文部省各直轄学校其他諸官立学校入学試験ヲ受ケントスル者英語ニ於テハ従来本会ノ英語受験科ニ於テ其予習ヲ為スト雖トモ数学物理化学等ニ於テハ他校ニ於テ受験ノ予習ヲ為サザルベカラズ是レ時間ノ節約学資ノ都合上学生ノ大ヒニ不便ヲ感スル所ナリ由テ修学者ノ便益ヲ計リ新タニ此一科ヲ設ケント欲ス[20]

受験生への配慮であることが如実に示されている。数理化受験科は三か月の課程として設置され、学科課程は算

表3-1　国民英学会・正則英語学校の設置学科の変化

国民英学会

1891（明治24）年	訳読科（３年）・正科（１年）・文学科（１年）
1892（明治25）年	訳読科（３年）・正科（１年）・文学科（６月）
1893（明治26）年	訳読科（３年）・正科（１年）・文学科（１年）・夜学科（１年）
1894（明治27）年	訳読科（２年６月）・正科（１年）・文学科（１年）・夜学科（２年）
1895（明治28）年	正科（２年６月）・高等科（１年）・商業英語科（１年）・夜学科（２年）
1896（明治29）年	正科（２年６月）・英文学科（１年）・海軍受験科（１年）・夜学科（２年）
1898（明治31）年	正科（２年６月）・英文学科（１年）・夜学科（２年６月）・会話科（２年）・特別受験科・随意科
1901（明治34）年	英語師範科（３年）新設
1902（明治35）年	英語商業科（２年）新設
1904（明治37）年	学科改編：普通科（１年）・受験科（３月）・正科（６月）・英文学科（１年）・会話専修科（６月）
1906（明治39）年	正科（６月）→高等科（６月） 随意科（３月）・数理化受験科（３月）・司法官弁護士予備試験受験科（６月）新設
1907（明治40）年	女子部（初等科・中等科・高等科）新設
1909（明治42）年	数理化受験科・司法官弁護士予備試験受験科廃止

出典：1891（明治24）年から1898（明治31）年：各年の『東京遊学案内』（少年園）より作成（変化のない年は省略）。

　1901（明治34）年：「22　学則設置　国民英学会他６校」『私立各種学校』（624-A5-8, 1901〈明治34〉年，東京都公文書館所蔵）（頁数なし）。

　1902（明治35）年：「28　学則増設認可　国民英学会」『私立各種学校』（625-B6-1, 1902〈明治35〉年，東京都公文書館所蔵）（頁数なし）。

　1904（明治37）年：「30　学則改正　国民英学会」『私立各種学校』（626-C5-10, 1904〈明治37〉年，東京都公文書館所蔵）（頁数なし）。

　1906（明治39）年：「10　学則改正　国民英学会」『私立各種学校』（627-B5-22, 1906〈明治39〉年，東京都公文書館所蔵）（頁数なし）。

　1907（明治40）年：「11　学則改正　国民英学会」『私立学校』（627-D5-5, 1907〈明治40〉年，東京都公文書館所蔵）（頁数なし）。

　1909（明治42）年：「46　学則改正　国民英学会」『私立学校』（629-A5-13, 1909〈明治42〉年，東京都公文書館所蔵）（頁数なし）。

正則英語学校

1896（明治29）年	普通科（３年）・高等科（２年）・英文学科（２年）・教育科（２年）・夜学科（２年）
1900（明治33）年	英語教員養成科（３年）新設
1904（明治37）年	学科改編：予科（６月）・普通科（１年６月）・普通受験科（１年）・高等受験科（１年）・高等科（３年）・文学科（３年）
1907（明治40）年	正則補習科（７月）新設

出典：1896（明治29）年：「19　設置認可　正則英語学校」『各種学校ニ関スル書類』（621-C7-13, 1896〈明治29〉年，東京都公文書館所蔵）（頁数なし）。

　1900（明治33）年：「19　英語教員養成科設置　正則英語学校」『私立各種学校』（624-D7-5, 1900〈明治33〉年，東京都公文書館所蔵）（頁数なし）。

　1904（明治37）年：「17　学則改正　正則英語学校外１校」『私立各種学校』（626-C5-12, 1904〈明治37〉年，東京都公文書館所蔵）（頁数なし）。

　1907（明治40）年：「2　学則改正　正則英語学校」『私立学校』（627-D5-4, 1907〈明治40〉年，東京都公文書館所蔵）（頁数なし）。

書名 お買上の本のタイトルをご記入下さい。

◆上記の本に関するご感想、またはご意見・ご希望などをお書き下さい。
文章を採用させていただいた方には図書カードを贈呈いたします。

◆よく読む分野（ご専門）について、3つまで○をお付け下さい。

1. 哲学・思想　2. 世界史　3. 日本史　4. 政治・法律
5. 経済　6. 経営　7. 心理　8. 教育　9. 保育　10. 社会福祉
11. 社会　12. 自然科学　13. 文学・言語　14. 評論・評伝
15. 児童書　16. 資格・実用　17. その他（　　　　）

〒 ご住所 Tel　（　　）		
ふりがな お名前	年齢 歳	性別 男・女
ご職業・学校名 （所属・専門）		
Eメール		

ミネルヴァ書房ホームページ　http://www.minervashobo.co.jp/

＊新刊案内（DM）不要の方は × を付けて下さい。 □

料金受取人払郵便

山科局承認

1695

差出有効期間
2019年11月
30日まで

郵便はがき

6 0 7 - 8 7 9 0

（受　取　人）
京都市山科区
日ノ岡堤谷町１番地

ミネルヴァ書房
読者アンケート係 行

◆ 以下のアンケートにお答え下さい。

お求めの
書店名＿＿＿＿＿＿＿＿市区町村＿＿＿＿＿＿＿＿＿＿＿＿＿＿書店

＊ この本をどのようにしてお知りになりましたか？ 以下の中から選び、３つまで○をお付け下さい。

A.広告（　　　　）を見て　B.店頭で見て　C.知人·友人の薦め
D.著者ファン　E.図書館で借りて　F.教科書として
G.ミネルヴァ書房図書目録　H.ミネルヴァ通信
I.書評（　　　　）をみて　J.講演会など　K.テレビ·ラジオ
L.出版ダイジェスト　M.これから出る本　N.他の本を読んで
O.DM　P.ホームページ（　　　　　　　　）をみて
Q.書店の案内で　R.その他（　　　　　　　　）

術二時間、代数五時間、幾何四時間、三角二時間、物理三時間、化学二時間とした。[21]

しかし、この数理化受験科は、国語及漢文を欠いており、文科系の受験生はもとより、理科系の受験生への対応としても不十分である。数理化受験科と同時に設置された司法官弁護士予備試験受験科には、国語を一二時間配当している。[22] ここでいう「国語」と国語及漢文には大きな懸隔があると思われるが、数理化受験科から敢えて国語関係の科目を外した理由は不明である。実際に入学してきてしまう受験生がいるから受験準備への対応を取っているだけであり、本心では乗り気ではなかったのではないかとすら思える。

事実、数理化受験科は一九〇九（明治四二）年に廃止される。その理由は、「本会ハ元来英語ヲ専門ニ教授スルヲ以テ目的トスレバ今般英語以外ノ学科タル此数理化受験科ヲ廃止シ今後ハ専ラ力ヲ英語ノ教授ニ尽クシタシ」[23]ということである。全く同じ理由で司法官弁護士予備試験受験科も同時に廃止している。英語学校である以上、余計なことに手は出さないということである。

つまり、英語学校での受験準備への対応は限定的であった。もともと受験準備以外のことを目的として設立、運営されてきた学校なのである。英語学校は受験における英語の重要性との関係で、予備校化せざるを得なかったというのが実態である。それだけで受験生が集まってしまう現実があったのである。大正期以降に新設される英語学校には、数学のみを増設するというスタイルも見られるが、英語学校における受験への対応は限定的にとどまったのである。[24]

4　受験準備教育を専門とした予備校

このタイプの予備校は、その設置形態においては現在の予備校と同じものである。ただし、一校ですべての学科目に対応しているものは少ない上に、夜間部などで文検受験者も対象にした授業を設置したり、中学校入試のための課程を併設したりして高等教育機関の受験者以外の人たちも受け入れて授業を行っていた。

学科目という点では、前節の英語学校が英語しか教授しないのと同様に、一つないし二つの学科目のみを指導する学校も多かったのである。たとえば、後に総合的な予備校として発展する研数学館は、設立当初は数学だけの塾だった。研数学館以外に上級学校入試に対応可能な数学の学校として、一九〇〇（明治三三）年設立の東京数理学校や、一九〇七（明治四〇）年設立の東京数学院といったものがある。

研数学館の始まりについては諸説ある。研数学館が編んだ沿革史『資料と写真でみる研数』には、一八九七（明治三〇）年に「数学の大家奥平浪太郎先生により数学専門の私塾を開始。上級学校進学志望者のための予備校として研数学館は認識される」[25]とある。少なくとも一八九七（明治三〇）年に研数学館という名称の学校が存在していたことは事実である。一八九六（明治二九）年に研数学館という学校の設立が申請されたのだが、この申請での設立者は金子元太郎であり、履歴書が添付されているのは金子と岡本熊雄のみである。[26]この他に、長坂金雄『全国学校沿革史』では、研数学館の創立は一九〇二（明治三五）年だという。[27]

現在残っている文書をもとに判断すれば、奥平浪太郎による研数学館は、一九〇六（明治三九）年に各種学校として認可されたことは確実である。以下にその際に示された学則の一部を掲げておく。

・目的

第一条　本館ハ専ラ初等数学ヲ教授スルヲ以テ目的トス

・学級及学科程度

第二条　学級ヲ別科初等科及ビ普通科ノ三級トス　但シ別科ハ初等科ニ入ラントスルノ予備ヲナサシメ初等科

ハ普通科ニ入ラントスルノ予備ヲナサシム而シテ其学科程度ハ左ノ如シ

・別科

算術　全体

代数学　初メヨリ一次連立方程式ノ終リ迄

平面幾何学　初メヨリ直線形ノ終リ迄

・初等科

算術　全体

代数学　初メヨリ二次連立方程式ノ終リ迄

平面幾何学　初メヨリ面積ノ作図題ノ終リ迄

・普通科

算術　全体練習

代数学　因子分括法ヨリ対数ノ終リ迄

平面幾何学　円ヨリ終リ迄

立体幾何学　全体

平面三角法　全体

・学期修業期間

第三条　毎月々初メニ各科共新学期ヲ設ケ別科ハ二ヶ月、初等科及ビ普通科ハ各三ヶ月ニシテ修業セシム

・授業時間

第四条　授業時ハ午前午後夜間トシ別科ハ毎日二時間宛初等科及普通科ハ各毎日三時間宛授業ス(28)

この学則からも分かるように、設立当初の研数学館は決して高等学校や専門学校の入学試験対策を目的としていたわけではない。しかし、第三条の規定で修業期間は別科を除き三か月となっているが、これならば三月に中学校を卒業した生徒が七月の入試までの間に数学を補強すべく通学することも可能である。しかも一日二時間あるいは三時間しか授業は行われないから、午前中、午後、夜間のいずれかの時間に研数学館に通い、その他の時間に他の学校に通うなり自学自習で受験対策を取ることは可能になってくる。つまり、実態としては受験準備教育機関として機能しうる状況にあったのである。『全国学校沿革史』は大正初期のものではあるが、そこで研数学館は以下のように述べられている。

即ち別科は特に丁寧に且つ徐々と教授す故に初学者及び中学二、三年級程度の補習或は入学受験準備に適す、初等科は中学三四年級補習及び該級入学受験準備に適す、普通科は諸官立学校入学受験及中学四、五年級補習に適す、修業年月は各三ヶ月宛九ヶ月を以て卒業す、（一科なれば三ヶ月にて卒業す）大正二年二月廿日神田の大火の際類焼せし為め現在地に新築移転せり、現在生徒数八百余名に達す、職員は館長奥平浪太郎氏外講師二名なり、然し本館の実質は各学校に入学の予備校にして最も正速に教授するを目的とせり。(29)

先述のように、研数学館は受験準備教育を目的として掲げているわけではないし、研数学館に入学した者すべてが高等学校をはじめとする上級学校の入学試験に臨んだわけでもないのだろう。しかし、「本館の実質」は「入学の予備校」というのが外部の認識だったのであり、研数学館は設立間もない段階で受験準備教育を行うものとしてみなされていたということになる。

しかし、一つの学校で多くの学科目を学べる方が効率がよい。一つの学校で一通りの受験科目を学べる機関としては、一九〇〇（明治三三）年設立の官立学校予備校や一九〇二（明治三五）年に設立された普通学講習会がある。普通学講習会は東京開成尋常中学校内に設置されたので、第六節で詳述する。

官立学校予備校は、東京物理学校の中に設置され、受験科と英語専修科、数学専修科を設置していた。学則の一部を以下に示しておく。

第一章　総則

第一条　本校ハ諸官立学校入学志願者又ハ専修者ノ為メニ須要ナル学科ヲ教授スルヲ目的トス

第二条　本校ニ受験科英語専修科数学専修科ヲ置ク

第二章　受験科　修業年限一ヶ年

第十七条　本科ハ官立学校ニ入ラント欲スル者ノ為メニ設ケ入学者ハ中学卒業相当ニシテ年齢満十七歳以上トス

第十九条　本科ノ学科課程左ノ如シ

学科	時数	課程
国漢文	五	中学五年級以上ノ程度ニ拠ル
英語	一二	講読八時間　スケッチブック、ヒーロウヲルシップ、英七大家文集 文法作文二　川田抄子スフィールド文典 書取会話二
数学	七	算術　代数　幾何　三角法

歴史	二	国史　東洋史　西洋史
理化	三	物理　全体 無機化学　全体

第二十条　本科ハ毎年九月六日及ヒ四月六日両度ニ開始シ各六月二十五日迄授業スルモノトス[30]

九月開講のものは浪人生向けで、四月開講のものは中学校を卒業したばかりのもの向けだったのだろう。開講時期もさまざまな受験生の境遇に対応しているし、学科目も入学試験に出題されるすべてを含んでいる。同校に関しては、この設立申請の書類以外の形跡がないため、その後の消長は不明である[31]。

一つの学校ですべての受験科目を学べたわけではないが、正則予備学校もこの系譜に属する。正則予備学校は、一九〇二（明治三五）年一〇月に英語以外の高等及び中等普通学科を教授するためにできた正則英語学校の姉妹校である。つまり、生徒はこの二校に通うことによって入学試験に必要な学力を身につけることが可能であった。正則予備学校の学則の一部を以下に掲げる。

第一章　目的

第一条　本校ハ高等及中等普通学科ヲ速成ニ教授スルヲ以テ目的トス但外国語ヲ除ク

第二章　学科

第二条　本校ノ学科ハ左ノ如シ

一、高等受験科

本科ハ中学校卒業生ニシテ高等学校ヘ入学セントスルモノ、為メ中学校卒業以上ノ程度ニ依リ中等普通学科ヲ教授ス

二、普通受験科

本科ハ中学校卒業生若クハ之ト同等以上ノ学力ヲ有スルモノニシテ官立諸学校ニ入学セントスルモノ為（ママ）メ中学校卒業以上ノ程度ニ依リ中等普通学科ヲ教授ス

三、普通科

本科ハ中学校ニ入学シ能ハサルモノ若クハ中学校ノ相当学年ニ入学セントスルモノ、為メ中学校各学年ニ相当スル普通学科ヲ教授ス

但右三種ノ学科中一科目若クハ数科目ヲ選択シ特ニ専修セントスルモノニハ別ニ之ヲ教授ス其程度又修業期限等ハ当該学科ニ仝ジ

第三条　各科ノ修業年限ハ左ノ如シ

高等受験科　一学年

普通受験科　一学年

普通科　一学年（三期ニ分チ各期ヲ一学期ニテ修業）

第四条　各科ノ学科課程ハ左表ノ如シ

高等受験科			普通受験科		
学科	毎週授業時間	課程	学科	毎週授業時間	課程

国語		三	講読、文典、作文
漢文		三	講読
歴史		二	日本、東洋、西洋全部
地理			日本、外国、地文全部
数学	算術	一	全部
	代数	三	全部
	幾何	三	平面立体全部
	三角法	二	平面全部
博物学		二	鉱物学、生理及衛生、植物、動物全部
物理学		三	全部
化学		二	無機全部 有機大意
合計		二四	

国語		三	講読、文典、作文
漢文		三	講読
歴史		二	日本、東洋、西洋全部
地理			日本、外国、地文全部
数学	算術	一	全部
	代数	三	全部
	幾何	三	平面立体全部
	三角法	二	平面全部
博物学		二	植物、動物全部
物理学		三	全部
化学		二	無機全部
合計		二四	

（普通科・省略）

第六条　学年ハ毎年九月一日ニ始マリ翌年六月三十日ニ終ル

第八章　生徒定員

第二十六条　本校生徒定員左ノ如シ

高等受験科百六十名　各科其半数ハ午前中ニ教授シ其半数ハ午後ニ授業ス

普通受験科百六十名　同ジ

普通科（第一期第二期第三期）三百名　同ジ

専修科百名　本科ハ夜間ニ授業ス

合計七百二十名トス(32)

また、一九〇四（明治三七）年の学則改正では、高等学校を中心とする官立学校を受験する生徒に対して普通教科を教授する高等受験科や普通受験科の他に、数理化受験科、中学科、高等数学科、数学科（甲種・乙種・丙種）、物理化学科を設置した。(33)中学校卒業後の受験生以外に各種検定受験者などにも対応するようになったのである。

5　私立大学と予備校

私立大学といっても制度上は専門学校であるが、法律学校起源の私立大学を中心に予備校が設置された。まずは学校沿革史における記述を見ておこう。

専修学校が設置した高等予備校は、「高等予科を独立して設置するには、教員給料その他相当な経費を要する。また、本校の大学部へ入学を志願するものだけでは、高等予科の学級を構成できる員数が、得られるかどうか疑問である」(34)がために設立されることになった。法政大学による東京高等予備校の併設も、財政危機を切り抜けるためのあらゆる努力の一つであったという。[35]中央大学付設の中央高等予備校は、「年度によっては在学者千人を越えた年もあったというから、財政面からみると、これは本大学の経営上大きなプラスであったにちがいない」[36]という。

さらに、中央大学では、「収支予算案からすると、申請時の収入見込み総額二千百九十円に比較して、明治四十一年度が四千百円、同四十三年度が六千円と約二〜三倍の増収をみせていることがわかる。さらに四十一・四十三両年度の大学収支予算案中の授業料収入に対して予備校収入見込みがそれぞれ一割四分、二割一分にあたってい」[37]たのだという。当初の計画よりもはるかに多くの収入をもたらした予備校の存在は、私立大学に多くの恩恵をもたらしたものと思われる。

さらには、私立大学が設置した予備校は、お互いに情報交換をしていた形跡がうかがえる。一九〇七（明治四〇）年に明治高等予備校は授業料を一円五〇銭から二円五〇銭に値上げしたが、その申請理由として「今回中央高等予備校及専修学校高等予備校等各同種学校ト協議ノ上二円五十銭ニ増額スルコトニ決定シタル次第ニ有之候」[38]と述べられている。同様の申請が中央高等予備校からも出されている。[39]

このようなことは東京にあった学校にとどまらない。京都法政大学（後の立命館大学）の高等予科においても、高等学校等の学校に進学した者が少なくなかったという。[40]

もっとも反対意見がなかったわけではない。たとえば中央大学では、「社員総会は官立学校入学志望者に試験準備をなさしめ、予備教育を施すことは、本学教育の本旨に反するとして同意を与えな」[41]かったという。大学としてのプライドを捨てて予備校を作って他校に生徒を送り込むということであるが、そのような反対論があってまでも予備校を設置したのは、上述の財政的な問題からと考えるべきである。私立学校が高等予科を設置するとともに高等予備校を設置するというこの考案は、文部省も事情やむを得ないと、暗にこれを承認していたと専修大学の沿革史はいう。[42]そこで問題になるのが高等予科である。

中学校、高等女学校卒業者を入学させる修業年限一年半または二年の予科を置き、その卒業者を三年以上の本科に入学させるという課程を設置した学校は大学と名乗ってもよいということになった。そこで、大学という呼称を求める学校が予科の設置を急いだのである。

このような措置が取られるようになったのは、一九〇二（明治三五）年九月二日の早稲田大学の設置認可（文部省告示第一四九号）以降である。岡田良平による当時の回想には以下のようにある。

そこで専門学校令が公布になると、間もなく先づ早稲田がやつて来て、専門学校令によつて組織を変更するから、大学と称する事を許可しろと言ふのであつた。菊池文相は内心不賛成であつたが、遂に之を許す事とし、其の代り本科三年だけでは困る、其れに予科一年半をつけなければいけないと言ふので、早稲田では中学校卒業者を入学せしむる処の予科一年半を置いて早稲田大学と称する事となつた。これが菊池文相の辞職する少し前の事であつたが、三十六年七月辞職すると、児玉内相が兼任で其の後へ来た。（中略）此の時早稲田に大学の名称を許るしたからと言つて、其の他の各私立法律学校が、続々大学の名称を要求して来たので、既に先例がある以上は、許可せぬ訳にも行かぬので、明治、中央を初めとし皆許可した。児玉文相は大抵めくら判で、書類など見たことはなかつたが、此の私立大学の一件書類だけは、家へ持つて帰つて読まれたのを見ても、之れには余程注意を払つたことが分る。(43)

専門学校令が公布されたのは一九〇三（明治三六）年三月二七日で、早稲田大学の認可はその前年なので、前後関係が不正確である。早稲田大学がどの段階で法令制定の情報を得たかは不明だが、それを見越して大学名称を申請したということであろう。(44)大学と名乗る以上、「高等学校―帝国大学」に匹敵するようなルートとして「予科―

本科」というルートを持つことが求められ、それが前例主義によって他校にも適用されたということである。

しかし、実際に予科を運営するにはさまざまな問題があった。教室や教員の確保といった問題、そして何よりも大切なのは学生の確保であった。予科の教育内容はいわゆる普通教育であり、高等学校入試で出題される各教科もその普通教育の範囲内である。厳密に言えば高等学校で教授される普通教育と、中学校で教授される、すなわち受験生に求められる普通教育は同程度ということもないが、教授内容を中学校用と高等学校用に明確に峻別することは、一部の学科目を除いて極めて困難である。しかも浪人生が在籍をする必要がある期間は基本的に一年間であり、予科の年限が一年半程度というのだから、九月に中途入学をすれば期間的にも問題ない。そして、同じ教員が教授するのであれば両者を同時に運営することは決して困難なことではない。こうして高等学校入試の受験生を取り込む形で予科が成立し、その後に予科にいわば便乗する形で予備校が成立したのである。

裏を返すと、予科と受験準備教育とがもたれ合いのような関係を有するのは、予科を改めて設置することが求められる学校であった。一八九〇（明治二三）年に大学部を設置した慶應義塾、大学呼称の契機となった早稲田大学ではそのようなことは起きないのである。

後に予備校を設置することになるこれらの学校の予科は、設置当初から受験準備教育機関の様相を呈していた。以下に示すのは、一九〇三（明治三六）年八月で出された日本大学の高等予備科（同年八月に大学予科に改称していたが、広告では旧名称のまま）の広告である。

◎高等予備科ハ主として本校高等法学科、帝国大学、高等学校等の入学試験予備に適切なる学科を教授する所とす◎学科ハ英語、国語、漢文、数学、地理、歴史、論理学等なり但一科目の選修を許す◎講師ハ帝国大学第一高等学校教授等◎修業年限ハ一年五ヶ月入学試験ハ九月十一日同廿六日二回に行ふ志望者ハ前日迄に受験手続を為すべし〇中学校卒業生に限り定員ニ満つる迄無試験入学を許す在学生ハ徴兵猶予の特典あり◎来九月十一日より授業開始す(45)

「高等予備科ハ主として本校高等法学科、帝国大学、高等学校等の入学試験予備に適切なる学科を教授する所とす」という文言から、予科に予備校の機能を兼ねさせていることが明らかである。また、中学校卒業者は定員を満たすまで無試験で入学でき、徴兵猶予の特典も謳われている上に、最大で一年五か月在籍できるのである。その後、一九〇六（明治三九）年の学則の大要にも、「大学予科ノ講師ハ帝国大学及第一高等学校ノ教授等多数ナルカ故ニ該予科ハ唯リ本大学予科トシテ適良ナルノミナラス帝国大学高等学校其他専門学校ノ入学準備ノ為メニモ亦極メテ適切ナリ(46)」とある。講師陣容まで用いて受験準備としての有用性をアピールしており、予科は予備校のような機能を持たせていることが前提の向きがあるのである。

このような予科を持つ学校が、後に予科に併置する形で予備校を設置することになる。これらの私立大学系の予備校は多くの生徒を集めた。中央高等予備校は、「設立早々の際に拘はらす今期各官立学校に於ける競争試験の成績頗る好良にして高等学校の如きは第一部首席者を始め多数の優等なる及第者を出し殊に同校第三部独逸語科の如きは及第者総数三十四名中十二名は同校出身者なる程なれは新学年の入学志望者は頗る多く始業早々満員を告くるに至るへしと云ふ(47)」と学内誌に報じられている。

日本高等予備校も、「過般日本大学教務課ニ於テ調査セシ所ニ依レハ同大学予科及同高等予備生ノ成蹟（ママ）ハ非常ニ良好ニシテ去ル六月以降ノ各高等学校高等商業学校各地甲種商業高等工業其他ノ高等学校程度ノ入学試験ニ及第シタルモノハ自校ヲ除キテモ弐百有余名ニ達セシ由ナルカ現下都下ニ於ケル学生間ノ評判最モヨロシケレハ本入学期ノ入学申込者モ非常ニ多カルベシ(48)」と雑誌にて報じている。日本高等予備校の記事には、「同大学予科及同高等予

表３－２　私立大学設置の予備校の講師数

（単位：人）

本務校	一高教授	高商教授	高師教授	自校教師その他	計
明　治	8	4	4	11	27
中　央	7	3	1	15	26
専　修	3	7	1	10	21
日　本	7	1	0	9	17
法　政	7	1	0	9	17

出典：「各高等予備校の内容」『中学世界』第13巻第４号（1910年３月18日，p. 198）より作成。

備生ノ成蹟（ママ）ハ」とあり、予科と予備校があたかも同等のものとしてとらえられているのである。このことからも、予科が予備校と同じような機能を有していたことがうかがえるのである。

また、これらの予備校では、第一高等学校や高等商業学校など官立学校の教員も教鞭を執った。**表３－２**は『中学世界』に掲載された私立大学が設置した予備校の講師の本務別に数え上げたものである。もちろん専任教員を雇う余裕がないため、官立学校で普通教育を担っていた教員を招聘したという側面もあるだろうが、入学を志望する学校の教員の授業を受けた方が受験に有利と考えられていた当時の風潮[49]を考えると、時代のニーズに応えているようにも映る。予科の教員も兼ねてもらえる上に、予備校でも多くの生徒を集めることができれば経営上もプラスであるから、私立大学にとっては一挙両得だからである。

予科に併置する関係もあり、開講科目はほぼ全教科にわたっていた。これまで見たように、すべての受験科目を一つの学校で学べるということ自体が当時としては珍しいのであり、生徒にとっても貴重な存在だったと考えられる。

これまで沿革史や各種資料から断片的に指摘してきた点を、明治大学が設置した明治高等予備校という一つの学校を通して検討していこう。明治高等予備校は一九〇七（明治四〇）年に明治大学に付設されたものだが、明治大学ではこれに先駆けて一九〇三（明治三六）年に高等予科が設置されていた。この高等予科の設置は明治専門学校が専門学校令によって明治大学になる前のことである。この高等予科はもちろん明治大学への入学のために設置されたものであったが、一九〇三（明治三六）年度の高等予科の学生原簿を分析した田中政男の研究によれば、在籍者七三七名のうち卒業したものは一〇九名であり、その他の者はさまざまな理由でやめていったようである。[50] このような実態をふまえると、高等予科は大学本科などへの予備教育機関であったと同時に、他校を含めた高等教育機関への予備教育機関であったといえる。

高等予科の広告には、受験生の受け入れを匂わせるものがある。以下に新聞に掲載された広告のいくつかを示しておく。

「本学生ハ本大学本科ハ勿論他大学高等学校諸官立学校等に入るの便宜あり[51]」

「本大学予科に於ては本大学本科へは勿論他大学高等学校諸官立学校に入るに必要なる高等の普通学を授く[52]」

「高等予科ハ本大学各部本科に入る者の為め高等普通学を授け兼て官立高等学校及各専門学校入学志望者の為め利便を与ふ[53]」

このような広告も、一九〇五（明治三八）年を最後に見られなくなる。[54] 高等予備校の設立がその二年後ということから、高等予科の進学準備教育部分を拡大、整備した形で高等予備校の設置に至ったと考えることは決して困難ではない。徴兵に関わらない年齢の青年なら、予備校で全く差し支えないからである。

この明治高等予備校の実態を見る手がかりとして、設立時（一九〇七〈明治四〇〉年）の申請書類に記された教室割を以下に示す。

高等予科
午前八時ヨリ午後二時迄　一、三、四
午後二時ヨリ午後四時迄　二、五
経緯学堂
午前八時ヨリ午後三時迄　七、八、九、十、十一
簡易商業学校
午後七時ヨリ午後九時迄　三、七、九、十
明治高等予備校
午前八時ヨリ午後二時迄　二、五、六
午後二時ヨリ午後四時迄　一、三、四、十、十一
以　上
以上ノ外高等予備校ハ或ル学科目ニ依リテハ高等予科ノ講座ニ於テ同一ノ教授ヲ行フコトアルベキ見込(55)

この教室割から考えるに予備校の方が利用教室数が多いことになる。このことからしても私立大学が設置した予備校が多くの生徒を集めたことがうかがえる。さらには、予備校以外の他の付属機関とも教室を融通し合っていることも分かる。教室割を一通り示した後に、「高等予備校ハ或ル学科目ニ依リテハ高等予科ノ講堂ニ於テ同一ノ教授ヲ行フコトアルベキ見込」とまで言っている。予科と予備校が一体となって運営されていることを裏付けている。

表3-3は、高等予科（一九〇四〈明治三七〉年学則）と高等予備校（一九〇七〈明治四〇〉年の開校時）の学科課程を比較したものである。一部の学科目に違いがあるが、ほとんど変わりがない。内容の違いが最も顕著に出る数学

表3-3　明治大学高等予科と明治高等予備校の学科課程

	高等予科第一学科（商学部以外）						高等予科第二学科（商学部のみ）					
	第1学期		第2学期		第3学期		第1学期		第2学期		第3学期	
倫　理	1	実践倫理綱要	1	同　上	1	同　上	1	実践倫理綱要	1	同　上	1	同　上
国語漢文	6	講読文法作文	6	同　上	6	同　上	6	講読文法作文	6	同　上	6	同　上
外国語（英語か独語）	16	講読文法作文会話書取	16	同　上	16	同　上	10	講読文法作文会話書取	10	同　上	10	同　上
歴　史	3	東洋史	3	西洋史	3	西洋史日本史	3	東洋史	3	西洋史	3	西洋史日本史
地　理	2	地　文	2	外国地理	2	外国地理日本地理	2	地　文	2	外国地理	2	外国地理日本地理
数　学	4	算術代数幾何三角	4		4		4	算術幾何代数三角解析幾何並ニ微積分ノ大意	4	同　上	4	同　上
物理化学							2		2		2	
論　理			2						2	論理綱要		
心　理					2						2	心理綱要
法学通論					3	原書法学通論			2		2	
商業通論							2		2		2	
羅甸語						羅甸語初歩						
清　語	2	※	2	※	2	※	2	※	2	※	2	※
簿　記	2	※	2	※	2	※						
合　計	34		36		39		32		36		36	

※は随意科目

	高等予備校					
	第1学期		第2学期		第3学期	
倫　理	1	実践倫理提要	1	仝　上	1	仝　上
国語漢文	6	講読文法作文	6	仝　上	6	仝　上
外国語（英語か独語）	14	講読反訳文法作文会話	14	仝　上	14	仝　上
歴　史	2	日本史西洋史	2	仝　上	2	仝　上
地　理	2	日本地理外国地理	2	仝　上	2	仝　上
数　学	7	算術代数幾何三角	7	仝　上	7	仝　上
物　理	2	大　意	2	仝　上	2	仝　上
化　学	1	大　意	1	仝　上	1	仝　上
博　物	1	大　意	1	仝　上	1	仝　上
図　画	1	用器画	1	仝　上	1	仝　上
合　計	37		37		37	

出典：『明治法学』臨時増刊第75号（1904年8月26日，pp. 19-20）。
「13　学校設置　明治高等予備校」（岸本辰雄）『私立学校』（627-D5-1，1907〈明治40〉年，東京都公文書館所蔵）（頁数なし）。

でさえも、高等予科第一部に「解析幾何並ニ微積分ノ大意」が多い程度である。他の学科目にも若干の差異は見られるが、受験に関係ない学科目が予備校にない程度である。英語や国語漢文は、予科と予備校で同一教材を使っていたとしても、それほど問題にはならなかっただろう。

表3－4は、一九一二（明治四五・大正一）年の高等予科と高等予備校の設置科目と担当教員である。教員も予科との兼任者が多い。明治大学の場合は高等予科の設置が予備校よりだいぶ早かったので特に問題ではないが、このような兼任の実態からも他の私立大学における予科との並行運営もより現実味を帯びてくる。**表3－4**には第一高等学校などの官立学校の教授の名も見える。予科との兼務による経営上の利益が考慮されてのことであろう。

6　中学校補習科による受験準備教育

(1)　中学校と予備校

これは一八九九（明治三二）年の中学校令により設置が認められた補習科が主流であり、一部に単独の予備校に発展したものもある。単独に設置したものには、開成予備学校と錦城予備学校、そして早稲田高等予備校があるが、詳細は（2）で検討する。

中学校補習科は、法令上の根拠を持つものである。詳細は第五章で触れるが、正規の機関であるために徴兵猶予の特典を受けることが可能なため、徴兵猶予のいわば隠れ蓑的な存在としても機能していた。実際に「受験準備中徴兵猶予を要するものは、中学の補習科へ入るが最もよい」[56]というアドバイスも見られる。また、上京遊学をせずに地元で学習を進めたいという学生も存在しただろうし、文部省は東京への流入者を減らすために補習科の設置、整備を進めたという指摘もある。[57] **表3－5**は一九〇三（明治三六）年以降の中学校の補習科の実態を示している。

表3－4　1912（明治45・大正１）年明治大学高等予科・明治高等予備校教員

	高等予科	高等予備校
倫理	吉田静致	
国語	**内海弘蔵**	**内海弘蔵**，森治蔵
漢文	**平井参，笹川種郎（兼東洋史）**	**平井参，笹川種郎**，川合
英語	**佐久間信恭，森巻吉，畔柳都太郎，岡田実麿，高須祿郎，山崎寿春，高野礼太郎，山口鍒太，佐川春水，渡辺半治郎，村井知至** ウイード，サンマース	**佐久間信恭，森巻吉，畔柳都太郎，岡田実麿，高須祿郎，山崎寿春，高野礼太郎，山口鍒太，佐川春水，渡辺半治郎，村井知至**，村田祐治
独語	松坂善吉	
応用数学，商業通論	中村茂男	
数学		遠藤又蔵，松村定次郎
西洋史	**斎藤阿具**	
歴史		**斎藤阿具**
論理心理	紀平正美	
法学通論	石井宗吉	
簿記，商業作文	岡田市治	
地理	中沢澄男	
応用物理学	**須蔵伝次郎**	
物理		**須藤伝次郎**
応用化学	**菅沼市蔵**	
化学		**菅沼市蔵**
応用博物学	伊藤篤太郎	
書法	稲川春	

注：太字は予科と予備校とを兼任の教員で，「須蔵伝次郎」は「須藤伝次郎」の誤植と判断した。
出典：「新学期学科及び講師」『明治学報』第32号（1913年11月１日，pp. 21-24）より作成。

表3－5　中学校の補習科の設置状況

	全国		うち東京	
	校数	生徒数（人）	校数	生徒数（人）
1903（明治36）年	20	473	4	241
1904（明治37）年	67	986	5	318
1905（明治38）年	35	508	7	343
1906（明治39）年	41	315	5	272
1907（明治40）年	44	594	8	373
1908（明治41）年	45	269	6	215
1909（明治42）年	40	288	7	147
1910（明治43）年	38	408	4	150
1911（明治44）年	37	419	3	118
1912（明治45・大正１）年	18	306	1	34

注：出典に掲載された校数と生徒数には，片方のみに記載がある場合などの齟齬があるが，本表の数字は単純に数え上げたものである。

出典：各年度の『全国（公立私立）中学校ニ関スル諸調査』より作成。

学校数においてはそれほど東京が突出している感はないが、生徒数についていえば圧倒的に東京が優位であるといわねばならない。

（2）中学校が単独に設置した予備校

一九〇三（明治三六）年に開成予備学校と早稲田高等予備校ができ、一九〇五（明治三八）年に錦城予備学校ができた。早稲田高等予備校は、早稲田中学校を校舎とし、早稲田中学校の教師も指導にあたった。ここに掲げたのはすべて東京の学校であるが、地方の中学校の補習科の実態を考えるに、補習科から予備校に発展することはないだろうと思われる。

東京開成中学校は一九〇一（明治三四）年東京府の管理を離れて私立の中学校となるが、その際すでに「受験に必要なる学科を補習せしむ」ることを目的とした一年間の補習科が設置されていた[58]。その後、一九〇二（明治三五）年三月一三日に受験準備教育機関としてやはり午後三時から七時までの一年間（実際は九月から六月までの一〇か月）の夜学を開設し、定員を一〇〇名としたと沿革史には記されている[59]。

しかし、東京都公文書館所蔵の文書には、この夜学と同じ日に設置が申請された普通学講習会という機関がある。この機関は東京開成中学校内に設置され、同会の設立者は東京開成中学校長の田辺新之助である。これらの事実と普通学講習会の申請内容から考えるに、沿革史にある夜学とは、この普通学講習会のことであろうと思われる。同会の会則に相当する設立事項の一部を以下に掲げる。

第一目的
本会ハ高等学校其他官立学校入学予修トシテ普通学ヲ授ルヲ以テ目的トス
第四修業年限学期休日ニ関スル事項
修業年限ハ一ヶ年トス
学年ハ毎年九月ニ始リ翌年六月ニ終ハル者(ママ)トス
学年ヲ分チテ三期トス第一期ハ九月ヨリ十二月マテ第二期ハ一月ヨリ三月マテ第三期ハ四月ヨリ六月マテトス
（休日関連の規定・省略）
第五学科課程及教授時間ニ関スル事項
学科課程及毎週教授時間ハ左表ノ如シ

学期／科目	毎週教授時間	第一期	毎週教授時間	第二期	毎週教授時間	第三期
国語	三	講読作文文法	三	仝上	二	仝上
漢文	三	講読作文文法	三	仝上	二	仝上
英語	八	読方釈解作文文法翻訳	八	仝上	七	仝上

代数	幾何	算術	三角	博物	物理	化学	歴史	計
二	二	一	一	一	二	一		二四
二	二	一	一	一	二	一		二四
二	二	一	一	一	二	二	二	二四
							本法（ママ）歴史 万国歴史	

授業時間ハ毎日午後三時ヨリ七時マテトス(60)

そして、先述のように一九〇三（明治三六）年の開成予備学校開設に至る。その設立事項の一部は以下の通りである。

第四
本校ニ左ノ分科ヲ置ク

高等受験科　高等学校高等商業学校其他ノ官立学校ニ入ラムトスル者ノ為メ中学補修(ママ)科ノ程度ニ依リ普通学ヲ教授ス

中学速成科　中学校ノ学科ヲ速成セムトスル者又ハ中学校ノ各年級ヘ入ラムトスル者ノ為メニ中学校ノ学科程度ニ依リ普通学ヲ教授ス

中学予備科　高等小学二年級終了ノ者ニシテ中学校第一年級ニ入ラムトスル者ノ為メニ予備ノ学科ヲ教授ス

中学英語科　本科ハ英語ヲ専修スル者又ハ中学校生徒ニシテ殊ニ英語ノ補修(ママ)ヲ要スル者ノ為メニ中学校ノ程度ニ依リ英語ヲ教授ス

中学数学科　本科ハ数学ヲ専修スル者又ハ中学生徒ニシテ殊ニ数学ノ補修(ママ)ヲ要スル者ノ為メ中学校ノ程度ニ依リ数学ヲ教授ス

第五　修業年限学期休日ニ関スル事項

修業年限

高等受験科　十ヶ月

中学速成科　三ヶ年

中学予備科　一ヶ年

中学英語科　五ヶ年

中学数学科　五ヶ年

（学年学期休日に関する事項・省略）(61)

補習科、普通学講習会と開成予備学校との関係は不明であるが、連続性を有していると見るべきだろう。開成予備学校の高等受験科は定員一〇〇名、年限は一〇か月、授業時間が午後一時半から五時半である。[62] 授業時間に若干の違いはあるが、定員、年限とも夜学や普通学講習会と一致している。

さらには中学校に通えない青年の救済を目的とする学科を持っていることも特徴である。中学速成科や中学英語科や中学数学科おそらく専検受験を視野に入れた課程なのだろうが、後の時代の夜間中学との関連で示唆に富む。

このような傾向は、錦城予備学校にも見られる。当初は上級学校進学のみを目的として設置されたが、一九〇八（明治四一）年に普通科と高等科に分け、普通科は昼間中学校に通学できない青年に中学校相当の普通学を教授するものとしている。[63]

これら中学校が設置した予備校は中学校内にある関係で、授業はすべて午後となっている。開成予備学校の授業時間はすでに示したが、早稲田高等予備校は午後一時一〇分から五時一〇分までであり、錦城予備学校は午後五時ないし六時に授業が始まる。[64] そのため授業時間数も若干少なめになっているが、後節で触れるように開成や早稲田を評価する声もあったことから考えれば、十分評価に値するだけの実績をあげていたと考えることができる。中学校という正規の学校の中にあるという事実は、私立大学が設置した予備校と同様の安心感を与えたことは想像に難くない。

（3）東京府の補習科

中学校が単独で設置した予備校が、上級学校進学一辺倒にならなかったのに対し、補習科は中学校の卒業生を受け入れることが前提となっている以上、上級学校進学のみが目的となる。そこで、東京府の中学校に設置された補習科について検討していく。

東京府立第一中学校（これより先、「東京府立第〇中学校」は「〇中」と表記する）には、一八九四（明治二七）年に補習科が設置された。『東京府立第一中学校創立五十年史』には、「明治二十七年五月補習科を設け、英語・漢文・数学を教授せり。補習科開設当時の教師は第一高等中学校の教授と本校教諭なりき[65]」とある。この時期にすでに受験準備が意識されていたこと、また同じ東京にあった第一高等中学校の教授が出講するなど興味深い点も多いが、この時期の中学校令に補習科の規定はなく、位置づけは不明瞭である。ここでは、この時期に中学校における受験準備への胎動があったという指摘にとどめておきたい。

また、詳細は第五章で触れるが、東京府では一八九九（明治三二）年の中学校令を受けて実業科目をも教授できる体制を打ち立てもした。しかし、中学校令施行規則が出てからの東京府立中学校の補習科は、受験準備一辺倒になっていく。

①東京府立中学校学則における中学校補習科の位置づけ

一九〇二（明治三五）年の東京府立中学校学則の改正にあたっては補習科をめぐる議論が存在した。府当局はこの改正に先立ち、一九〇一（明治三四）年一二月二六日に三発第三〇五号で、「府立中学校学則改正之件ニ付曩ニ御意見御提出之処今回別紙之通改正案取調候右ニ付御意見有之候は来ル一月十五日限リ御申出相成度此段及照会候也[66]」と各中学校からの意見を求めた。その原案における補習科の規定と各中学校からの意見（二中は補習科に関して意見を出さなかったので除く）は以下の通りである。

第五条　各中学校ニ補習科ヲ置ク但シ第二中学校及第三中学校ニ在テハ当分之ヲ欠ク
補習科修業期間ハ四月ヨリ七月ニ至ル四箇月トシ其ノ毎週教授時数ハ二十四時以内トス
補習科ノ学科目ハ修身、国語及漢文、外国語、数学其ノ他学校長ニ於テ必要ト認ムル学科目トス
補習科ノ学科目ハ修身ヲ除クノ外総テ随意科目ト為スコトヲ得

（一中・第三七号・明治三五年一月一五日）

第五条三項ノ修正　補習科ノ学科目ハ第三条ノ各学科中学校長ニ於イテソノ必要ト認ムル学科ニ就キテ之ヲ定ム（理由　原案ニテハ中学校ノ学科目以外ノ者ニテモ随意ニ加ヘエラル、カノ如ク聞フルノミナラズ掲クル所ノ数種学科ニ重ヲ措クカ如ク見エ補習科設置ノ目的ニ遠ルニ似タルヲ以テ改正案ヲ提出スルナリ）

同第四項ノ修正　補習科ノ学科目ハ総テ随意科目ト為スコトヲ得（理由　原案ハ修身ヲ如何ナル場合ニモ動スベカラザル者ト定メタレド高等普通教育ニ必要ナル修身ハ五年間ニ示シ終リタレハ僅ニ十二週以内ノ短時日中補習スヘキ者多少存スルニモ拘ラズ必須トシテコレヲ強行スルノ必要ナシ補習科ノ性質ハ在学中ノ短処ヲ補ヒ併セテ必要ト認ムル学科ヲ習ハシムルニ在ルベク又コレヨリ急ナリト認ムル学科ヲ以テセサルベカラサル時モアルベシ元来本校ノ意見ニテハコノ条ヲ削除スルコトヲ望メド他校ニ於イテ或ハ必要ナルカモ測ラレサルヨリコレヲ存スルニハ修正セサルベカラズト認メシナリ）

（三中・甲第五号・明治三五年一月一五日）

三、第五条ノ置クノ二字ヲ置クコトヲ得ノ六字ニ改メ但シ以下二十三字ヲ削ラレタシ

当分之ヲ欠クノ意義不明瞭ナリ現在五年級迄ナキトナラハ此但シ以下ハ無用ノ文字ニシテ他日五年級迄アル時ニ至リテ尚ホ之ヲ置カサルノ考ナラハ第一、第四ニノミ置クノ理由モナキナリ

四、第五条ノ三項ノ修身ノ二字ヲ削リ四項ヲ削ラレタシ

二項ニヨリ主トシテ高等ノ学校ニ入学スヘキモノ、為ナレハ其為ニ必要ナル学科ヲ修メシムルモノニシテ修身ノ如キハ其他ノ学科云々ノ中ニ入レテ可ナランカ又四項ノ随意科トスルコトハ多分志望学校ニ別アリトイフヨリ来タルモノナランモ総テ必修科トナスコト可ナランカ

（四中・甲第八〇号・明治三五年一月一五日）

第五条第四項　補習科学科目中修身科相加ヘアリ候ヘトモ補習科ニ入ル生徒ノ目的ハ多クハ高等学校入学試験受験ノ予習ヲ為スニ在ルモノ、如クニ候然ルニ従来ノ経験ニヨレバ各高等学校ノ試験科目中ニ修身科ノアリシ事無之候ヘハ寧ロ之ヲ省キ他ノ必須ナル学科ニ流用致候方可然ト存候

これらの意見を総合すれば、一つは設置する学校の問題、もう一つは学科目をめぐる問題があることになる。前者については、原案では一中と四中にのみ設置となっている。これはもともと両校に設置されていたからと考えられるが、実際これは削除される。後者については、唯一の必修科目である修身は、高等学校の受験準備のためにある補習科には必要ないという意見である。一中のように「高等普通教育ニ必要ナル修身ハ五年間ニ示シ終」っているというような巧妙な反対の仕方もあるが、四中のように「従来ノ経験ニヨレバ各高等学校ノ試験科目中ニ修身科ノアリシ事無之候ヘハ寧ロ之ヲ省キ他ノ必須ナル学科ニ流用致候方可然」として受験準備のための補習科ということを如実に示す反対論も存在した。随意科目とするか必修科目とするかも問題にはなっているが、随意科目であっても受験に必要な科目はどの道課されることになるため、大きな問題ではない。

かくして、これらの意見が入れられる形で東京府立中学校学則は制定されることになった。最終的に補習科は第四条で規定されることになったのだが、その条文は以下の通りである。

第四条　各中学校ニ補習科ヲ置ク

補習科修業期間ハ四月ヨリ七月ニ至ル四箇月トシ其ノ毎週教授時数ハ二十四時以内トス

補習科ノ学科目ハ国語及漢文、外国語、数学其ノ他学校長ニ於テ必要ト認ムル学科目トス

その後一九〇四（明治三七）年に、以下のように改正された。

第四条　各中学校ニ補習科ヲ置ク

補習科ノ修業期間ハ一箇年以内ニ於テ学校長之ヲ定メ当庁ノ認可ヲ受クヘシ

補習科ノ毎週教授時数ハ二十四時以内トシ其ノ学科目ハ国語及漢文、外国語、数学其ノ他学校長ニ於テ必要ト認ムル学科目トス[67]

修業期間が府の許可のもと一年以内で自由に設定できることが変更点だが、その理由は「補習科ノ期間四ヶ月ニテハ不足ニ付一ヶ年以内ニ於テ学校長之ヲ定メ当庁ノ認可ヲ受ケシムルコトト致度[68]」とある。受験準備教育に傾斜していた補習科が四か月で不十分ということは、秋から冬にかけて入学試験を実施する学校[69]の受験準備や夏の入学試験で浪人が決定した生徒たちにさらなる学習の機会を提供するための措置と考えることができる。

②設置状況

『東京府統計書』、『東京府学事年報』および『東京府学事統計書』に記されていた在籍者数・卒業者数の情報は**表3-6**の通りである。

『東京府学事年報』には補習科の状況が記されていた。最初に記述が表れるのは一九〇〇（明治三三）年の一中の補習科で、「補習科ハ四月ニ起リ七月ニ終ル其生徒ハ悉ク本校卒業生ニシテ毎週十八時間専ラ国語、外国語、数学ニ就キ研修セシメタリ[70]」とあり、これと同様の記述が一九〇一（明治三四）年版にも見られる。四中の補習科については、一九〇一（明治三四）年には「補習科ニ於テハ本年度卒業生ニシテ高等学校又ハ其ノ他ノ専門学校ニ入学

表3-6　統計資料にみる東京府立中学校の補習科の状況　（単位：人）

	一中			二中			三中			四中		
	入学志願者	入学者	卒業者	入学志願者	入学者	卒業者	入学志願者	入学者	卒業者	入学志願者	入学者	卒業者
1901（明治34）年	（生徒数：73）									（生徒数：39）		
1902（明治35）年	—	98	—							—	88	—
1903（明治36）年	—	86	—							—	17	—
1904（明治37）年	—	—	37	—	—	—	—	—	—	—	—	—
1905（明治38）年	—	—	60	—	—	—	—	—	—	—	—	—
1906（明治39）年	—	—	46	—	—	—	—	—	—	—	—	40
1907（明治40）年	—	—	34	—	—	—	—	—	—	—	—	—
1908（明治41）年	35	35	—	4	4	—	7	7	—	34	34	—
1909（明治42）年	—	—	—	—	—	—	—	—	—	—	—	—
1910（明治43）年	37	37	30	4	4	—	11	11	—	48	48	36
1911（明治44）年	75	75	67	9	9	—	7	7	—	55	40	38
1912（明治45・大正1）年	—	64	44	13	13	—	—	—	—	60	42	42

注：年度により掲載されている年（該年度または前年度）が異なるため，実際の年に補正した。
出典：1902（明治35）・1903（明治36）年：『東京府学事年報』より作成。
　　1910（明治43）・1911（明治44）年：『東京府学事統計書』より作成。
　　上記以外：『東京府統計書』より作成。

セントスルモノ、タメニ英語、漢文、数学、理化学ノ四科ヲ教授シタリ[71]」とあり、一九〇二（明治三五）年版には「四月ノ初メニ於ケル在籍者八十八名ナリシガ六月末日ニ至リ学校ノ入学試験略結了シタルヲ以テ在籍者僅カニ十二名ニ減シ欠席亦多数ナルニ依リ六月限リ閉鎖シタリ[72]」とある。同書の一九〇三（明治三六）年版には、三中について「本学年末ニ於テ第一回卒業生二十二人ヲ出セリ而シテ其ノ多数ハ次学年ニ於テ開設スヘキ補習科ニ入リ高等学校或ハ専門学校ニ入ルヘキ準備ヲナス予定[73]」とあり、三中にも補習科が設置されていったことが確認できる。また、一九〇六（明治三九）年の記述に「補習科ハ各校何レモ之ヲ設ク[74]」という記述があり、少なくともこの年には四校すべてに設置されていたことが分かる。

表3－7　東京府文書にみる補習科の教育課程

		英語	国語及漢文	数学	博物	理化（物理化学）	地理	歴史	図画	合計
1900（明治33）年	一中	8	4	6						18
1905（明治38）年	二中	7	5	6	1	2	1	1	1	24
	三中	8	4	6	1	1	1			21

（三中・備考）四月六日ヨリ仝月三十日迄ハ毎週英語，国語及漢文，数学ノ三科十八時間トシ五月一日以後ハ博物，理化，地理及歴史各一時間ヲ増シ総計六科二十一時間トス

出典：『東京府立第一中学校一覧』1900（明治33）年度より作成。
「2　補習科修業期間ノ件　府立第二中学校」『府立学校』（626-A5-2，1905〈明治38〉年，東京都公文書館所蔵）（頁数なし）より作成。
「3　補習科教科目等ニ付指令　府立第三中学校」『府立学校』（626-A5-2，1905〈明治38〉年，東京都公文書館所蔵）（頁数なし）より作成。

③教育課程

各中学校から東京府に提出された文書には補習科の教育課程が記載されているものがある。学則で補習科が規定される前の一九〇〇（明治三三）年の一中のものと、学則が定められた後の一九〇五（明治三八）年の二中と三中のものを**表3－7**に示しておく。

これらの点からも、英語、数学、国語及漢文に重点を置いた、すなわち受験準備に傾斜した内容であったことが分かる。

④修業期間

一九二一（大正一〇）年に高等学校の入学時期が四月に改まるまで、高等学校入試は七月に行われた。そうなると、補習科は法令上一年のものを設置できることにはなっているが、受験準備教育機関として考えた際には三か月（四月から六月）あればよいということになる。事実、初期の一中や四中の補習科は、六月か七月にはなくなってしまうものであった。

しかし、一九〇四（明治三七）年の学則改正を機に、一九〇四（明治三七）年には四中から修業期間を六か月に延長することが申請され、府はこれを認可した（三甲第五九七八号）[75]。その後一九〇五（明治三八）年に二中と三中が六か月に（それぞれ三甲第一二七四号、三甲第一九四五

号）、一九一〇（明治四三）年に三中は八か月にすること（戊学甲第一六三二号）が認可されている。[76] また、一九〇八（明治四一）年の『東京府統計書』には、「補習科ハ各校共ニ之ヲ設ケ卒業生ノ修学ノ便ニシ而シテ毎年十二月之ヲ閉鎖ス」[77]とあるから、時期は前後するが大体その頃には八か月の補習科となっていたものと推測される。その後一九一二（明治四五・大正一）年から一九一七（大正六）年の『東京府統計書』に掲載されている「公私立中学校一覧」では、すべての年度ですべての学校で補習科の修業期間が一年と記されている。学則改正を示す資料は残っていないが、その頃にはすべての補習科が年限一年となっていたものと推察される。四月始業の上級学校が徐々に増えていくのだから、当然の対応ではある。

しかし、その設置にどれほどの意味があったのかという点は留保が必要である。先に示した一九〇八（明治四一）年の『東京府統計書』には、「各校共ニ補習科ノ設ケアルモ是レ単ニ卒業生ニシテ更ニ高等ノ学校ニ入ラントスル者ノ為メニ随意科ヲ修ムルニ便セシムルニ過キス毎年二月（ママ）之ヲ閉鎖スルカ故ニ其ノ在学ノ期限モ必スシモ一定セサルヲ以テ卒業者ト称スヘキ者ナシ」[78]という記述も存在する。修業期間は延長傾向にあったとはいえ、先に掲げた**表3-6**における退学者の数から考えても、志望校に合格して中途退学している様子を見て取ることができる。九月始業の上級学校を目指す場合、修業年限が一年であるから夏の入学試験で浪人が確定した後に補習科には残ることも可能だったわけだが、浪人確定後は他の予備校に移っていたと考えられる。

（4）宮崎県の補習科

補習科の設置を進めたのは決して大都市部に限らない。上級学校が少なく、補習科以外の受験準備教育機関を持たない地域でも補習科の設置は進められた。その一つとして、本項では宮崎県の状況を検討していく。宮崎県は、一九二四（大正一三）年の高等農林学校設立まで中学校卒業後に進学する上級学校を持たず、東京府に多く見られた受験

表3-8　宮崎県立中学校の補習科　(単位：人)

	宮崎		都城		延岡	
	入学者	生徒数	入学者	生徒数	入学者	生徒数
1904（明治37）年				2		9
1905（明治38）年	54		28	3	31	1
1906（明治39）年	62	8	29		22	7
1907（明治40）年	37	4	21		17	1
1908（明治41）年	20	4	18		7	0
1909（明治42）年	20	7	21	2	16	
1910（明治43）年	37	22	23	1	6	
1911（明治44）年	26	19	17	1	6	0
1912（明治45・大正1）年	33	27	22		4	

注：各年度の数字は10月1日現在。
出典：各年度の『全国（公立私立）中学校ニ関スル諸調査』より作成。

準備教育機関も存在しなかった。宮崎県の中学校で補習科が設置されたのは宮崎、都城、延岡にある県立の三校である。

①『宮崎県学事年報』に見る宮崎県立中学校の補習科

補習科が設置された当初の状況はどのようなものであったのだろうか。在籍者数の情報は**表3-8**の通りである。

各年度の『宮崎県学事年報』には中途退学等の報告も記載された。補習科に関する記述の初出は一九〇一（明治三四）年度のものであるが、そこでは「本年度ヨリ宮崎中学校ニ補習科ヲ始メテ設置セシニ学年ノ当初ハ二十四人ノ生徒アリシモ七月マテニ各志望ノ学校ニ入学シ或ハ疾病家事ノ都合ニ依リ皆ナ退学セシ為メ遂ニ授業ヲ停止セリ[79]」と報告された。ここでは設置されたのは宮崎中学校のみで二四人の生徒がいたものの、訳あって退学し、七月をもって授業が終わっていることが分かる。他の年度においても状況に変わりはないが、その状況は**表3-9**の通りである。この時期はすでに四月入学の上級学校も出始めているが、一年間在籍しつづけた生徒がいたのは一九〇四（明治三七）年と一九〇七（明治四〇）年のみである。退学者のその後の動向は不明である。

表3－9　『宮崎県学事年報』における補習科に関する報告内容

	設置中学	人数	示された退学理由	閉鎖時期
1902（明治35）年	宮崎	33	志望校入学・疾病・家事都合	9月より停止
1903（明治36）年	宮崎	36	志望校入学・疾病・家事都合	9月より停止
1904（明治37）年	宮崎・都城・延岡	98	志望校入学・疾病・家事都合	1年継続はごく少数
1905（明治38）年	宮崎・都城・延岡	113	志望校入学・疾病・家事都合	1年継続は0人
1906（明治39）年	宮崎・都城・延岡	118	志望校入学・疾病・家事都合	1年継続は0人
1907（明治40）年	宮崎・都城・延岡	75	志望校入学・疾病・家事都合	1年継続はごく少数
1908（明治41）年	宮崎・都城・延岡	45	志望校入学・疾病・家事都合	1年継続は0人
1909（明治42）年	宮崎・都城・延岡	56	志望校入学・家事都合	半途で全員退学
1910（明治43）年	宮崎・都城・延岡	67	志望校入学・家事都合	半途で全員退学

出典：各年度の『宮崎県学事年報』より作成。

②宮崎県立中学校学則と補習科の位置づけ

宮崎県立中学校学則は、一八九九（明治三二）年に制定されたが、そこには補習科の規定はなかった。しかし、明治三〇年代に補習科は設置されていた。(80) 補習科が学則上に最初にあらわれるのは一九一二（明治四五）年四月七日に改正された学則でのことである。そこでの補習科関係の規定は以下の通りである。

第一章　編制

第一条　県立中学校ニ補習科ヲ置ク

補習科ノ修業年限ヲ一ヶ年トス

第二条　県立中学校ノ生徒定員ハ左ノ如シ但シ補習科生徒ハ算入セス

宮崎中学校　六百名

都城中学校　四百名

延岡中学校　四百名

（中略）

第三章　学科課程、教授時数

第六条　学科課程及毎週教授時数ハ左表ノ如シ但シ唱歌ハ当分ノ内之ヲ欠クコトアルヘシ

		修身	国語及漢文	外国語（英語）	歴史	地理	数学	博物	物理及化学	法制及経済	図画	唱歌	体操	計
（第一学年から第五学年　略）														
補習科	毎週教授時数		三	八			四	一	二					一八
	課程		国語講読・漢文講読・作文・文法	読方及訳解・話方及作文・書取・文法			代数・幾何・三角法	植物・動物・生理及衛生・鉱物	物理・化学					

唱歌ヲ欠キタル学校ニ於テハ其ノ毎週教授時数ハ之ヲ他ノ学科目ニ配当ス

補習科ノ学科目及毎週教授時数ハ必要ニ依リ之ヲ増加スルコトアルヘシ

（中略）

第六章　授業料

第二十条　授業料額ハ月額金一円八十銭トス但シ学校ニ於テ一暦月全ク休業スルトキハ其ノ月ノ授業料ヲ徴収セス(81)

（後略）

これによれば、補習科の修業年限は一年で、人数の制限もないことになる。すでに見たように、実際に一年間在籍した者はほとんどいなかったのだが、既存の補習科が制度上は一年のものとして設置されていたことからそれを追認したものといえる。実態はともあれ入学試験を受けようとする者に対応できる体制を維持しようという姿勢を見ることができよう。

さらに、この改正に先駆けて、一九一一（明治四四）年一一月二五日に宮崎、都城、延岡の三中学校から知事に学則改正を開申する文書の中で、第六条の余白に「補習科ニ歴史地理ニ時間加ヘテハ如何」(82)という書き込みが見られる。この書き込みが誰によるものかは不明であるし、結果的に歴史も地理も加えられることはなかったわけだが、上級学校の入学試験で課される学科目のうち歴史と地理が抜けている中でこのような科目を加えようという考えがあったことは、地方においても受験準備への対応が模索されていたことを示している。

7　予備校の評価

明治三〇年代に入り、東京を中心に多くの予備校が設立されるに至った。これらの予備校はどのように受け止められていたのだろうか。ここでは、受験雑誌や進学案内書などの記述をもとに、当時の予備校の実相に迫っていく。以下に示すのは『中学世界』に掲載された予備校に関する論評である。

◎こういふ風に入学試験が六ヶ敷くなつて、学生が困つて居るから、受験法だとか、受験案内だとか、受験問答だとか、答案のかきかたゞとかいふやうなものも沢山出来、受験者のために設けられた、受験予備校ともいふべきものも沢山出来た。

◎これらは受験者のためには便利ではあるが、著作者や学校も亦儲けているから、一挙両得といひたいが、中には月謝を目宛てに立てた、不親切な学校もあるから。学生諸君も、父兄諸君も、大に注意しないと、馬鹿な目に遇ふことがある。注意したまへ。(83)

錦町では正則予備校、正則英語学校、国民英学会、中央大学の高等受験科、錦城中学の高等予科。猿楽町辺では、数理学館、研数学館、大成学館内の受験科。其他、駿河台に明治大学の高等予備科もある。連雀町に開成の高等予科もある。此等の諸学校が、雲の如き受験学生の為めに、或は「徴兵猶予」の特典あることを吹聴し、或は教員の欠席なきを特色とし、或は山的問題の特別伝授を楯とし、極度迄門戸を開放して、多大の便宜を与へて居るのである。(84)

これらの論評では予備校の存在そのものの出現は説いているものの、その評価は厳しい。「著作者や学校も亦儲けているから、一挙両得」とか、「中には月謝を目宛てに立てた、不親切な学校もある」といった文面からは営利主義的な学校にすぎないという発想がありありとしているし、「山的問題の特別伝授」という表現も、いかにも受験準備教育機関は怪しげな教育を行っているという印象を与える。当時の学校教育の水準と入学試験の水準を比較すると、このような否定的評価を下してばかりもいられない側面もあるし、これら二つの論評が掲載されている『中学世界』には予備校の案内の記事さえ掲載されているのである。しかしながら、その予備校の評価自体はせいぜい必要悪という程度のものでしかなかったのである。

そのような評価も若干の好転を示すことになる。以下に示すのは、同じ『中学世界』の一九〇八（明治四一）年の増刊号における「高等予備校」の記事である。

◎そこへ、入学試験の準備にはこゝが一番だ、こゝから出た者は何人入学した。こゝで戦闘準備をすれば必ず入学出来る。と学生を迎へるのが、高等予校である
◎学生は又吾先にと走せ参じて、忽ち満員になるといふ有様で、受験界には初陣の中学新卒業生もあればすでに数回の戦場に臨んだ敗軍の将もある実に玉石混交といふべきだ。
◎其玉石混交の中から、僅か二三ヶ月の中に、幾多の名玉が顕はれるのだから此学校は受験界には是非なくてはならぬものといふてもよい。
◎それで此学校に入るものは、兎にも角にも、立派な中学卒業生ばかりで、其他の入学者はないから、別に六ヶ敷い入学資格もない。
◎されば、此種の予備校も沢山あるが、学校の目的が同じで、入学者の目的も同じであるから、競ふて良講師

を求め、試験時期には、何れも満員札を掲げてあるが、試験期を過ぎれば、忽ち門前雀羅を張るといふ光景である。(85)

「玉石混交の中から、僅か二三ヶ月の中に、幾多の名玉」を生み出し、「受験界には是非なくてはならぬもの」という評価それ自体は、先に見た論評よりも肯定的ではある。しかし、そうであったにせよ「試験期を過ぎれば、忽ち門前雀羅を張る」学校なのである。もちろん当時の中学校は三月卒業で、高等学校は九月入学であったから、入試が終わってから中学校を卒業したばかりの者が予備校に入るまでの期間の予備校は、浪人生だけしかいないことになる。しかし、この頃にあっても浪人生は多く存在したのだから、本当に「門前雀羅を張る」状況だったのかは疑問の残るところである。

このような低い評価は『中学世界』に限ったことではない。以下に示すのは明治四〇年代の進学案内書に見られる予備校評である。

(二)　高等予備　高等予備校は、吾人之れを落武者の落合所、また一名之れを出陣前の練武所と名づく。落武者の落合所とは、ずいぶん酷なる称呼ではあるが、しかし事実上来る者も来る者も、落ちに落ちたる者ばかりであるから、斯く云つても仕方がない。一面より云へば、高等予備校は斯くの如き状態なると同時に、又一面より之れを云ふ時は、実に勇ましき出陣前の練武所で有る。男児郷関を出で丶、立志の決心鉄よりも堅く、志若し遂げずんば死すとも帰らずの精神は、如何に雄々しく勇ましきものではないか。さはれ、幾回かの失敗は遂に鉄心も挫け易く壮図も乱れやすし、もし此の種の学校に学ばんとする者は、宜ろしく遠謀深慮を廻らし、確実なる勝算ありて初めて入るべきで有る。彼のあたら青年時代の数年を受験の為めに空費し、しかも目的の学校に入るを得ずして、終生の方向を誤まる者の如きは、受験の渦中に投ずる前に当り充分の成算なくして、漫然成功の岸を目ざしたるの罪である。是に於いて、吾人は巻中の幾箇所かに於て暗示せし注意を繰り返し、実力なき者は無謀の企てをなすなと警告して置く。

凡そ受験準備の学校は二種類ある。即ち其の第一種は純粋の受験予備学校、第二種は普通の中学校に受験準備の臭味を加味したものである。此の事は、すでに第一篇に於て記述する所があった。純粋の受験準備の学校とは、即ち高等予備学校、及び之れに類似の学校で有る。高等予備学校及び之れに類似の学校は、一般に良講師を有するを常とし、また従つて受験に関する奥義を授かるの便宜がある。故に若し、入学試験の期日まで自宅若くは中学の補修（ママ）科等にて復習をする余裕のあるものは、充分勝算の見込立ち居れば兎に角、左もなくば受験専門の学校たる高等予備学校に入るが寧ろ得策である。(86)

「入学試験の期日まで自宅若くは中学の補修（ママ）科等にて復習をする余裕のあるものは、充分勝算の見込立ち居れば兎に角、左もなくば受験専門の学校たる高等予備学校に入るが寧ろ得策」という表現から、予備校の存在は自宅による学習や中学校の補習科での受験準備より優れた受験準備法としてとらえられていることが分かる。しかし、受験に臨む以上入念な計画を立てねばならず、「実力なき者は無謀の企てをなすな」ということからして、そもそも高等学校入試に臨むということは限られた人間の話であるということである。もちろん現実問題としてそれは何ら間違った話ではないが、予備校が新たな希望を切り拓くものではなく、あくまで限られた人間に対してあと一歩の後押しをするにすぎないという意味では、予備校の信頼度も高いとはいえない。また、予備校へ入ることが得策とは言いつつも、「落武者の落合所」であるということを言及することなしにそのような肯定的な評価が出てこないということも指摘しておきたい。

中学校の補習科については、正規の学校の一部として設置されていること、東京に限らず全国的に設置が進んだこともあり、他の予備校とは若干異なる面がある。以下に示すのはこの補習科に関するものである。

◎東京の中学には、大抵補習科がある。地方にもないことはないが、あつた処で生徒は少ない、東京の中学補習科は、皆満員である。つまり地方の中学卒業生は卒業後直に実業につくか、或は高等の学校に進まうとして東京其他の専門学校所在地へ出かけて、入学準備をするから、補習科の必要はないのだ、処が徴兵猶予問題がやかましくなつたから、今年から各府県立中学にも余程補習科が出来たやうだ。

◎だから東京の中学補習科には、其中学の卒業生ばかりでなく、地方中学の出身者も多く入学して居る。中には専門学校へ入学しやうとして、見事失敗して、逆戻りして居る者も多い、又徴兵猶予のために入学し居る者も多い。東京の中学補習科は落ち武者の集合所たる観がある。

（中略）

◎東京中学は語学が割合進んで居るやうだ。他の学科は大差ない。これは東京には中学以外に英語研究所も沢山あるし、図書館もあるから、学校で難解の所は、いつでも教はることが出来るからであらう。(87)

ここでは、徴兵猶予との関係に触れられている。中学校の補習科は正規の学校であるために、その在籍者は徴兵猶予の恩恵にあずかれるからである。後の時代にはこの問題がほとんど触れられないことを考えると、この時期の評価の一つの特徴ではある。「徴兵猶予の問題がやかましくなつた」とあるが、まさにこの問題は中学校補習科に大きな影響を及ぼしている。この問題については、第五章で詳述する。

この論評では受験準備における地域間格差の問題も描出されている。地方でなく東京でなければいけないというのである。東京に出てくることが必要という意味で、補習科も他の予備校も変わらない。さらに、自校の卒業生のみならず地方からの受験生を受け入れる補習科が、「落ち武者の集合所」と評されてしまうという点も、他の種の機関と同列であるということにもなろう。つまるところ、正規の学校の一部として存在した補習科であってもその評価は変わらないのである。

8 「選抜」への対応としての予備校

中学校卒業者の増加と学校制度の整備によって、予備校はそれまでの中学校と高等学校の橋渡しを果たす教育機関から一年間にわたって浪人生の教育や三月に中学校を卒業した受験生の学習の援助を請け負う教育機関へと変化した。しかし、上級学校の学年始期の関係もあり、橋渡しという機能は残存していた。

また、予備校経営がもつ財政的なメリットもあり、他校種からの進出も多かった。殊に私立大学が設置した予備校は予科と並行して運営していることを勘案すれば、「第一節　予備校の概要と分類」で示した和辻の回想にあるような中央高等予備校の悠長な授業というのも一定の説得力がある。

受験準備を専門とする機関が主流となるのは、大正後期である。橋渡しという機能の残存、受験準備を専門とする機関の少なさという点から、この時期の予備校は過渡的な性格を持っていたということがいえる。

しかし、一年という修業年限の意味は大きい。予備校に通う目的が純然たる学力の向上ではなく、翌年の入学試験ということが明確となったからである。そうであればこそ、英語学校も「受験」を冠した学科を設置し、受験生を積極的に取り込もうとしたのである。

入学試験の変化にともなう対応の必要性が予備校を後押ししたわけであるが、新たな「選抜」への対応は極めて迅速だった。明治二〇年代までと、明治三〇年代以降の予備校は、その設置主体も運営のあり方も異にしており、そこには断絶があるのだが、その断絶は決して長い空白をともなってはいないからである。ある意味では親切ともいえる「選抜」への対応が、逆に入学試験をめぐる諸問題に蓋をしてしまったともいえる。受験生はしかるべき方法で学力向上にいそしんでいるのだから、それで問題はないではないか、ということである。

このように「選抜」への対応がさしたる間断もなく進められた背景には、上京遊学が当時の青年たちの間にそれなりに普及していたということも関連しているだろう。明治初期以降の上京遊学の実態は武石典史の研究に詳しい。武石によれば、明治後期において、私立中学校は上京遊学先としての機能を失っていたというが、上京してまで遊学する先は私立中学校ではなく、浪人後の予備校に取ってかわられたということである。

そのような予備校であるが、必要悪という評価にとどまっていた。入学試験の変化が生み出した「鬼子」のようなものという認識しかなかったということであろう。このような評価が変化を見せるのは大正期以降のことである[88]。

他校種からの参入による予備校の隆盛は、新たな問題を生み出すことにもなった。私立大学による予備校の設置は、帝国大学と私立大学との格差を明確にさせることになった。そもそも依拠する法令が異なる上に、設備等の物理的な面でもその差は歴然としてはいた。その上に、予備校を設置する一方で、予科も予備校的な機能を保有させることで、私立大学は帝国大学に人材を供給する存在として機能する、すなわち帝国大学の下位に位置することが明確になってしまったのである。それゆえに、一九一八（大正七）年の大学令により、法令上は帝国大学と私立大学が対等になってからは、この種の予備校は姿を消すことになる。大学令における予科は、高等学校高等科に相当させるべく二年ないし三年の課程を設置することになっていたので、予備校との並行運営を不可能にさせるものでもあった。

受験準備教育機関として機能した中学校補習科も、中等教育に新たな問題を惹起することになった。つまるところ、中学校は上級学校への通過点であること、さらにはそのための援助も惜しまないことを露呈させることになったからである。本章では東京府と宮崎県の事例を取り上げたが、他の地方でもその対応に変わりはない。しかし、中学校の卒業生全員が上級学校に進学するわけではない。そうしたときに、中学校としてのあり方が問われることにもなってくるのである。この問題は第三部で検討していくことにする。

注

(1) 安倍能成「落第と落第の前」辰野隆編『落第読本』鱒書房、一九五五年、一四―一五頁。

(2) 和辻哲郎『自叙伝の試み』中央公論社、一九六一年、三八三―三八四頁。

(3) 関口義「各種学校の歴史⑥――明治後期における各種学校（4）」『各種学校研究』第七号、一九六六年の分類では、①漢学校、数学校などが、次第に他教科を加えて、中等教育準備教育機関としての役割を果すようになったもの、②英語学校が予備校的性格を持つようになったもの、③私立の大学が受験浪人を対象として予備校を設置したもの、④純粋に高等学校や専門学校受験準備のみを目的として設立された予備校、⑤中学校内に予備校を設置したものとあるが、本論文の研究対象を考慮して①は除外した。

(4) この時期の洋学校や外国語学校については、神辺靖光『日本における中学校形成史の研究――明治初期編』多賀出版、一九九三年、第二部に詳しい。

(5) 当時の上京遊学の実態は、武石典史『近代東京の私立中学校――上京と立身出世の社会史』ミネルヴァ書房、二〇一二年、第二章、谷本宗生「私立東京英語学校生・上田英吉の「遊学日記」（その一）（その二）」『一八八〇年代教育史研究紀要』第一・二号、二〇〇九年・二〇一〇年に詳しい。

(6) 菅原亮芳「近代日本私学教育史研究（1）――『進学・学校案内書』にあらわれた明治一〇年代の東京の私学」『日本私学教育研究所紀要』第三二号、一九九六年によると、当時の私学教育は専門学、受験予備教育、実用学、女子に必要な教育の四つの層から成り立っていた（一三―一四頁）。

（7）慶應義塾編『慶應義塾百年史』上巻、慶應義塾、一九五八年、五九四頁。
（8）同前書、五九六―五九七頁。
（9）次の段落までの共立学校に関する記述は、東京開成中学校『東京開成中学校校史資料』東京開成中学校、一九三六年、一―二五頁による。
（10）この段落の東京英語学校に関する記述は、日本中学校編『日本中学校五十年史』日本中学校、一九三七年、一五―二二頁による。
（11）『文部省第十六年報』一八八九年、五五頁。
（12）前掲『東京開成中学校校史資料』三一頁。
（13）同前掲、二七頁。
（14）前掲『日本中学校五十年史』二二頁。
（15）池田雅則『私塾の近代――越後・長善館と民の近代教育の原風景』東京大学出版会、二〇一四年、八四頁。共立学校と東京英語学校以外の校名と移管年は、正則予備校（正則中学校・一八九二〈明治二五〉年）、三田英学校（錦城中学校・一八九二〈明治二五〉年）、高等商業予備門（商工中学校・一八九三〈明治二六〉年）、独逸学協会学校普通科（独逸学協会学校・一八九三〈明治二六〉年）、攻玉社青年科（攻玉社中学校・一八九三〈明治二六〉年）、郁文館（郁文館中学校・一八九三〈明治二六〉年）、東京数学院（東京中学校・一八九四〈明治二七〉年）、順天求合社（順天中学校・一八九四〈明治二七〉年）、東洋英和学校（麻布中学校・一八九五〈明治二八〉年）、東京英和学校（青山学院中学部・一八九六〈明治二九〉年）である。
（16）前掲『日本中学校五十年史』一〇八―一〇九頁。
（17）同前書、一一〇頁。
（18）「2　学則改正　正則英語学校」『私立学校』627-D5-4、一九〇七（明治四〇）年、東京都公文書館所蔵、頁数なし。
（19）一九一八（大正七）年に刊行された帝国教育会編『学生年鑑』（冨山房、一九一八年）の正則英語学校の紹介に正則補習科は掲載されていることから、その時期くらいまでは存続しているだろうと思われる。ただし、進学案内書は情報が古いことがあるので、一九一八（大正七）年より前になくなっている可能性もある。

(20)「10　学則改正　国民英学会」『私立各種学校』627-B5-22、一九〇六(明治三九)年、東京都公文書館所蔵、頁数なし。
(21)同前掲。
(22)同前掲。
(23)「46　学則改正　国民英学会」『私立学校』629-A5-13、一九〇九(明治四二)年、東京都公文書館所蔵、頁数なし。
(24)大正期以降の英語学校における受験準備教育の実態については、吉野剛弘「近代日本における予備校の歴史」『慶應義塾大学大学院社会学研究科紀要』第四八号(一九九九年)に概略を記してある。
(25)「研数学館のあゆみ」河野隆二編『資料と写真で見る研数』研数学館、一九八九年、二頁。
(26)「1　設立願　研数学館」金子元太郎『各種学校ニ関スル書類』621-C7-14、一八九六(明治二九)年、東京都公文書館所蔵、頁数なし。なお、翌一八九七(明治三〇)年に設立者を岡本に変更しているが、その申請書類によると岡本は奥平浪太郎邸に寄留しているとあり、奥平との関係をうかがわせる(「53　設立者変更願　研数学館」岡本熊雄『各種学校ニ関スル書類』622-D5-14、一八九七〈明治三〇〉年、東京都公文書館所蔵、頁数なし)。
(27)長坂金雄『全国学校沿革史』東都通信社、一九一四年、二四五頁。ただし、同年に研数学館から申請された文書は、東京都公文書館には存在しない。
(28)「2　学校設置　研数学館」奥平浪太郎『私立各種学校』627-B5-22、一九〇六(明治三九)年、東京都公文書館所蔵、頁数なし。
(29)前掲『全国学校沿革史』二四五頁。
(30)「15　設置認可　官立学校予備校」大給暢吉『私立各種学校』624-D7-5、一九〇〇(明治三三)年、東京都公文書館所蔵、頁数なし。
(31)管見の限り、当時の進学案内書にも同校を掲載したものはない。
(32)「8　学校設立認可　正則予備学校」斎藤秀三郎『私立各種学校』625-B6-2、一九〇二(明治三五)年、東京都公文書館所蔵、頁数なし。
(33)「17　学則改正　正則英語学校外一校」『私立各種学校』626-C5-12、一九〇四(明治三七)年、東京都公文書館所蔵、頁数なし。
(34) 専修大学編『専修大学百年史』専修大学出版局、一九八一年、八四二頁。
(35) 法政大学『法政大学百年史』法政大学、一九八〇年、一八四頁。
(36) 中央大学七十年史編纂所編『中央大学七十年史』中央大学、一九五五年、八九頁。
(37) 中川壽之「タイムトラベル中大百年（50）中央高等予備校の設立」『中央大学学員時報』第三一三号、一九九三年一〇月二五日、四頁。
(38) 「2　学則改正　明治高等予備校」『私立学校』627-D5-3、一九〇七（明治四〇）年、東京都公文書館所蔵、頁数なし。
(39) 「4　学則改正　中央高等予備校」『私立学校』627-D5-4、一九〇七（明治四〇）年、東京都公文書館所蔵、頁数なし。
(40) 立命館百年史編纂委員会『立命館百年史　通史一』立命館、一九九九年、一八二―一八三頁。
(41) 前掲『中央大学七十年史』八八頁。
(42) 前掲『専修大学百年史』八四二頁。
(43) 岡田良平「中学校令並に専門学校令」国民教育奨励会編『教育五十年史』民友社、一九二二年、二一三―二一四頁。
(44) 専門学校令については、一九〇二（明治三五）年一一月から一二月にかけての第七回高等教育会議で諮問案第五「専門学校ニ関スル事項」として法案が示されている。一九〇〇（明治三三）年の第五回高等教育会議においても専門学校に関する法令が諮問されているが、これは高等学校医学部を分離するにあたって法令を制定し、他の類する学校もその法令のもとに管理しようとしたという色彩のものである（「高等学校令と専門学校令」『教育時論』第五六二号、一九〇〇年一一月二五日、三三―三四頁。）。
(45) 『読売新聞』（一九〇三年八月二日）、八頁。『朝日新聞』（一九〇三年八月三日）にも同じ広告がある。
(46) 「私立日本大学学則要領」『日本法政新誌』第一〇巻第二号臨時増刊、一九〇六年、四頁。
(47) 「中央高等予備校の好成績」『法学新報』第一六巻第一〇号（一九〇号）、一九〇六年、七二頁。
(48) 「日本大学予科及高等予備校生ノ成蹟」『日本法政新誌』第一二巻第九号、一九〇八年、四三頁。

(49)　大正期の話ではあるが、「日本は一高の教授方を集めて鳴る所、専修は高商の方々を網羅して聞こえてゐる所」であり、「一高に志す人には日本がよく、高商を目指す人には専修がいゝでせう」と書かれた（『中学世界』第二二巻第三号、一九一九年二月五日、一四八頁）。
(50)　田中政男「『高等予科学生原簿』（第一号）に見る予科生の実態」『明治大学史紀要』第一〇号、一九九二年、六八頁。
(51)　『読売新聞』一九〇三年九月四日、五頁。『朝日新聞』一九〇三年九月五日、八頁。
(52)　『朝日新聞』一九〇三年九月二六日、八頁。
(53)　『読売新聞』一九〇五年三月一一日、五頁。『朝日新聞』一九〇五年三月一一日、一頁。なお、三月一三日の『朝日新聞』にも同じ広告が掲載されている。
(54)　一九〇五（明治三八）年には、徴兵猶予の関連で中学校補習科や私立大学等に大規模な調査が入っている。そこでは中学校補習科が徴兵逃れに使用されている点は問題視されるが、私立大学予科がそのように目された形跡はない。しかし、徴兵猶予を売りにして、本来の趣旨に外れる生徒を集めることに関して一定の忌避が発生した可能性はある。中学校補習科への調査については、第五章で詳述する。
(55)　「13　学校設置　明治高等予備校」岸本辰雄『私立学校』627-D5-1、一九〇七（明治四〇）年、東京都公文書館所蔵、頁数なし。
(56)　「学事顧問」『中学世界』第一三巻第一一号、一九一〇年九月五日、一四二頁。
(57)　米田俊彦『近代日本中学校制度の確立——法制・教育機能・支持基盤の形成』東京大学出版会、一九九二年、一三二頁。
(58)　東京開成中学校『東京開成中学校校史資料』東京開成中学校、一九三六年、八二頁。
(59)　同前書、八七頁。
(60)　「16　設置認可　普通学講習会」田辺新之助『私立各種学校』625-B6-1、一九〇二（明治三五）年、東京都公文書館所蔵、頁数なし。
(61)　「5　設立願　開成予備学校」田辺新之助『私立各種学校』625-D5-5、一九〇三（明治三六）年、東京都公文書館所蔵、頁数なし。

(62)　同前掲。
(63)　「8　学則改正　錦城予備学校」『私立学校』628-C6-5、一九〇八（明治四一）年、東京都公文書館所蔵、頁数なし。
(64)　「17　設置願　早稲田高等予備校」増子喜一郎『私立各種学校』625-D5-3、一九〇三（明治三六）年、東京都公文書館所蔵、頁数なし。前掲「8　学則改正　錦城予備学校」頁数なし。
(65)　東京府立第一中学校編『東京府立第一中学校創立五十年史』東京府立第一中学校、一九二九年、二二頁。
(66)　「37　学則改正　府立第一中学校他六校」『府立学校』625-B5-15、一九〇二（明治三五）年、東京都公文書館所蔵。なお、この学則改定をめぐる議論に関する史料は、すべてこれによった。
(67)　「16　府立中学校ニ補習科設置ニ付学則改正」『例規』626-C5-1、一九〇四（明治三七）年、東京都公文書館所蔵、頁数なし。
(68)　同前掲。
(69)　この当時はしばしば入学試験の実施時期は変わるが、たとえば高等師範学校は一〇月から一二月に入試を実施していた。
(70)　『東京府学事第二八年報』一九〇〇年、八頁。
(71)　『東京府学事第二九年報』一九〇一年、一二頁。
(72)　『東京府学事第三〇年報』一九〇二年、一一頁。
(73)　『東京府学事第三一年報』一九〇三年、二七頁。
(74)　『東京府学事第三四年報』一九〇六年、一四頁。
(75)　「4　補習科修業期間ノ伺　府立第四中学校」『府立学校』626-C5-2、一九〇四（明治三七）年、東京都公文書館所蔵。
(76)　「2　補習科修業期限ノ件　府立第二中学校」『府立学校』626-A5-2、一九〇五（明治三八）年、「3　補習科教科目等ニ付指令　府立第三中学校」同前掲、「26　補習科設置　第三中学校」『府立学校』629-C5-6、一九一〇（明治四三）年（以上すべて東京都公文書館所蔵）。
(77)　『明治四十一年　東京府統計書』、二六頁（縦書部分）。

(78) 同前書、三三頁（縦書部分）。
(79) 『宮崎県学事年報（明治三十四年度）』、二二頁。
(80) その意味で一九一二（明治四五）年の学則改正により「都城・延岡の両中学校にも補習科を置くこととなった」（七五頁）という『宮崎大宮高等学校百年史』（宮崎県立宮崎大宮高等学校弦月同窓会、一九九一年）における記述は誤りである。都城、延岡両中学校の補習科の存在は各種統計資料で明治三〇年代から確認できるし、延岡中学校の補習科については「3　（延岡中学校長）補習科設置ノ件上申ノ件」『中学校高等女学校農学校』（簿冊番号：25015、宮崎県文書センター所蔵）で一九〇四（明治三七）年に設置申請し、許可されていた。
(81) 「8　県立中学校学則改正ノ件開申」『学事関係諸令達通牒』（簿冊番号：108527、宮崎県文書センター所蔵）、頁数なし。
(82) 同前掲、頁数なし。
(83) 「入学試験の今昔」『中学世界』第九巻第四号、一九〇六年三月二〇日、六四頁。
(84) P.P.P.「受験学生の巣窟」『中学世界』第一〇巻第一二号、一九〇七年九月二〇日、八三頁。
(85) 「高等予備校」『中学世界』第一一巻第八号、一九〇八年六月二五日、一八一頁。
(86) 高橋都素武『全国学校案内』内外出版協会、一九〇九年、二七六―二七七頁。
(87) 島溪生「東京中学と地方の中学」『中学世界』第一〇巻第八号、一九〇七年六月一〇日、七三―七四頁。
(88) 大正期以降の進学案内書や受験雑誌における予備校の評価に関しては、吉野剛弘「受験雑誌・進学案内書にみる近代日本における予備校」『哲学（三田哲学会）』第一一五集、二〇〇六年を参照されたい。

第四章　受験メディアと受験生の志望行動――「選抜」秩序の内面化

1　受験メディアとは

本章では、受験メディアを検討する。受験メディアという受験生が直接触れることのできる媒体を通して、第二章で示された選抜の秩序が青年たちにおいて内面化されていく様相を検討する。

「選抜」としての入学試験の生起により、受験情報の提供の必要性も高まり、従来の進学案内書以上に逐次性の高い情報提供の場、すなわち受験雑誌が要請された。本章はこの受験雑誌を検討の中心に据えていく。

一九〇二（明治三五）年の総合選抜制の導入以降、学校間格差が拡大していったことは、第一章で見た通りである。そのような学校間格差の実態を考えるために、まずは当時の回想を見てみよう。以下に示すのは、七高の創立二五周年を記念して刊行された『記念誌』に掲載された回想である。


明治三十九年の九月であった。その年の春土佐の中学校をでた私は、所謂笈を負ふて東京に遊学中、ふと高等学校の試験をうける気になって、うけると、七高に入学出来たので、はるばる鹿児島下りをやったものである。(1)

もう遠い昔のこと、明治四十二年の春に中学校を出て例年になく早く執行された七高の入学試験を受けたのは一高のとある教室。案外易々と入学許可の葉書を受け取つて、その年の秋には二十年間生ひ立つて来た千葉県の片田舎から、未だ鉄道の全通してゐない鹿児島へ神戸からは汽船にたよつて、日向灘やら佐多岬の波にもまれて、同じ日本で居ながら言葉も通じないといふ、薯焼酎の国へと行つたのであった。(2)

両者とも鹿児島に「下る」というニュアンスがありありとしている。しかも後者の回想においては、繰り上げ入試によって高倍率を記録した「薯焼酎の国」の学校の入学試験をして「案外易々」であったというのである。受験生にあっても学校間格差が認識されていることが分かる。なお、入学試験における挫折を物語った筆者たちにとっても、学校生活は楽しかったものとして回想されており、入学前と入学後には心情の変化があったこともうかがえる。

不本意な入学を回避するのであれば、志願する段階で慎重な選択をすればよいまでである。前章でも紹介した和辻哲郎は、姫路中学の同窓である魚住影雄に受験願書を出す際の注意点を忠告され、「それまでわたくしはたゞ一高へ入りたいと考へてゐただけで、第二志望以下をどう取扱はうかなどといふことを考へても見もしなかつた。だから受験願書を出す際には魚住君と同じく漫然と第二志望以下を書き込んだであらう。しかし魚住君に右のやうな忠告を受けて反省してみると、他の高等学校へ入つてよいといふ気持が自分にないことが解つた」(3)という。その魚住も最初の受験では、第二志望で書いた七高への入学を決断できず、浪人の末に一高に入学している。第一章で見た通り、受験生の一高志向というものが厳然と存在していたことが分かる。

明治期から昭和戦前期までの進学案内書を広範に検討した菅原亮芳は、明治期の進学案内書の分析を通して、明治三〇年代には上京の無益さを説く言説が出はじめたことを指摘している。(4)学校制度の確立にともなう受験競争の激化にともない、ただ単に上京遊学をしさえすれば何とかなる時代ではないということである。菅原はまた、明治期の進学案内書一四九冊のうち一一〇冊は一九〇〇（明治三三）年以降に出版されていることも合わせて指摘している。[5]このような出版点数の増加は、言説としては上京遊学の無益さを説きつつも、関係する情報の需要、ひいては進学意欲が高まっていることを示しているのである。

本章では、一八九八（明治三一）年から一九二八（昭和三）年までにわたって中学生を中心とした青年向けの雑誌として存在した『中学世界』を分析の中心に据える。『中学世界』において受験・進学情報は非常に大きなウエイトを占める情報である。中学生を主たる読者としているため、上級学校の入試問題やその講評、受験体験談、予備校や参考書に関する情報を含めた学習法といった入学試験をめぐる情報もあれば、上級学校の案内や上級学校で専攻できる学問に関する情報といったものも掲載された。さらには中学校に通わずに検定試験等を受けて上級学校進学を目指す苦学や独学に関する情報もあったが、苦学・独学情報は苦学に適した職業などの生活に関する情報も含んでいるため、本章では上級学校進学に直接関係する情報を受験・進学情報として扱うことにする。[6]

受験生の動向を検討するに際しては、匿名性が高い受験雑誌の記事ではなく、執筆者がはっきりしている伝記あるいは校友会雑誌などの方が史料として適しているという考え方もあろう。事実、すでに引用した和辻哲郎の自伝では、当時の状況が詳細に語られている。しかし、伝記や校友会雑誌の記事は時間を置いて執筆されている上に、著者による情報の取捨選択がなされるために、当時の状況の生々しさが失われてしまうことも事実である。また、受験というものが伝記や校友会雑誌で詳細に記述されていることは少ない。それは序章でも述べた受験を忌避する意識とも関係するのだろう。和辻の自伝は数少ない例外といってよい。本章は、そのような事情をふまえて、不正確な情報に翻弄されることをも含めた当時の状況を把握するという意図のもとに、『中学世界』という受験雑誌を主たる史料として検討していく。

『中学世界』については、菅原亮芳による分析がある。そこでは、初期の『中学世界』の「欄構成を見てみると、論説としての「中学世界」につづいて、「史伝地理」「理科算数」「国語漢文」「英語之栞」「陸軍海軍」「家庭遊戯」「随筆編纂」「青年文壇」となっている。中学校のカリキュラムと同様の構成となっていることが特徴である」[7]と指摘され、「「中学世界」が本格的に受験専門誌の様相を見せ始めるのは、一九一〇年代を前後してである」[8]と触れられている。ただし、数多くの雑誌の解題の一つとして執筆されたということもあり、具体的な様相にまでは踏みこんではいない。

そこで、まずは基礎作業として、『中学世界』の書誌的情報と受験・進学情報の概要を整理する。その上で、『中学世界』以外のメディアも視野に入れて、「学校間格差と学校選択」「上京遊学と学習方法」という二つの軸を導入して、受験メディアが提供した情報と受験生の動向を検討していく。

2　受験メディアとしての『中学世界』

（1）『中学世界』の概要

『中学世界』が創刊されたのは、一八九八（明治三一）年九月のことである。しかし、この創刊は全く新しい創刊というわけではなく、一八九六（明治二九）年一月創刊の『少年文集』と一八九七（明治三〇）年七月創刊の『外国語学雑誌』を統合して創刊に至ったものである。『少年文集』は、『少年世界』の応募寄書が掲載しきれないために創刊されたものであった。一方の『外国語学雑誌』は、英語、仏語、独語、中国語、韓国語、露語、伊語、西語の八つの外国語の発音、文典、会話、作文、訳読、対訳、時事についての月刊誌であった。

創刊号には、高山林次郎（樗牛）が「発刊の辞」を寄せている。[9]そこでは、中等教育は「教科漸く完く、制度亦備はれりと雖ども、学校課程以外に於て、生徒の良師となり、益友となるべき好雑誌無きは、中等教育の為に深く遺憾とすべきなり。吾人自ら計らず、茲に本誌を発刊するに到りたるは、是欠陥を補充せむとするの微衷に出づ」と述べ、学校教育は必要不可欠なことを教えねばならないがために「動もすれば乾燥無味にして、児童の倦厭忌避する所となる」ため、「若し教科書の傍ら、趣味と、慰藉と、快楽と、実益を与へ、兼て勉強切磋の志操を奨励するの好伴侶あらば、豈少年の幸福に非ずや」と述べている。このような状況を受けて、「我『中学世界』は、是の如き好伴侶を以て自ら任ずる者なり」と述べ、さらに「我『中学世界』の主眼とする所は、中学教育の補助者たらむとするにあり」と雑誌の目的を規定している。

中等教育相当の青年向けの総合雑誌である『中学世界』の通常号においては、さまざまな記事が掲載されるため、かえってその編集方針はつかみづらい。その一方、特定の記事のみが掲載される増刊号は編集方針が反映されやすい。『中学世界』では、創刊時より定期的に増刊号を出していた。明治期の増刊号の一覧は**表4-1**の通りである。第八巻までの増刊号はすべて「青年文壇」の特集である。これは『中学世界』の前身に『少年文集』があったことが関係しているものと思われる。第九巻以降における「青年文壇」の特集は年に一回組まれる程度となり、第一三巻第一五号を最後に「青年文壇」による増刊号は存在しない。これは一九〇六（明治三九）年三月創刊の『文章世界』との棲み分けとも考えられよう。

それに代わるように、一九〇七（明治四〇）年以降『中学世界』は受験雑誌としての性格を強めていくことになる。その変化を端的に示しているのが第一〇巻第一二号の増刊号である。「最近受験界」と題されたこの号は、入学試験に対する心構えや試験体験談などの記事と付録としてその年の官立学校の入試問題が掲載された。その後、増刊号のうち年に二号は受験関係のもの（以下、単に「特集号」と称する場合は受験関係の増刊号）になった。しかし、すぐに増刊号のすべてが受験関係ものになったわけではない。**表4-1**の収録対象からは外れるが、一九一五（大

表4-1　『中学世界』の増刊号のタイトル

巻	号	発行年月日			タイトル	備考
1	6	1898（明治31）年	11	20	青年文壇　明治三十一年冬の巻	青年文壇
2	6	1899（明治32）年	3	20	青年文壇　明治三十二年春の巻	青年文壇
	13		6	20	青年文壇　明治三十二年夏の巻	青年文壇
	20		9	20	青年文壇　明治三十二年秋の巻	青年文壇
	26		12	3	青年文壇　明治三十二年冬之巻	青年文壇
3	4	1900（明治33）年	3	25	秀才詞林　明治三十三年春の巻	青年文壇
	8		6	20	秀才詞林　明治三十三年夏の巻	青年文壇
	12		9	20	秀才詞林　明治三十三年秋の巻	青年文壇
	15		11	25	秀才詞林　明治三十三年冬の巻	青年文壇
4	3	1901（明治34）年	2	25	英才詞苑　明治三十四年春の巻	青年文壇
	8		6	20	英才詞苑　明治三十四年夏の巻	青年文壇
	12		9	20	英才詞苑　明治三十四年秋の巻	青年文壇
	15		12	1	英才詞苑　明治三十四年冬の巻	青年文壇
5	3	1902（明治35）年	3	1	花香鳥韻	青年文壇
	7		6	1	山光海色	青年文壇
	11		9	1	秀蘭芳菊	青年文壇
	15		11	20	珠星璧月	青年文壇
6	3	1903（明治36）年	3	1	緑意紅情	青年文壇
	8		6	20	山紫水明	青年文壇
	12		9	20	白雲黄葉	青年文壇
	15		11	20	蘆風雄声	青年文壇
7	4	1904（明治37）年	3	20	無銭冒険自転車世界一週	
	8		6	20	世界十五大戦争	
	12		9	20	東西武勇伝	
	15		11	20	処世百法	
8	4	1905（明治38）年	3	20	明治戦記	
	8		6	20	青年傑作集	青年文壇
	12		9	20	世界三十六文豪	
	15		11	20	菊花壇	青年文壇
9	4	1906（明治39）年	3	20	現代学生社会	
	8		6	20	学生座右録	
	12		9	20	青年修養百談	
	15		11	20	作文叢話	青年文壇
10	4	1907（明治40）年	3	20	吾が修学時代	
	8		6	25	学府の東京	
	12		9	20	最近受験界	受験特集
	15		11	20	欧米学生社会	
11	4	1908（明治41）年	3	20	処世叢話	
	8		6	25	学事顧問	
	12		9	20	四十一年受験界	受験特集
	15		11	20	文芸号	青年文壇
12	4	1909（明治42）年	3	20	受験準備	受験特集
	8		6	20	夏季号	
	12		9	20	四十二年受験界	受験特集
	15		11	20	第二文芸号	青年文壇
13	4	1910（明治43）年	3	18	試験叢話	受験特集
	8		6	20	学生倶楽部	
	12		9	16	明治四十三年受験界	受験特集
	15		11	16	文芸号	青年文壇
14	4	1911（明治44）年	3	12	入学準備	受験特集
	8		6	12	修学旅行	
	12		9	15	明治四十四年受験界	受験特集
	15		11	15	学界二十名家	
15	4	1912（明治45・大正１）年	3	15	就学顧問	受験特集
	8		6	12	世界一尽し	
	12		9	10	本年の受験界	受験特集
	14		10	10	忠烈乃木大将	

正四）年の第一八巻までは年四回の増刊号のうち半数は受験関係ではない特集が組まれていた。増刊号がすべて受験に関する特集号となったのは、第一八巻第一二号以降である。青年文壇のような特集も存在していたという事実から、受験対策という一定のニーズに応えるために変化をしつつも、初期の中学生相当の青年に向けた総合雑誌としての性格を維持したいという姿勢を見ることができる。

第一巻から第六巻までの誌面は欄を設けて記事を掲載していた。創刊号の構成は、論説としての「中学世界」につづいて、「史伝地理」「理科算数」「国語漢文」「英語之栞」「陸軍海軍」「家庭遊戯」「随筆編纂」「青年文壇」となっている。中学校のカリキュラムと同様の構成となっていることが特徴である。すでに述べたが、「青年文壇」は『少年文集』を受け継ぐ形で、それ以外の欄は『外国語学雑誌』を整理、拡充したものと理解できるのであり、その意味では前身の影響が残っているともいえる。その後、「受験案内」「内外彙報」「農商工芸」などの欄が設けられた。なお、各欄は該当記事がない場合は設けられないこともあったが、基本的に記事内容の分野に沿った形で欄を構成していた。

第七巻第一号から欄構成はなくなってはいるが、『中学世界』が「中学教育の補助者」であろうとした点には変化はなかった。大町桂月はまさにこの号の評論において「学問は、中等程度の学校に於て備はり居れど、本誌はなほ之に助力せむことを期す。語学、博物、理学、化学、歴史、地理、数学など、中等教育の学校の学課と相呼応すべし[10]（傍点原文ママ）」と言っている。中学校の学科目と呼応すべきならばそれまでの欄構成を変える必要もないのだが、この号から欄構成がなくなった理由は不明である。

特集号は欄構成とまではいかないにせよ、誌面構成に一定の傾向がある。[11] 受験特集では、入試問題講評、各学科目の学習法、合格体験談・受験体験記、学問案内・学校案内が掲載されるが、その年の入学試験を総括する号は入試問題講評に特化し、直前準備を含めた受験準備の号では学習法と合格体験談が多いという特徴がある。ただし、すべての増刊号が受験関係の特集号になっていく中で、合格体験談・受験体験記のように常に掲載されるものが出てくるようになるため、傾向が崩れていった。

(2) 時期区分と受験・進学情報の概要

①明治三〇年代（第九巻まで）

初期の『中学世界』は必ずしも受験情報に特化した雑誌ではないが、最初の受験情報としては、第一巻第二号から「受験案内」に連載されるようになった入試問題とその解説と、第三巻第一号から連載されるようになった「学校案内」がある。殊に入試問題の初出は二号目からであることから、中学校のカリキュラムに即した雑誌でありながら、彼らの眼前に迫っている上級学校進学の問題について一定程度の配慮がなされていたことが分かる。

入試問題が第一巻に掲載されたものをあげれば、海軍兵学校（二、三、五、七、八、九。数字は号数）、第一高等学校（三、四）、東京工業学校（七）である。なお、海軍兵学校と京都高等工芸学校（五－一二。以下、〇－△は第〇巻第△号の意）以外はすべて東京にある機関であった。中学校卒業生の進みうる上級学校の多くは東京に集中していたことは事実であるが、後の増刊号における入試問題の掲載は全国の機関にわたっていたことを考えると、この時期の地域的な偏向は、読者層の地域的な広がり、当時の上京熱との関わりに対応していたものと考えることができる。入試問題については、「受験案内」欄がなくなった後も掲載は続き、第一〇巻以降の特集号ではまとめて掲載されるようになった。

また、第三巻第一号から掲載された「学校案内」も東京の学校が圧倒的である。しかし、最初に掲載されたのは日本中学校であるから、必ずしも上級学校案内だけのものとはいえず、さらには国民英学会（三－七）や正則予備学校（六－一）のような受験準備教育機関として名前を知られた機関が掲載されたこともある。この「学校案内」

は第七巻第一三号まで掲載され、延べ四五校が掲載された。その内訳は官立学校が一六校、中学校が一校、それ以外はすべて私立学校である。入試問題と同様に東京の学校が圧倒的であるが、台湾協会学校（五－二）、上海東亜同文書院（七－五）なども掲載されており、入試問題よりは地域の広がりが見られる。この欄は第七巻第一三号までつづいたが、第六巻第六号から第一六号までは「諸学校入学試験成功録」と題された各種の学校案内の連載物となり、第七巻では散発的な欄となった。

初期の『中学世界』の構成は中学校のカリキュラムに呼応していたこともあり、誌上講義も行われている。初期の「国語漢文」や「英語之栞」欄は、当初はそれぞれの関係の専門的な内容の記事であったが、第一巻のうちから各教科の学習内容に特化した記事となった。国語及漢文については第六巻第一六号をもって消滅するが、英語は誌面構成が変わった第七巻以降も「英独語学」欄として残り、受験勉強に即した学習情報を提供していた。また、第七巻第五号から読者から送られた優秀な文章（答案）を掲載するようになり、これは比較的長期にわたって続いた。「英独語学」欄とは別に、数学について第八巻で竹貫要文が数学についての連載記事を掲載した。

②明治四〇年代（第一〇巻から）

すでに触れたように、この時期の第一〇巻第一二号に初めて特集号が出された。特集号については後述するが、以後『中学世界』における受験・進学情報は、この特集号を軸に展開されていくことになり、その意味でも大きな画期である。この時期は、第一〇巻と第一一巻では特集号が年一回、第一二巻以降は年二回体制で組まれていくことになる。春の特集号（第四号前後）で受験準備に向けた特集を行い、秋の特集号（第一二号前後）でその年の入学試験を総括するという構成を取っていくことになる。第一一巻第八号の「学校事情・入学研究」、第一五巻第四号の「入学研究」（特集号の中の一つのコーナー）では上級学校を中心とした学校案内のようなものがまとまった形で掲載されたが、明治三〇年代の「学校案内」欄に比べて内容は薄くなっている。各学校の案内は進学案内書にも掲載されているので、一種の棲み分けが起こったと考えることができ、『中学世界』における上級学校についての案内は学生生徒による学校生活紹介の記事の中にとどまることになった。

明治三〇年代から続いていた英語独語の誌上講義についてであるが、独語は第一六巻第二号をもって終わり、それに代わるように第一七巻からは数学に関する誌上講義が見られるようになる（タイトルは「数学自習ノート」、「数学問題講義」、「数学練習帳」としばしば変わる）。

（3）　特集号の概要

『中学世界』における受験・進学情報にとって最も注目すべきは、先述の通り第一〇巻第一二号から始まる特集号の存在である。受験情報の特集という点では、第九巻第四号に「学校」「試験」「生活」「名士の学生時代実話」という四つの欄を設けて特集を組んでいるが本格的なものとはいえず、第一〇巻第一二号を持って嚆矢としてよい。この特集号の回数と内容については第一項で触れた通りである。

この特集号では受験体験談なども掲載されるが、最も出色なのは上級学校の教員を中心とした入試問題講評や入学試験に向けた学習法のアドバイスである。読者が目指す学校の教員がほとんどすべての場合で所属と実名を出して学習法のアドバイスを行っており、受験生にとっては実に心強い情報である。この種の記事は一般号に全く掲載がないわけではないが、特集号における記事が圧倒的である。特集号に掲載された受験・進学情報の件数をまとめたものが**表4－2**である。その年の入学試験を総括する号は入試問題講評に特化し、直前準備を含めた受験準備の特集号では学習法と合格体験談が多いという特徴がある。

また執筆者についても一定の傾向がある。**表4－2**中の高等学校教員による記事のすべてが一高の教員による記

表4－2　受験特集号の記事件数

巻	号	入試問題講評						学習法						合格体験談・受験体験記			予備校体験・品評	試験一般			学校紹介・学問選択			その他
		執筆者別						執筆者別						受験校別				執筆者別			執筆者別			
		高校教員	専門教員	私学教員	予備校講師	学生生徒	不明その他	高校教員	専門教員	私学教員	予備校講師	学生生徒	不明その他	高等学校	専門学校	不明その他		記者	一般	統計	教員	学生	不明その他	
10	12							1	2			1	1				1	1	3	1				1
11	12	2	2				1	2	2									1		1			1	1
12	4							6	10	1			1	2	2	4					5	1		1
12	12		1				5	1	3									1		1			1	
13	4							1	11		3			1	1	1	1		1			1		2
13	12	1	1				2							1	1			1		1				
14	4							9	7				2						3	1	5		2	
14	12	4	3					2	1									1		1	2			
15	4							1	8						2				3				11	1
15	12	3	2				1							1		1		1		1				

事である。なお、一高以外の高等学校の教員の記事の初出は一九一六（大正五）年の第一九巻第一二号である。高等学校以外でも初期においては東京偏重の傾向がある。広島県にある海軍兵学校は唯一の海軍系の学校なので例外とすると、東京以外の学校の教員による記事の初出は、一九一五（大正四）年の第一八巻第一二号の大阪高等工業学校の教員による記事である。なお、教員以外の執筆者は、筆名も多く、その詳細は不明である。

高等学校教員が執筆した入試問題講評の一覧は、**表4－3**の通りである。第一一巻第一二号の島田鈞一による「正確なる知識の欠乏」という記事名が象徴するように、受験生向けのメディアだからといって優しい言葉で入試を評するということはない。内容は、第二章で検討した入試問題講評と同趣旨なので、ここでは繰り返さない。『中学世界』というメディアを通して、一高教員に限られるとはいえ高等学校側の考え方が受験生にも伝わっていたということを、ここでは確認しておく。

3　学校間格差と学校選択

（1）官学と私学

戦前期においては、官立学校と私立学校は法規上の扱いが同じであったとしても実際にはさまざまな差異が存在していたが、そのような中で『中学世界』はそれらをどう扱ったのか。『中学世界』には私立学校の学校紹介の記事も多く存在する。明治三〇年代の「学校案内」では私立学校も取り上げられているし、後の時期にあっても望洋生「慶應大学出身の名士」（二二‐一）のような学校や卒業生の活躍を紹介する記事もあった。このような記事により、私立学校の情報という点だけで言えば、一貫してある程度入手できるようになっていた。

表4‐3　『中学世界』に掲載された一高教員による入試問題講評記事

巻	号	著　者	表　題
11	12（増）	畔柳都太郎	対答案感
		島田鈞一	正確なる知識の欠乏
13	12（増）	岡田実麿	一高受験者の英語答案
14	12（増）	島田鈞一	本年の国語漢文成績
		村田祐治	英語解釈の成績講評
		齋藤阿具	歴史及地理の成績
		杉　敏介	国語作文の成績
15	12（増）	杉　敏介	本年の国語国文
		村田祐治	一高の英語試験
		箭内　亙	本年の歴史地理

そうは言うものの、官尊民卑の発想は『中学世界』にも如実に見て取ることができる。慶應義塾長であった鎌田栄吉の「高等学校不合格者安心策」（一〇‐一二）という記事では、官尊民卑の弊害を高等学校入試を題材に説いている。また、一九〇七（明治四〇）年以後の特集号では「当年の競争受験界」というその年の入学試験を総括する記者による記事がある。私立学校がそこで言及されるのは一九一七（大正六）年のものが最初であり、明治期において私学は視野に入っていなかったということになる。

対象を官立学校の中の高等学校に絞っても、一高を頂点とした構造が見て取れる。「今年首席にて一高に入りし諸秀才の受験談」は、一九〇八（明治四一）年に初出し、一九一七（大正六）年までの間に毎年一定の時期に連載された。初出の際の冒頭には「向陵に新秋の気溢れた第九月、こゝに美しき未来を持てる新進入学生諸君は紅顔麗しくして、自治寮の人となられた。此の一篇は彼等の中、特に優秀なる諸君が親しく記者に語られた偽らざる、経験談入学試験成功談である[12]」と書かれている。これを見る限り、特に一高にこだわる理由は言及されていない。そもそもどの学校にも首席入学者はいるにもかかわらず、あえて一高の首席入学者にのみ焦点があてられていることに、入学試験の頂点である一高の情報を欲する読者の潜在的ニーズに応えようという姿勢を看取できる。

他に一高への傾斜を示すものに「一高無試験入学者の成績」（一四―四）という記事もある。この年にはすべての高等学校で無試験による入学者が存在していたが、ここでも特集されるのは一高のみである。

そもそも執筆者が東京在住の人が多くなるから一高志向となるという点は否めないが、それを勘案しても『中学世界』は圧倒的な一高志向を示している。それは前節で示した高等学校教員の執筆者についても同様であった。『中学世界』は一高を頂点とする学校の序列を認識させる存在だったのである。

（2）受験生と学校選択

『中学世界』における一高への傾倒は前項に示したが、一方ですべての者が一高に入れるわけではない。どこかの段階で志望校を選定しなければならないわけだが、学校選択に関するアドバイスは一高の受験体験談には少なく、もう少し一般的な記事に多い。なぜなら一高の受験体験談は、往々にして一高が第一志望であることを前提とした上で、入学試験の実体験を記述したものが多いからである。

そこで、まずは一高を第一志望校として勧めるものについて検討する。ある受験者は一高に入るための入学試験の得点について「勿論自分のベストを尽して答案を作らば其以上は何点とならうが知ったことには無之候へども、今仮りに念の為め此事を調べ見るも満更無益なことには有之まじく候。文部省の統計と云ふを見るに、今総点を百点と仮定して換算すれば、八十点以上の得点者全国に十一名あり内九名は一高なり、一高に最も多きは六十点以上七十点までの得点者にして、全国を通じて最も多きは五十点以上六十点までの得点者なり、四十点以下の得点者は僅かに四高、五高、六高、七高に少数を見出すのみ。之に依て見るも一高に入学の御志望なる以上は是非とも七十点以上を得るの御決心を要し候[13]」と言っている。

そして、その翌年に『中学世界』に掲載された記事では、学校選択についてもう少し詳しいアドバイスが見られる。

> 無論、第一志望は東京でなければならぬ。さて、第二志望は何処にするか。三高乎、二高乎、それとも四高乎。但しは六高乎。此の点は各自の郷里との関係もあるだらうし、又、他に事情も種々あつて、他人の断定を待つ事は出来ないが、今姑らくこれ等の條件から全く離れた処で、学生一般の傾向を調査して見ると、矢張、三高が第一位、次に二高、五高と云ふ順序である。そして、七高などに至ると、志望者が最も少ない。少し覇気のある青年達に云はせると、『七高何かに這入るのは恥辱である。』だの、『三高、二高―四高でも外れたら、綺麗に諦めて、来年更に試験を受け直すばかり。』だのと、公言して居るが、而も多くの学生はこれに一致して居るらしい。鹿児島への流刑はよくよく厭であると見える。
>
> それで斯う云ふのが学生一般の意向である以上、(尤も、中には何処でもない、鹿児島だらうが、八丈ヶ島だらうが、高等学校にさへ入学出来れば、それで我が事了るのである、などの消極派もないではないが) 勢い、地方の学校に、比較的成績の劣等なのが廻はる事となるのは止むを得ない[14]。

この記事における高等学校の序列は、基本的に第一章第四節で示した成績面での高等学校の序列と同じである。

これは試験の結果と受験生の意識のどちらが原因ということでもなく、双方が刺激しあうことで拡大再生産されたものであるといえよう。しかも、この記事の筆者は「余輩は寧ろ、学問に都鄙の区別なしと云い、都会の地、必ずしも良教師を養はぬと云い、学問するには地方こそ却つて理想的だなど、と云つて、功名に熱し、文明生活の美酒に飢え、一にも二にも東京々々と、首都崇拝の絶頂に達せる青年学生を一時的に誤魔化し去らうとするやうな傾向のあるのを見て、その拙劣なる策略に驚き、兼ねて識者の浅慮を憫笑するものである」[15]と言っている。露骨なまでの東京礼賛、一高礼賛である。

一方で、一高人気を批判的に見る記事もあった。某係官と称する人の『中学世界』に掲載された談話によれば、一高は入学試験が難しいから優秀な学生が多いと考えるのは早計であって、単に志願者が殺到するから難しくなってしまうのであるという[16]。仮に係官という身分が本当だとすれば、そのような身分ゆえにそういうことが言えると考えた方がよいだろう。

さらに激しい一高志願者殺到への批判もある。

『近きに附け』

此一語で充分だ。念のため、言ふならば、即ち仙台の人は二高を受けよ、鹿児島の人は七高を受けよ、と言ふ事である。（中略）

地方の人が、態々東京へ出て一高を受けやうとするのは、大半つまらぬ動機からだ。折角地方の中学を優等で卒業しても、地方の高等学校へ入つたのぢあ詰らないとか、一高に入つたと云ふと、他人に浦山しがられるだらうとか、最少し気が利いた所で、大学に入つてからも一高出身の者は成績が宜いさうだから等と、自分も一高に行けば、地方の中学に居た時と同様優等でも採る積である。[17]

この筆者が言うことはある意味で事実なのだろう。しかし、東京の一高を受けようとする地方出身者を一概に問題視することはできない。東京は当時の日本において文字通り大都会であったわけだし、また東京と京都の帝国大学を比較すれば、東京の方が充実しているといえる。[18]さらに成績優秀者の進学先から推測するに、一高は隣接する東京帝国大学に多くの学生を送り込んでいたと考えることができるのである。[19]また、医科大学に進学することになる第三部では卒業生の何割かが東京帝国大学へ進学し、そのあとの何割かが京都帝国大学、そして残りが（京都帝国大学）福岡医科大学というふうに伝えられている。[20]これらの事実を勘案すれば、成績優秀者が多いと考えられていた一高に志望者が集まることは一定の必然性があったともいえる。

このように、『中学世界』における学校選択に関する記事では、一高志向を批判する記事も存在はした。しかし、入学試験の志願状況とそれを鼓舞する記事の双方を勘案すれば、多くの受験生が一高を目指して不合格になっていくから、そういう記事が出てくると考えるべきである。執筆者は受験生のクールダウンを企図したのかもしれないが、受験生がそうなっていたとはいえないのである。

4　上京遊学と学習方法

（1）　東京と地方との格差と上京遊学

明治後期の受験生にとって、一高の存在は東京に対する憧憬と相俟って非常に大きなものであったといえる。しかし、受験生における東京への憧憬は一高志望という形であらわれるだけではない。当時は中学校を卒業して高等学校の入学試験まで三か月程度あるわけだから、それまでの間の受験に向けての準備方法においてもやはり東京という都市の存在が大きな問題となった。東京に出て勉強をするのは決して意識の問題に限ったことではなく、教育機関の充実度などといった物理的な問題もあることは事実だが、ここでは受験生側の意識という点を中心に検討することにする。

当時は、東京へ出てくるということだけでも一苦労であった。一九〇二（明治三五）年の『東京遊学案内』には地方から東京までの、そして東京市内の電車の路線の案内が掲載されているほどである。[21]よって、必ずしも上京を勧める意見ばかりがあったわけではなかった。

一高受験者のために書かれた記事においても、「何々速成科とか何々予備校とか様々の射利的学校も有之候へども、之は出ねばならぬと申す程大切なものにても有るまじく、寧ろ家にいて静かに勉強致し候方或は得策かと存候[22]」とあり、必ずしも上京をすすめてはいない。さらに前節でも取り上げた某係官も、東京には図書館もあり学者も多く研学の便宜も多いとはいうものの、その他の誘惑も多いので地方で準備をした方が安全かもしれないといっている。[23]

さらに七高や八高で繰り上げ入試の行われていた時期にはもっと実質的な問題もあった。繰り上げ入試は六月上旬頃に行われるので、六月末まで授業を行う予備校に通っているだけでは学習が追いつかないのである。また、その他の学校を受ける場合でも結局自学自習が必要で、学校へ行く気がなくなるので自宅で準備した方がよいというのである。[24]

受験科目の中で最大のネックとなっていたのは外国語であった。前節で一高を第一志望とすべきだという見解を示したものとして紹介した筆者は、早くより上京している方が、どちらかといえば利益が多いと言っている。[25]上京を早くすることによる利益として、東京にはさまざまな学校の受験科があること、優秀な教師が多いこと、受験専門家といえるほど経験をつんだ学生が沢山居ること、地理に明るくなれることをあげている。[26]

『中学世界』の記事でも東京と地方との差異をしばしば取り上げている。執筆者の東京偏重や高等学校における一高偏重にとどまらず、その他の面でも東京と地方を対比する記事は多い。直接的に東京と地方の差について触れた記事としては、第三章でも触れた「東京中学と地方の中学」がある。一部重複するが、東京と地方の格差に触れた部分について以下に引用する。

◎東京の中学でも、地方の中学でも、皆文部省中学校令に依つて居るから、別に相違のあるべき理由はない処が比較して見ると、なかなか異つた処がある。こゝに其重なるものを挙げて見やう。
◎東京の中学は、多くは私立である。都下中学三十校中、官立の東京高等師範附属中学、府立の第一、第二、第三、第四の四中学を除けば、残りは皆私立である。処が地方はさうではない。
（中略）
◎東京の中学生には、中学だけでやめて、実業につくものは少ない、多くは高等学校或は専門学校に進まうといふものだ、地方の中学には中学だけでやめるものが多いやうだ。
（中略）
◎東京の中学生と、地方の中学生は、其気質がからりと変つて居る。東京の中学生は概してハイカラである地方の学生は蛮カラである。東京の中学生は世事にたけて居る。地方の中学生は世事に疎い。東京の中学生は見聞が広い、地方中学生は見聞がせまい。東京の中学生中には真面目に勉強するものも多ければ。（ママ）不真面目のものも多い。地方の中学生は概して真面目である。
（中略）
◎東京中学は語学が割合に進んで居るやうだ。他の学科は大差ない。これは東京には中学以外に英語研究所も沢山あるし、図書館もあるから、学校で難解の所は、いつでも教はることが出来るからであらう。[27]

表4-4　中学校の評判記

巻	号	記　事　名	対象となった学校名
9	4	中学受持教師評判記	青山学院・京北・攻玉社・正則・麻布・日本・商工・正則予備
12	3	府立第一中学諸先生評判記	府立第一
	9	京北中学諸先生評判記	京北
	10	慶應普通部諸先生評判記	慶應普通部
	11	慶應普通部諸先生評判記	慶應普通部
	13	逗子開成中学諸先生講義振	※逗子開成
13	1	都下中学優等生訪問記	府立第四
	2	都下中学優等生訪問記	明治学院
	3	都下中学優等生訪問記	学習院・早稲田
	8	都下中学風聞記	日本・府立第一・錦城・順天・東京・大成・開成・正則・高輪・麻布・府立第四・早稲田・京北・郁文館・京華

注：※は東京府以外に設置されたもの。

東京の中学校の方が進学熱が高く、受験勉強においても優位に立ちやすい状況が示されている。この頃の『中学世界』では東京の中学校を紹介する記事は他にもあり、「東都中学の内容成績」（九-八）や「我が校主義特色」（一二-三）では東京の主要な中学校を紹介している。殊に後者については、その題目からは東京に限定する必然性もないが、実際に紹介されるのは府立第一、府立第四、開成、早稲田、立教の五校である。当時の受験生の上京熱、そして制度として学校はできたもののその中に存在していた都市と地方の差異を反映しているといえるだろう。

『中学世界』には中学校の評判記が連載された。掲載された評判記の一覧は**表4-4**の通りである。評判記の中にはその学校の教員に関する内容が言及されることもあるのだが、この中に時折登場する参考書を執筆したり、予備校に出講したりする教員の存在は、都市と地方の違いを見せ付けるものとなっている。これらの記事では聞き書きという形を取ることも多いので都市部の学校に集中するのは仕方がない部分もあるのだが、そうは言ってもその中で敢えて都市部の中学校が選ばれているのであって、中学校の基準は都市の中学校という発想を見て取ることができるだろう。[28]

一九〇六（明治三九）年に京都帝国大学自彊会の同人が『学界之先蹤　青年修学指針』という本を出版した。すでに大学に入った学生が後輩に対して中学生活から大学入学までのさまざまな心得について書いた本なのであるが、その中で当然ながら高等学校入試についても触れている。この本では高等学校入試に向けての学習のあり方としては、中学校での真面目な学習が大切だとして、特に四、五年での学習をしっかりやるようアドバイスしている。[29]これだけでは自宅準備をすすめていると考えられなくもないが、この本全体としては上京遊学を推奨している。その理由としては、外界に刺激され奮発すること、教育機関が豊富であること、他の学校で他の教師に触れることに意義があるということをあげている。しかし、長所ばかりでないことも認識しており、心を多岐に迷わせること、習慣の変化から勉強に集中できず、悪風に感染する危険があるということを上京の短所としてあげている。[30]

入学試験に向けての学習方法はさまざまである。しかし、受験雑誌などにあらわれた意見としては、上京して何らかの教育機関に入った方がよいというものが多く、また実際にそうしている学生が多いという状況を示している。上京遊学を勧める理由も多岐にわたっているが、東京は都会であること、そしてそれにより受験対策の教育機関が多いことがあげられている。

（2）　東京の予備校と学習方法

当時の予備校は必要悪程度の評価しかされていないことを第三章で示したが、受験生の側から見たときにはどうなるのか。眼前に入学試験が迫る受験生にとっては、必要不可欠なものという認識が見えてくる。

当時最も多くの学生を集めていたと考えられる学校に正則英語学校、正則予備学校がある。正則予備学校の進学実績については、「三十五年以来の、高等学校、専門学校入学志願者で、此学校の門をくゞらぬものは少ない」ということであり、実績もよかったことがうかがえる。[31] とある浪人経験者の体験談でも浪人中は私立大学に籍を置きつつ正則英語学校に通い、翌年四月からは正則予備学校の臨時受験科に通ったということが語られている。[32] 正則英語学校の校長斎藤秀三郎の授業は、一〇〇〇人もはいれそうな三階の大講堂に一〇人掛位の大机、そこに一杯の学生、席の得られぬ者は立つものもあり、教壇の隅に坐るもあり、満場立錐の地もない人いきれの室で行われていたという回顧もある。[33]

また、一九〇八（明治四一）年の『中学世界』において予備校に関する質問をしたと思われる投稿者に対する回答として、「官立学校入学準備の為めには早稲田高等予備校、正則予備学校、正則英語学校、国民英学会（数理化受験科の併置ありて英語諸科と連絡あり）を始め其他幾つも此種の学校にて稍々適切のもの[34]」があると答えている。このような予備校に関する質問は時折あるようで、夏期講習会に関する質問に対する回答としては、国民英学会、正則予備学校、正則英語学校、研数学館、数理学校などその他各種の学校で夏期講習会が行われており、数学と英語だけを短期に講習するには大成学館がよいと答えている。[35] 当時は七月に入試が行われていたことからして、受験から最も遠いこの時期は受験生の一番気が抜ける時期でもある。しかし、そのような中で夏期講習会に関する質問があるということは予備校に対する関心の高さの一端を見て取ることができる。

ところで、一九〇九（明治四二）年の『中学世界』の記事の中に何人かの受験生に準備方法を聞いた結果が掲載されている。この記事は前章で紹介した一高への受験者の殺到を批判している記事であり、この記事の筆者は自宅学習が効果的であると考えている上に、母数も少ないという難点があるが、当時の受験生の学習の実態を垣間見せる貴重な調査である。その結果は**表4－5**の通りである。自宅学習に関してはたしかに現役合格（第一回目）の受験生に多いが、浪人をすればやはり何らかの形で予備校に通うことがうかがえる。

しかし、このような予備校に対して痛烈な批判も存在していた。以下に示す記事は、これまで言及した記事の中

表4－5　予備校の利用状況

（単位：人）

	東京中学出身者			地方中学出身者			
	第1回目	第2回目	第3回目	第1回目	第2回目	第3回目	第4回目
自宅準備	6	2		1			
正　　則		1		3	2		
正則国民	2						
研数学館	1						
母校の補習科	1						
早稲田（の補習科）		1		1	3	1	
開成（の補習科）		1			1		
中央大学					1	2	
明治大学					1		
始めは中央後に早稲田						1	
不　　明			1		1		1

出典：一老兵「誰が一高の堅塁を抜く乎」『中学世界』第12巻第4号（1909年3月20日，p. 134）より作成。

では評判のよい予備校として論じられていた正則英語学校、正則予備学校に通った経験のある学生からの投稿である。

僕は受験用として、正則英語学校の様なやり方は不賛成だ。現に同校の校長齋藤秀三郎氏も、僕等に対して、君等は二ヶ月や三ヶ月位英語を勉強しても物にはならないから、今年は先づ入学試験に落第して、九月から又来年まで勉強し給へ。』と謂はれた事がある。成程文法といへば、唯或一局部に限り訳読と謂へば難句集――而かも二種類までも――のような乾燥無味な者を読むで居るのである。これで入学試験がうかると思へば大間違である。勿論英語を二三ヶ月の速成で物にしようと思ふ考が、既に誤つて居るのであるが、それにしても、諸君は寧ろ国民英語会的に近世流儀の散文を読むとか書取聴取の練習をする方が、英語の学力を進歩せしむる事が出来ないまでも、学力を退歩せしむる虞がない。(36)

正則英語学校や国民英学会といった英語学校は、明治三〇年代に入り受験生が多く通うようになるにつれて、学科構成を受験を意識した形に変化させていっていることは第三章で述べた通りである。しかし、この批判から察するに、正則英語学校は多くの受験生が通っていたとはいえ、決して教育内容においては受験を意識したものではなかったことが分かる。本格的な英語学習を売りにして、「先づ入学試験に落第して、九月から又来年まで勉強し給へ」と浪人を勧める発言を校長自らがしている正則英語学校はいうまでもないが、比較対象としてよい評価を受けている国民英学会にしても、「近世流儀の散文を読む」という授業が英文解釈としては短文の和訳のみが出題されていた当時の入試においてどれほど有効だったのかは疑問が残る。さらにこの筆者による正則批判はつづき、午前正則予備学校、午後正則英語学校と通ったが、体力の消耗が激しく効果がなく途中で退学したと言っている[37]。ちなみにこの筆者が勧める学校は、「開成中学校の補習科と早稲田の高等予備科であって、之れまでに於ける両校の入学者は、可成見事な成績を示して居る。殊に都合の好い事には、両校共に午後である[38]」とのことである。英語学校は批判の対象になったとしても、どこかの機関に通った方がよいということなのである。

5　「選抜」秩序の内面化

『中学世界』は、特集号を組むようになった明治四〇年代から受験雑誌としての性質を帯びはじめた。入試問題講評を通じて、高等学校側の考え方は受験生にも伝わり、また合格者の受験体験談などを通して、受験に必要な情報を入手するようになったのである。

その記事では、一高を中心とした官学偏重の傾向が見て取れる。また、東京の中学校を模範とする傾向も見て取れる。流通している情報が極めて限られている時代であることを考えれば、このような情報が読者の意識に大きな影響を及ぼしたことは否定し得ない。しかも、『中学世界』の読者が通う中学校は、多くの私学出身の教員が教鞭を取っており、また生徒の多くは地方に在住している。雑誌が示す情報と彼らを取り巻く実態は大きく乖離しているにもかかわらず、そのような情報が提供されつづけるということは、そのような情報が読者により支持されていたということが示唆されるのである。『中学世界』の受験・進学情報は、東京そして高等学校、とりわけ一高を頂点とするヒエラルキーの維持に貢献する暗黙知を提供したといえる。

旧制高等学校入試は、一九〇二（明治三五）年から一九〇七（明治四〇）年にかけての総合選抜制をはじめさまざまな入試改革が行われたが、受験生の動向についていえばそれほど大きな影響があったとはいえない。つまるところ、受験生の一高志向は一貫していたし、『中学世界』に代表される受験メディアはそれを助長する情報を提供しつづけたのである。

一方、『中学世界』には一貫して受験生の一高志向を批判する記事も存在している。しかし、それとても受験生にとってはクールダウンの材料にはならなかったことは、高止まる進学志向と上京遊学者の存在が証明している。記事の筆者としてはクールダウンを企図していたとしても、読者には却って自らの奮起を促す材料となったと考えられるのである。

つまるところ、受験メディアを通して、受験生は「選抜」の秩序を内面化していくことになったのである。一高教員による入試問題講評を読み、支持するとしないとにかかわらず一高を軸として進む志望校選択に関する記事を読むことで、結果的にその秩序を受け入れることになったのである。

注

（1）　橋田東聲「大隈山の夏雲」第七高等学校編『記念誌』第七高等学校記念祝賀会、一九二六年、二九六頁。

(2) 多田齊司「南国の思ひ出よ」同前書、二七六―二七七頁。
(3) 和辻哲郎『自叙伝の試み』中央公論社、一九六一年、三六九頁。
(4) 菅原亮芳『近代日本における学校選択情報――雑誌メディアは何を伝えたか』学文社、二〇一三年、四一頁。
(5) 同前書、二六頁。
(6) 独学情報と苦学情報の詳細は、『近代日本人のキャリアデザインの形成と教育ジャーナリズム』（平成一九〜二二年度科学研究費補助金　基盤研究〈B〉研究成果報告書、高崎商科大学、二〇一一年）第一一章（三上敦史執筆部分）および第一二章（菅原亮芳執筆部分）を参照されたい。
(7) 教育ジャーナリズム史研究会編『補遺　収録誌一覧　各誌解題　執筆者索引　所蔵機関一覧』教育関係雑誌目次集成人間形成と教育編　第三三巻、日本図書センター、一九九二年、三六頁。
(8) 同前書。
(9) 関肇は、高山の「発刊の辞」の執筆に『中学世界』と『太陽』の密接な関係をみて、『中学世界』は『少年世界』を卒業した読者を引き受け、さらに彼らを『太陽』に橋渡しする役割を担っていたとする（関肇「明治三十年代の青年とその表現の位相――『中学世界』を視座として」『学習院大学文学部研究年報』四〇輯、一九九三年、一七六頁。『中学世界』が中等教育相当の青年向けの総合雑誌であることを考えれば『太陽』との類似性は首肯できるが、三誌の橋渡しを裏付けるものは示されてはいない。
(10) 大町芳衛「評論」内の「本誌の将来（中等教育諸家及び学生諸君に告ぐ）」『中学世界』第七巻第一号、一九〇四年一月一〇日、二頁。なお、目次では大町「桂月」と表記されているが、本文では注記の通りである。
(11) 受験関係の増刊号の記事内容の詳細は、「雑誌『中学世界』にみる受験・進学情報」前掲『近代日本人のキャリアデザイン形成と教育ジャーナリズム』第一〇章を参照されたい。
(12)「今年首席にて一高に入りし諸秀才の受験談」『中学世界』第一一巻第一三号、一九〇八年一〇月一〇日、一〇六頁。
(13) 不知火「一高受験者心得」『中学世界』第九巻第七号、一九〇六年六月一〇日、一二八―一二九頁。
(14) SN「高等学校受験案内」『中学世界』第一〇巻第一二号、一九〇七年九月二〇日、五〇頁。
(15) 同前掲、六一頁。

(16) 某係官談「一高入学試験雑話」『中学世界』第九巻第一〇号、一九〇六年八月一〇日、一二六頁。
(17) 一老兵「誰が一高の堅塁を抜く乎」『中学世界』第一二巻第四号、一九〇九年三月二〇日、一二四頁。
(18) 当時の東京、京都の両帝国大学の比較については潮木守一『京都帝国大学の挑戦――帝国大学史のひとこま』(名古屋大学出版会、一九八四年)第五章・第六章を参照されたい。たとえば、京都帝国大学法科大学では文官高等試験等で多くの合格者を輩出できないといった事情を抱え、一九〇七(明治四〇)年に東京帝国大学法科大学に追随する形で、三年制を四年制にし、カリキュラムも変更した。
(19) 一九〇六(明治三九)年から一九〇八(明治四一)年入学、一九〇九(明治四二)年から一九一一(明治四四)年卒業の各々の成績優秀者の進学先は、『高等学校入学、卒業及帝国大学卒業ノ三点ニ於テ各成績良好ナルモノノ他ノ二点ニ於ケル成績関係調』(慶應義塾大学図書館所蔵)で知ることができる。
(20) 前掲「誰が一高の堅塁を抜く乎」一二七頁。
(21) 少年園編『明治三五年　東京遊学案内』内外出版協会、一九〇二年、二七―四一頁。
(22) 前掲「一高受験者心得」一二八頁。
(23) 前掲「一高入学試験雑話」一二五―一二六頁。
(24) 前掲「誰が一高の堅塁を抜く乎」一三〇―一三四頁。
(25) 前掲「高等学校受験案内」四七頁。
(26) 同前掲、四六頁。
(27) 島渓生「東京中学と地方の中学」『中学世界』第一〇巻第八号、一九〇七年六月二五日、七一―七四頁。
(28) 首都圏以外の中学校が紹介の対象となるのは、一九二三(大正一二)年に連載された「全国中等学校新評判記」以降のことである。
(29) 京都帝国大学自彊会同人編『学界之先蹤　青年修学指針』博文館、一九〇六年、一七五頁。
(30) 同前書、二〇七―二〇八頁。
(31) 「専門学校入学志願者に告ぐ」(「学事顧問」内)『中学世界』第九巻第三号、一九〇六年三月一〇日、一六三頁。
(32) 紫雨「高等学校受験準備の一年」『中学世界』第一一巻第三号、一九〇八年三月二〇日、一二一―一二九頁。

(33) 大村喜吉『斎藤秀三郎伝――その生涯と業績』吾妻書房、一九六〇年、二九二―二九五頁。
(34) 「学事顧問」『中学世界』第一一巻第五号、一九〇八年四月一〇日、一五〇頁。
(35) 「学事顧問」『中学世界』第一二巻第九号、一九〇九年七月一〇日、一三五頁。
(36) 平凡生「僕の受験経験談」『中学世界』第一二巻第四号、一九〇九年三月二〇日、一五〇―一五一頁。
(37) 同前掲、一五二頁。
(38) 同前掲。

第Ⅲ部　中学校補習科における完成教育の模索

――「選抜」への対抗と中学校の独自性の模索――

第五章　補習科関係法令の変遷と実業教育の位置付け
――「選抜」から距離を取る中学校像の模索――

本章は、旧制中学校の補習科関係の規定の変遷を整理し、補習科が制度的にどのように位置づいてきたかを検討する。

1　準備教育傾倒への対抗策の模索

明治初期以降、中学校は上級学校に接続し得る学力を付けさせる機関たるべく、各学校も政府もその教育水準の向上を図った。井上文政期には、中学校卒業者の進学志向の高さが問題となったが、一八九九（明治三二）年の中学校令および一九〇一（明治三四）年の中学校令施行規則で進学準備教育路線は確定した。しかし、実業教育を通した完成教育を模索する動きが、受験準備教育機関として機能していた補習科を軸にして起こり、法制も整備された。いわば反作用としての完成教育の模索ということもできよう。

このような動きは、高等教育機関に接続し得る水準の教育を提供することが法制上確定したがために生じた中学校の独自性の模索、そしてそれゆえに生じる中学校と高等教育機関の対抗的な関係の成立とも評し得る。学校制度の整備により、高等普通教育の名のもとに準備教育を施す機関としての中学校像が確立するが、それは同時に完成教育の模索のはじまりでもあったのである。

第三章で論じた中学校補習科は、受験準備教育に特化したものであった。しかし、中等教育は完成教育としての側面も持つ。卒業生の全員が上級学校に進学するわけではないからである。つまり、受験準備教育機関としての補習科というあり方は、唯一無二のものではないのである。

そこで本章では、明治初期から一八九九（明治三二）年の中学校令までの時期を、前史として概観する。初等教育と高等教育を架橋する機関として整備されていく過程を概観することになるが、完成教育としての中学校という観点からも検討していく。その上で、中学校令施行規則における補習科関係の規定の変遷を整理し、補習科における徴兵猶予と在学期間の問題、実業科目の導入をめぐる問題の二つに焦点をあて、補習科の制度的位置付けを検討することにする。この二つをめぐって法令改正が繰り返されたという事実があるからである。

徴兵をめぐる問題は、当時の青年たち、殊に留年や浪人により徴兵年齢に達した者にとって避けがたい問題であり、受験準備と密接な関係を有している。また、実業科目の問題は、準備教育と完成教育の間に揺れる中学校において重要な問題だったのである。

徴兵猶予の問題に関しては遠藤芳信によって、陸軍と文部省の動きが検討されている(1)。そこでは中学校の補習科は徴兵逃れのために機能していた側面があることが明らかになっている。補習科が徴兵逃れに利用されているとすれば、当然それに対する対抗措置が取られているはずである。遠藤の研究を受けて現場レベルでの影響を検討していく。一方の実業教育をめぐる問題は、高等教育会議や全国中学校長会議、地方当局からの問い合わせとそれに対する文部省の回答などを素材として検討していく。

2　前史──「資格」を付与する機関への整備

(1)　中学校令制定前の中学校

中学校と称される学校は、明治初期から存在はしていた。中学校は全国各地で設置が進められはしたが、その設置にあたってしばしば持ち出されたのは、小学校卒業後の教育機関としての必要性である。[2]つまり、小学校からの積み上げの結果設置された学校だったのである。

実際問題として、当時の中学校は、東京大学予備門などの高等教育機関が求める学力を身に付けさせるに十分な状況にはなかった。だからこそ、第三章第一節で示したように、受験準備教育機関が中等教育と高等教育との間隙を埋める役割を果たしていたのである。

さらには、中学校自体が高等教育機関への階梯として青年たちから信任を得ていなかった向きもある。たとえば、明治一〇年代に千葉中学校を卒業後上京した木内重二郎は、「千葉変則洋学ノ若キハ卒業ノ後直チニ田舎ニ退耕スル者ノ為ノミ、我悔ユ千葉ニ在リテ卒業セシコトヲ」と、友人である石井菊次郎に書き送っている。[3]当時の千葉中学校が慶應義塾流の変則英語による英語教育が主流だったという点が関係していた可能性もあるが、東京の準備教育機関に進学した方がよいということなのである。

一八八一（明治一四）年の中学校教則大綱、一八八四（明治一七）年の中学校通則を通して、中学校は整備されていくことになった。両規定の一部を以下に示す。

中学校教則大綱

第一条　中学校ハ高等ノ普通学科ヲ授クル所ニシテ中人以上ノ業務ニ就クカ為メ又ハ高等ノ学校ニ入ルカ為メニ必須ノ学科ヲ授クルモノトス

第二条　中学科ヲ分テ初等高等ノ二等トス

第五条　中学校ニ於テハ土地ノ情況ニ因リ高等中学科ノ外若クハ高等中学科ヲ置カス普通文科、普通理科ヲ置キ又農業、工業、商業等ノ専修科ヲ置クコトヲ得

第六条　普通文科ハ高等中学科中ノ三角法、金石、物理、化学、図画等ノ其科ヲ除キ或ハ其程度ヲ減シ修身、和漢文、英語、本邦法令等某科ノ程度ヲ増シ又歴史、経済、論理、心理等ノ某科ヲ加フルモノトス

第七条　普通理科ハ高等中等科中ノ和漢文、英語、本邦法令等ノ某科ヲ除キ又ハ其程度ヲ減シ金石、物理、化学、図画等某科ノ程度ヲ増シ又ハ代数、幾何、測量、地質、重学、天文等ノ某科ヲ加フルモノトス

中学校通則

第一条　中学校ハ此通則ニ遵ヒテ之ヲ設置シ中人以上ノ業務ニ就ク者若クハ高等ノ学校ニ入ル者ノ為メニ忠孝彝倫ノ道ヲ本トシテ高等ノ普通学校ヲ授クヘキモノトス

第二条　中学校ノ教則ハ文部省明治十四年七月第二十八号達中学校教則大綱ニ拠ルヘキモノトス

第四条　中学校ハ教員中少クトモ三人ハ中学師範学科ノ卒業証書又ハ大学科ノ卒業証書ヲ有スル者ヲ以テ之ニ充ツヘキモノトス

但本文ノ証書ヲ有セスト雖モ府知事県令ニ於テ相当ノ資格アリト認ムル者ハ文部卿ノ許可ヲ経テ之ニ代フルコトヲ得但高等中学科ヲ置カスシテ農業工業商業等ノ専修科ヲ置キ又ハ初等中学科ノミヲ置クモノハ文部卿

ノ許可ヲ経テ本文ノ制限ヲ勘酌スルコトヲ得

「中人以上ノ業務ニ就クカ為メ又ハ高等ノ学校ニ入ルカ為メ」の学校となったため、それに見合うよう対応が取られるようになった。大阪中学校の学科課程をモデルとしつつ、各地域で教則大綱に見合った学科課程が構想されたことは、四方一瀰の研究に詳しい(4)。

実際に進んだのは、「高等ノ学校ニ入ルカ為メ」の学校としての整備であった。たとえば、福岡県では、高等教育へのアーティキュレーションを意識する立場と、地域の普通教育の完成教育機関と考える立場との間のせめぎ合いが見られ、その結果として一八八三（明治一六）年に英語専修校修猷館の設置を見た(5)。また、新潟県にあった私塾の長善館は漢学塾としての機能を果たしつつ、東京の私立学校への遊学を架橋するとともに、徐々に近代セクターの内容を取り込んでいった(6)。中等教育機関の整備に先立って東京大学という高等教育機関ができたことにより、そこへの架橋――途中に準備教育機関をはさむことになったとしても――ということが意識されたのである。

表5－1　高等中学科の設置状況

	省府県立		町村立	
	学校数	卒業生数	学校数	卒業生数
1882（明治15）年	34	40	14	5
1883（明治16）年	46	2	31	7
1884（明治17）年		18		9
1885（明治18）年		142		2

注1：1884（明治17）年と1885（明治18）年は高等中学科設置の学校数のデータなし。
　2：私立は該当校なし。
出典：各年度の『文部省年報』より作成。

一方、高等中学科の代わりに設置可能であった普通文科、普通理科、専修科は、完成教育を想定した教育内容である。これらを通した完成教育は可能ではあるのだが、現実問題として高等中学科の設置は進まなかった。**表5－1**は高等中学科の設置状況を示したものである。実際の在籍者は卒業生数よりは多いだろうが、卒業生数に比して多くの学校が設置していた事実を考えると、複数の課程を設置して教育を行う余裕があったとは思えない。また、突出して人数の多い一八八五（明治一八）年は九割が大阪中学校に在籍しているが、彼らは普通文科等の完成教育を想定した課程の生徒ではない。

（2）森・井上文政期の尋常中学校と実業教育の模索

一八八六（明治一九）年の中学校令により尋常中学校は高等中学校の直下に置かれ、その教育水準も徐々にではあるが、向上していったことは第一章第二節で示した通りである。高等中学校への人材供給という役割を果たせるようになる一方で、新たな方向性が模索された。

一八九四（明治二七）年の尋常中学校実科規定により実科を置くことが認められ、第一学年から実業学科を置く実科中学校も可能となった。そもそも、一八九一（明治二四）年の中学校令改正の際に、専修科を置くことが可能になっていたが、それをさらに進めた形である。この制度を実現させた井上毅は、中等教育機関への進学者には、①帝国大学までの進学を望む者、②中学校卒業で就職する者、③実業教育を受けたい者の三種がおり、①にばかり目を向けて③への注目が足らなかったことが実科導入の趣旨であるという。[7]

しかし、実科および実科中学校はわずか四校で実施されたにすぎず、長くも続かなかった。[8]菊池城司は、尋常中学校と高等中学校との接続関係が改善されはじめた時期であるということ、中学校上級学年の人数の少なさゆえの実科の実施困難、実科のカリキュラムが本科とほとんど変わらないことが原因であるとしている。[9]谷口琢男は、井上が後の実業学校につながる実業教育機関の振興も同時に図っていることとの関係で、さまざまな実業教育機関の普及が実科中学校の衰退を生み出したと指摘している。[10]学校制度がまさに確立されはじめた時期にあって、進学要求にばかり目を向けたのとは違う中学校のあり方が模索されたのである。

（3）一八九九（明治三二）年の中学校令

井上文政期には進学準備一辺倒な中学校のあり方に対する批判が上がったにもかかわらず、一八九九（明治三二）年の中学校令は、中学校にアカデミックな性格を持たせることになった。同時に制定された実業学校令により、男子の中等教育段階は、高等普通教育を施す中学校、実業教育を施す実業学校に区分けされた。

中学校の卒業生の多くは、上級学校に進学するわけではなく、卒業後社会に出て行ったことも事実である。事実、中学校令改正後から一九〇一（明治三四）年の中学校令施行規則の制定の前後にかけて、帝国大学に円滑に接続する学校たることを求める菊池大麓と、完成教育としての中学校を求める澤柳政太郎との間の対立も見られた[11]。数学者で東京帝国大学総長まで務めた菊池と、群馬県尋常中学校長として実科教育を積極的に進めた経験を持つ澤柳とが、中学校観をめぐって対立することは必然というべきことである。中学校令施行規則の制定にあたっては、高等教育会議で実業要項を随意科目として設置することを認めるなど、完成教育としての中学校という面も模索されたし、澤柳もそれを目指してもいた。しかし、最終的に中学校のアカデミックな路線は決定的なものになった。

結果的に実現はしなかったものの、実業要項の設置への動きなどに見られるように、中学校が準備教育一辺倒になることについては、一定の疑義が存在したということである。しかしながら、そのような疑義はありつつも、中学校は高等普通教育の名の準備教育を施す機関として固まるのである。

3　中学校令施行規則制定前の補習科

中学校の補習科は、一八九九（明治三二）年の中学校でその存在が規定された。しかし、第九条で「中学校ノ修業年限ハ五箇年トス但シ一箇年以内ノ補習科ヲ置クコトヲ得」と規定されるのみで、詳細は一九〇一（明治三四）

年に出された中学校令施行規則に規定された。前節で見たように、この時期は本科の方向性すら定まっていない状況であった。つまり、中学校令施行規則施行前の補習科は、自由度の高い存在だったのである。本科の方向性が定まらない以上、補習科も同様に揺れ動く存在だったからである。

そのような中で、一九〇一（明治三四）年に大阪府は補習科についての全国規模の調査を実施した。[12]その目的は大阪府立中学校に補習科を設置するか否かを判断するための材料とすることであったが、当時の全国的な趨勢を知ることができる唯一のものである。本節ではこの調査をもとに、中学校令施行規則による体制が形成される前の補習科の様相をみていくことにする。

（1）調査の概要

補習科設置府県への調査は、「補習科ヲ設置スル理由」「中学校全数・補習科ヲ設クル数」「補習科定員」「修業年限」「学科目」「補習科設置ニ要スル経費総額及其細別」「補習科ヲ卒ヘタル者ノ方向」を調査した。最終的に二二府県から回答を得たが、この時期に各道府県の補習科の設置の有無を知ることは困難であり、全道府県に照会したものと推察される。

この調査で明らかになっているのは、あくまで回答があった府県に限定されざるを得ない。「其他ノ各県ニ於テハ同科ノ設置ナシ」と表にはあるが、全府県から回答を得たこと自体は確認できているわけではないので、記載がないことがその府県が補習科を設置していなかったということを意味していると断定はできない。一方で、印刷物として存在する以上、何らかの形で回答者が目にする可能性もあることから、各府県の回答を操作することも困難であろう。調査の結果は、**表5－2**の通りである。以下、この結果をもとに当時の補習科の実態を検討していく。

表5－2には「明治三十四年四月調」とある。調査が一九〇一（明治三四）年四月に実施されたということは、

表5－2　各府県の補習科の調査結果

各府県中学校補習科調　明治三十四年四月調							
府県名	補習科ヲ設置スル理由	中学校全数 補習科ヲ設クル数	補習科定員	修業年限	学科目	補習科設置ニ要スル経費総額及其細別	補習科ヲ卒ヘタル者ノ方向
千葉県	高等学校へ入学スル者ノ為メ須要ナル教育ヲナスノ目的	八 一	—	自四月至九月 六ヶ月	国語及漢文，外国語，歴史及地理，数学，物理及化学	特別ノ経費ナシ	目的ノ通リ
群馬県	高等学校へ入学志願者ノ便利ナラシメンガ為メ	本校四，分校三 一	—	自四月八日至七月二十日	同	同	上級ノ学校ニ入学ス
青森県	尚ホ高等ノ学校へ入学セントスル者ノ予習	三 一	—	六ヶ月	修身，国語漢文，英語，数学，物理，化学	同	
島根県	卒業生学術練習ノ為メ	三 一	—	一ヶ年	修身，国語及漢文，英語，地理，歴史，物理，化学，数学	補習科設置ノタメ別ニ経費ヲ増加セサル見込三十四年度ヨリ設置	
愛知県	同	四 三	—	六ヶ月	国語，漢文，英語，数学，物理，化学	特別ノ経費ナシ	家事ニ就キ又ハ高等ノ学校ニ入ル
東京府	中学卒業後高等ノ学校ニ入ルノ予習ヲナシ又ハ職業ニ従事スル者ノ為メ己（ママ）修ノ学科ヲ補習セシム	五 二	各校五〇	自四月 至七月	国語及漢文，外国語，数学	教授担当者ノ手当一ヶ年百五十円ヅヽアルノミ其他ハ本校費ノ内ニテ支弁ス	高等ノ学校へ入学ノ志望ヲ有ス
新潟県	甲乙ニ分チ甲ハ実業ニ就カントスル者ノ為メ乙ハ高等ノ学校ニ入ルモノノ為メ	本校五 分校二 五	—	甲ハ一ヶ年 乙ハ一学期	倫理，国語，漢文，英語，数学，博物，物理，化学，体操	特別ノ経費ナシ	多クハ高等ノ学校ニ入ル
山口県	高等学校及其他ノ高等ノ学校ニ入ラントスルモノヽ為メ	五 三	—	一ヶ年	学校長ニ於テ之ヲ定メ知事ノ認可ヲ受ケシム	同	
高知県	高等学校ニ入ラントスルモノ又ハ実業ニ従事セントスルモノヽ為メ	三 二	—	一ヶ年	倫理，国語，漢文，英語，数学，簿記，史学 随意科トシテハ地理，物理，化学，生理，動物，植物	同	多数ハ高等学校へ入学ス
長野県	卒業後或学科ヲ研究シ又ハ高等学校へ入学セントスルモノヽ為メ	五 二	—	一ヶ年以内	修身，国語及漢文，英語，数学，物理，化学，地理，歴史，博物	同	

埼玉県	高等学校ニ入学セントスルモノヽ為メ	四 二	—	六ヶ月	修身，国語，漢文，英語，数学，化学，物理	金三百六十円 但シ教師十五人手当一人一ヶ月金五円六ヶ月分	高等ノ学校ニ入ル
石川県	既脩ノ学科ヲ補習セシムル為メ	四 四	—	自四月至九月 但シ翌年三月マテ延長スルコトアリ	倫理ヲ除ク外ハ随意科トス	各校ニ教員一名ヲ措置スル外特別ノ経費ナシ	
京都府	同	三 一	五〇	六ヶ月	国語，漢文，外国語，歴史，数学，理化	特別ノ経費ナシ	未定
富山県	既修ノ学科ヲ補習ス	三 一	未定	一ヶ年以内	中学校ノ科目ニ就キ之ヲ定ム	特別ノ経費ナシ	重モニ高等諸学校ニ入ル
静岡県	高等ノ諸学校ニ入学セントスルモノノ為メ	五 未定	—	自四月一日至九月三十日	国語，漢文，英語，数学，物理，化学	同	
福島県	高等ノ学校ニ入リ又ハ実業ニ就カントスル者ノ為メ	五 三	各校凡五〇	六ヶ月	修身，国語，漢文，外国語，数学，博物，物理，化学	同	
沖縄県	卒業生中学力不充分ナル学科ヲ教授センカ為メ	一 一	—	一ヶ年	倫理，漢文，英語，数学	同	
岡山県	高等ノ学校ニ入リ又ハ実業ニ就カントスルモノヽ為メ	三 三	各校四〇	一ヶ年	倫理，国語，漢文，英語，数学，歴史，地理，物理，化学，博物，簿記	教員俸給ノ外之ヲ要セス	設置ノ目的ニ同シ
徳島県	既修ノ学科ヲ補習セシムル為メ	三 三	—	一ヶ年	修身，国語及漢文，英語，歴史，地理，数学，博物，物理及化学，体操	特別ノ経費ナシ	
宮城県	同	本校三 分校一 一	？	四月ヨリ九月マテ但シ翌年三月マテ延長スルコトアリ	修身，国語及漢文，外国語，数学，物理及化学	同	上級ノ学校ニ入ル
奈良県	既修ノ学ヲ練熟セシメ又ハ高等諸学校へ入学者ノ為メ	三 三	—	一ヶ年	修身，国語及漢文，英語，歴史，地理，数学，博物，体操，物理及化学，法制及経済	同	
鹿児島県	実業ニ就ク者等ノ為メ既修ノ学科ヲ温習補充セシムル為メ	四 一	—	一ヶ年	国語，漢文，英語，歴史，数学，物理，化学	同	重ニ実業ニ就ク高等学校ニ入ル者モ少カラス
其他ノ各県ニ於テハ同科ノ設置ナシ							

出典：「各府県中学校補習科調」『梅川卓家文書 10』（大阪府公文書館所蔵，K0-0010-111）（pp. 65-66）より作成。

表5－3　補習科設置の目的と卒業生の進路

類型		目的		卒業後の進路		府県名
A	1	進学準備	6	上級学校進学	3	千葉・群馬・埼玉
				回答なし	3	青森・山口・静岡
	2	学科補習＋進学準備	2	回答なし	2	長野・奈良
B		学科補習	8	上級学校進学	2	富山・宮城
				就職＋上級学校進学	1	愛知
				回答なし・未定	5	島根・石川・京都・沖縄・徳島
C	1	実業＋進学準備	5	上級学校進学	3	東京・新潟・高知
				就職＋上級学校進学	1	岡山
				回答なし	1	福島
	2	就職のための学科補習	1	就職＋上級学校進学	1	鹿児島

注：数字は該当府県数を示している。
出典：「各府県中学校補習科調」『梅川卓家文書 10』（大阪府公文書館所蔵，K0-0010-111）（pp. 65-66）より作成。

その内容は同年三月五日公布、四月一日より施行の中学校令施行規則に従っていなければいけないということになる。しかし、施行規則が出たばかりの時期の調査であり、回答された内容は中学校令施行規則制定前の状況であると推察される。

(2) 設置目的と卒業後の進路

補習科の設置目的に関して、中学校令ないし同令施行規則に詳細な規定はない。つまり、中学校の目的に抵触しない限りは問題になることはない。とはいえ、後述する学科目の関係があるので、高等普通教育の範疇に収まらざるを得なかった。**表5－3**は、各県の設置目的（別表中の「補習科ヲ設置スル理由」）をもとに類型化し（A・B・Cに分類）、それに卒業後の進路（同「補習科ヲ卒ヘタル者ノ方向」）の回答により各府県を分類（必要に応じて1・2に分類）したものである。

設置目的をみると、C―2の鹿児島県以外は進学準備を目的に含んでいる。A―2やBにある「学科補習」は単純な補習という考え方も可能であるが、普通学科のみを課している中学校の「学科補習」である以上、進学準備を無視しているとは考えにくい。全体として、補習科の設置目的は、本科での学習成果を生かしてさらに上の学校を目指すという方向で設定されているといってよい。

卒業後の進路を見ると、その設置目的に関係なく上級学校進学が多い。回答がある府県は一一府県だが、就職する者もいると回答しているのは三県のみである。しかも、進学準備と就職を目的とするＣ―１のうちの三府県が、実際には上級学校進学者が多いと回答し、進学準備を目的としていないＣ―２の鹿児島県にあっても上級学校進学者が少なくないのである。

（３）「学科目」と「修業年限」

設置目的に制約がないのと同様、本科の学科目の中から選ぶという以上の制約はない。修業年限は中学校令で一年以内と定められている。各府県が設置していた学科目と修業年限をまとめたものが**表５－４**である。

具体的な学科目を明示しない県を除いて検討すると、国語及漢文、外国語、数学は全府県で設置され、物理と化学は東京府と沖縄県を除いたすべての県に設置されている。それ以外の学科目を設置県数の順に並べると、修身、歴史、地理、博物、体操、簿記、法制及経済となる。地理以下が設置県数では過半数を割っており、体操を設置しているのは三県、簿記は二県、法制及経済は一県のみである。

補習科の設置目的に実業があることは前項でみたが、その一方で実業科目の設置は極めて少ない。中学校令施行規則制定前の中学校が、実業科目の随意科目化を模索していたことを考えれば、その少なさはさらに際立つ。簿記を設置しているのはＣ―１の二県だけだが、それ以外のＣグループでは実業科目を一切置いていない。このような実態は、実業という設置目的は実質的な意味を持っていなかったことを示唆している。

なお、中学校令施行規則に定める学科目に実業関係の科目は存在しないので、補習科に「簿記」を設置すること

表 5 - 4　補習科に設置された学科目と修業年限

類型	府県名	修身	国語及漢文			外国語（含・英語）	地理	歴史	数学	博物	物理及化学			体操	その他	修業年限
				国語	漢文							物理	化学			
A-1	千葉県		○			○	○		○		○					6
A-1	群馬県		○			○	○		○		○					4
A-1	青森県	○	○			○			○			○	○			6
A-1	山口県	学校長ニ於テ之ヲ定メ知事ノ認可ヲ受ケシム														12
A-1	埼玉県	○		○	○	○			○			○	○			6
A-1	静岡県			○	○	○			○			○	○			6
A-2	長野県	○	○			○	○	○	○	○		○	○			12
A-2	奈良県	○	○			○	○	○	○	○	○			○	法制及経済	12
B	島根県	○	○			○	○	○	○			○	○			12
B	愛知県			○	○	○			○			○	○			12
B	石川県	倫理	すべて随意科目													6~12
B	京都府			○	○	○		○	○		理化					6
B	富山県	中学校ノ科目ニ就キ之ヲ定ム														12
B	沖縄県	倫理			○	○			○							12
B	徳島県	○	○			○	○	○	○	○	○			○		12
B	宮城県	○	○			○			○		○					6~12
C-1	東京府		○			○			○							4
C-1	新潟県	倫理	○			○			○	○		○	○	○		実12　進4
C-1	高知県	○倫理		○	○	○	△	○史学	○	△生理, △動物, △植物		△	△		○簿記	12
C-1	福島県	○		○	○	○			○	○		○	○			6
C-1	岡山県	倫理		○	○	○	○	○	○	○		○	○		簿記	12
C-2	鹿児島県			○	○	○		○	○			○	○			12

注1：類型は表5-3に同じ。
　2：標記の名称と異なるも同趣旨とみなされるものは，該当する学科目の欄に名称を記入してある。
　3：高知県の学科目の○は必修，△は随意科。
　4：修業年限の数字の単位は月。
　5：新潟県の修業年限の「実」は「実業ニ就カントスル者ノ為メ」のもの，「進」は「高等ノ学校ニ入ルモノヽ為メ」のもの。
出典：「各府県中学校補習科調」『梅川卓家文書 10』（大阪府公文書館所蔵，K0-0010-111）（pp. 65-66）より作成。

は法令違反となる。中学校令施行規則施行前の状況と推測される根拠でもあるのだが、施行規則が施行された以上、実業という目的は学科課程上に実現することは不可能になっていくことになるのである。

修業年限についてみれば、進学準備のみを目的に掲げるA―1の県は山口県を除いて六か月以下である。これは上級学校、とりわけ高等学校が九月入学であったことを考えれば当然の措置である。C―1の新潟県の進学目的の入学者向けのものと東京府では四か月となっている。上級学校の入学試験が七月までに実施されていることを考えれば現実的な措置ではあるが、東京府のように実業と進学準備の双方を目的に掲げながら四か月というのは前者の目的を企図して入学した者には不親切である。卒業後の進路を見る限り、東京府の補習科入学者の多くは進学希望者であったと考えられるので、四か月でも実際上は問題にはならなかったのだろう。この点からも実業という目的に実質的な意味がないことが分かる。

(4)「補習科設置ニ要スル経費総額及其細別」(経費)

補習科の設置にあたって、別途経費を計上しているのは東京府、埼玉県、岡山県のみで、教員の増員を明示しているのは石川県のみである。他の県は、補習科を設置するにもかかわらず「特別ノ経費ナシ」というのだから、補習科の運営はあくまで設置校の努力に委ねられているということになる。すなわち補習科の運営は中学校が持っている人的、物的資源に頼らざるを得ないということであり、本科に設置されていない実業系の学科目を設置するようなことは、物理的に難しいことを意味している。

4　中学校令施行規則における補習科の位置付け

一九〇一（明治三四）年の中学校令施行規則で補習科の詳細が規定された。以下は補習科に関係するものの抜粋である。

第十五条　補習科ノ学科目ハ第一条ノ学科目中ニ就キ之ヲ定ムヘシ
　補習科ノ学科目ハ随意科目ト為スコトヲ得
第二十条　中学校ノ生徒数ハ四百人以下トス但シ特別ノ事情アルトキハ六百人マテ之ヲ増スコトヲ得
　分校ノ生徒数ハ三百人以下トス
　補習科ノ生徒数ハ前学年ニ於テ該当学校ヲ卒業シタル者ノ数ヲ超ユルコトヲ得ス
　前項ノ生徒数ハ第一項ノ生徒数ニ算入セス
第五十条　補習科ニ入学スルコトヲ得ル者ハ中学校ヲ卒業シタル者タルヘシ
　学校長ハ補習科ヲ修了セリト認メタル者ニハ修業証書ヲ授与スルコトヲ得

その後、学科目を定めた第一五条と、入学・修了・在学期間を定めた第五〇条が改正されるが、その改正の過程をまとめたものが**表5－5**である。

上記の二か条が改正されるのは、それぞれの内容に関して問題が生じているからである。以下、この二つの問題について検討していく。

表5-5　中学校令施行規則の補習科関係規定の改正過程

年　月　日	文部省令	第15条（学科目）	第50条（入学・修了・在学期間）
1903（明治36）年 7月3日	第28号		②補習科生徒ノ在学期間ハ二箇年ヲ超ユルコトヲ得ス ③補習科ヲ修了シ又ハ退学シタル者補習科ニ再入学スルトキハ其ノ修了又ハ退学前ニ於ケル補習科在学ノ期間ハ之ヲ前項ノ期間ニ算入ス 〔旧第2項は第4項に〕
1908（明治41）年 1月17日	第2号	①補習科ノ学科目ハ第一条ノ学科目中ニ就キ之ヲ定ムヘシ但シ土地ノ情況ニ依リ随意科目トシテ実業ニ関スル学科目ヲ加フルコトヲ得	②補習科生徒ノ在学期間ハ中学校ヲ卒業シタル日ヨリ起算シ二箇年ヲ超ユルコトヲ得ス
1908（明治41）年 9月1日	第24号		②補習科生徒ノ在学期間ハ中学校ヲ卒業シタル日ヨリ起算シ二箇年ヲ超ユルコトヲ得ス但シ徴兵令第二十三条ノ関係ヲ有セサルモノハ此限ニ在ラス
1911（明治44）年 7月31日	第26号	①補習科ノ学科目ハ第一条ノ学科目中ニ就キ之ヲ定ムヘシ 〔本科にも随意科目として実業が導入される〕	

注：表中の丸数字は項番号を示す。

5　徴兵猶予と補習科の在学期間

（1）陸軍における補習科忌避論と文部省の対応

陸軍では学校在学者の徴兵逃れに対してたびたびその是正を求め、文部省もそれに対応して法令の整備を進めてきた。まずは議論の前提として、遠藤芳信の研究をもとにその経緯を整理しておく[13]。

学校在学者に対する徴兵猶予は一八八九（明治二二）年の徴兵令第一一条に基づくものであり、その対象は同第一三条に規定されていた。学校の認定に関しては、一八九九（明治三二）年六月に「公立私立学校認定ニ関スル規則」（文部省令第三四号）において、その認定の諸要件を規定した。しかし、在学証明書の交付だけを受けて猶予を出願し、その後退学する、あるいは除籍される者が発生するようになった。

さらに陸軍は一九〇五（明治三八）年に徴兵猶予を受けている学生生徒のいる学校の状況を各師団に報告させている。[14]そこで中学校補習科は厳しい指摘を受けており、在学の実態がほとんどないのを学校が黙認しているとされている。

文部省も徴兵逃れに対しては一定の対応をしていた。補習科に関して言えば、一九〇三（明治三六）年の中学校令施行規則の改正で、補習科は二年しか在学できないように定め、転校した場合はその空白期間も在学期間に算入するということにした。さらに同年一二月に「徴兵事務条例第五十五号ニ依リ学校長ノ交付スル在学証明書ニ関スル規定」を制定し、卒業または退学等によって学籍が除かれた場合、その理由と年月日を一四日以内に当該学生・生徒の原籍地の市町村に通知することが規定された。

しかも、陸軍と文部省は徴兵逃れに対して内々に協議していた節がある。内容は多岐にわたるが、その一つに在学証明書を交付した者の休退学、転学に関する文部省令案まで存在するという。[15]在学、出席の管理を強化することで、安易な在学を阻止しようというものであろう。

このように、陸軍も文部省も一貫して徴兵逃れへの対抗措置を取っているわけであるが、そもそも規定を強化するのはそれを免れようと試み、時に成功する者が現れるからである。生徒たちの徴兵を免れたいという心情は陸軍側も理解はしていたようである。上述の陸軍の状況報告の第二師団の報告における「将来ニ関スル意見」の徴兵令第一三条の改正の理由の中に以下のような記述がある。

公立中学校若クハ実業学校ヲ卒業シ更ニ進ンテ他ノ高等専門ノ官公立学校ニ入学セント欲スル者ハ自己カ志望ヲ飽迄達成センカ為メ業成リ学遂クル迄ハ苟クモ兵役ノ関係ヲ脱スルニ努ムルハ是レ情ノ常ナリ[16]

全体としては規制の強化を主張しているので、あくまで一般論の範囲であることは確かであるが、軍関係者がこのような見解を述べていること自体が興味深い。学業を続けようと考える者が徴兵を逃れたいと考えるのは仕方がない側面があるというのである。そうであればこそ、教育を担う側がどのようにその意思を汲みとるかという問題になるわけだが、上述の通り文部省は在学期間という点では陸軍と軌を一にして規制を強化していった。

（2）現場への影響

補習科生徒の在学状況に関しては、教育関係者にとっても悩ましい問題であった。詳細は後述するが、高等教育会議における文部当局の答弁の中でも、徴兵猶予のために在学している生徒がいることは認識されていた。それゆえに一九〇三（明治三六）年の中学校令施行規則の改正があり、「徴兵事務条例第五十五号ニ依リ学校長ノ交付スル在学証明書ニ関スル規定」の制定がある。しかし、実態はもっと深刻であった。以下に示す埼玉県からの照会は徴兵逃れと補習科との関係の難しさを物語っている。

○中学校補習科生徒在学期間（明治三十七年一月二十六日　三発第二一号　埼玉県照会）
本県立中学校補習科ノ期間ハ毎学年四月ヨリ九月マテ六箇月ニ有之候ニ付テハ四学年ニ渉リ同科ニ在学セシムルモ中学校令施行規則第五十条第二項ニ抵触セサル儀ト被存候得共聊疑義ニ渉リ候間御意見承知致度此段及御照会候也
右普通学務局回答（明治三十七年二月十七日　辰普甲第二九三号）
一月二十六日三発第二一号ヲ以テ中学校補習科生徒ノ在学期間ニ関シ御照会ノ趣了承右ハ然ルヘカラサル儀ニ候条（「此」抜けか・引用者注）段及回答候也(17)

上記の照会によれば、実質の在学期間は二年であるが、年度としては四年度にわたって在学する生徒が存在している。しかもこの場合は転校をしていないので、補習科自体が存在しない一〇月から三月を空白期間と言い得るのかが分からないということであろう。この生徒が四年連続浪人したと考えることは理論上可能ではあるが、おそらく徴兵逃れであろう。徴兵猶予の特典を得るために補習科が利用されていた証左であり、文部省もそれを認めないというのである。

さらに一九〇八（明治四一）年の中学校令施行規則の改正では、卒業日から二年以内ということでさらに厳しい制約を設けている。この規定は、中学校令施行規則が全部改正される一九三一（昭和六）年まで残る。これにより、補習科にはどんなに長くとも卒業後二年しか在学することはできなくなった。

6　補習科における実業科目の導入

（1）第七回高等教育会議における議論

当初の補習科の規定においては、補習科はあくまで本科で実施されている学科目の中から適宜選択されるべきものとして考えられていた。しかし、本科の内容を一通り学び終え、その後上級学校に進学しない生徒の存在を考えれば、補習科を利用して一種の実業教育を施した後に社会に出すという方策を考えるのはそれほど不自然なことではない。事実、一九〇一（明治三四）年の中学校令施行規則制定前には、実質的な問題は残るものの実業科目を置いている府県があったことは第三節で見た通りである。

中学校令施行規則制定後の一九〇二（明治三五）年七月には、徳島県より以下のような照会があった。

○中学校補習科ニ実業科目設置並府県立中学校師範学校ニ実業補修学校附設不許可方（明治三十五年七月十七日　内三第三二〇〇号　徳島県照会）
（中略）
中学校ニ於テ別記要項ニ依リ実業補習ノ教育ヲ為スモ差支ナキヤ果シテ差支ナシトスレハ其名称ハ別記ノ如ク実業補習科トスル方然ルヘキヤ又ハ実業補習学校□(空白)ナスヘキヤ
（中略）
右普通、実務両学務局回答（明治三十五年九月十六日　寅実甲第一三五三号）
明治三十五年七月十七日付内三第三二〇〇号ヲ以テ御照会相成候中学校補習科ニ実業ノ科目ヲ置クコト及県立中学校又ハ師範学校ニ実業補習学校ヲ設置スルコトハ何レモ規定ノ許サ、ル所ニ有之候条御了知相成度依命此段及回答候也(18)

文部省は中学校令施行規則の存在をもとに実業科目の導入を認めない。しかし、その一方で補習科において実業科目を設置できるよう改正に向けた作業を進めていた。それが明らかになったのが、徳島県の照会から四か月後の一一月から一二月にかけて開催された第七回高等教育会議である。

この会議では、諮問案第二「中学校ニ関スル事項」において、中学校補習科を高等学校一年程度の内容を教授する場とする一方で、「実業要項」という科目を設置することを可能にすることが提案された。諮問案第二の内容は以下の通りである。

一、補習科ノ修業年限ハ一箇年トシ六箇月以内延長スルヲ得ルコトトス

二、補習科ノ学科目ハ修身、国語及漢文、外国語、歴史及地理、数学、物理及化学、博物、図画、実業要項、体操トス

但シ実業要項ハ之ヲ欠クコトヲ得ルコトトス

外国語ハ英語、独語、仏語ノ内一科目若ハ数科目ヲ置キ生徒ノ志望ニ依リ其ノ一ヲ課スルコトトス

歴史及地理、博物、図画、実業要項ハ生徒ノ志望ニ依リ其ノ一ヲ課スルコトトス

実業要項ニ於テ授クヘキ事項ハ経済、簿記、商事要項、農業要項トシ商事要項、農業要項ハ生徒ノ志望ニ依リ其一ヲ課ス但シ商事要項、農業要項ハ其一ヲ欠クコトヲ得ルコトトス

三、補習科各学科目ノ毎週教授時数ヲ左ノ如クス

	実業要項ヲ課セサル生徒	実業要項ヲ課スル生徒
修身	一	一
国語及漢文	六又は三	三
外国語	一〇	一〇
歴史及地理	（三）	
数学	三又は六	三
物理及化学	二	二
博物	（三）	
図画	（三）	

実業要項		八以下
体操	三	三
計	二八	三〇

四、補習科ノ修業年限ヲ延長シタル場合ニ於テハ第二項ノ学科目中ニ就キ学科目ヲ定メ之ヲ随意科目トナシ得ルコトトス

五、補習科ノ設置廃止ハ文部大臣ノ認可ヲ受クヘキコトトス

六、体操中兵式体操ニ於テハ中隊教練ヲ授ケサルヲ得ルコトトス

七、一学級ノ生徒数ハ四十人以下トシ特別ノ事情アルトキハ文部大臣ノ認可ヲ受ケテ五十人マテニ増スヲ得ルコトトス

八、中学校ヲ退学シタル者ハ其ノ退学シタル時ヨリ一箇年以内ニ於テハ同一学年以下ニアラサレハ他ノ中学校ニ入学スルコトヲ得サルコトトス

九、校舎寄宿舎ヲ設ケ又ハ之ヲ変更シタルトキハ図面ヲ具シ直ニ文部大臣ニ届出ツヘキコトトス[19]

この諮問案で最も問題となるのは、補習科一年を高等学校一年程度のものにするという点であるが、この改革は必然的に高等学校の改革を要するものであり、諮問案第三「高等学校ニ関スル事項」と諮問案第四「帝国大学予備門学科授業時数ノ件」と合わせて審議された。なお、主査委員会の段階で諮問案第三は事実上廃案となったため、補習科の位置づけは従来通りとなった。その結果、最大の変更点は、「実業要項」というそれまでの補習科になかった項目を加えることとなる。主査委員会が提出した修正案は以下の通りである（変更箇所は太字、削除箇所は傍線）。

一、補習科ノ修業年限ハ一箇年トシ六箇月以内延長スルヲ得ルコトトス
二、補習科ノ学科目ハ修身、国語及漢文、外国語、歴史及地理、数学、体操ノ外歴史、地理、博物、物理及化学、図画、実業要項ノ一科目若クハ数科目ヲ加フヘキモノトス
外国語ハ英語、独語、仏語ノ中本科ニ於テ課シタルモノノ外他ノ一ヲ併セ課スルコトヲ得実業要項ニ於テ授クヘキ事項ハ経済、簿記、商業要項、農業要項トシ商業要項、農業要項ハ生徒ノ志望ニ依リ其一ヲ課ス但シ商業要項、農業要項ハ其一ヲ欠クコトヲ得ルコトトス
（三、削除）
（四、削除）
三、補習科ノ設置廃止学科課程ハ文部大臣ノ認可ヲ受クヘキコトトス
四、体操中兵式体操ニ於テハ中隊教練ヲ授ケサルヲ得ルコトトス
五、一学級ノ生徒数ハ四十人以下トシ特別ノ事情アルトキハ文部大臣ノ認可ヲ受ケテ五十人マテニ増スヲ得ルコトトス
六、中学校ヲ退学シタル者ハ其ノ退学シタル時ヨリ一箇年以内ニ於テハ同一学年以下ニアラサレハ他ノ中学校ニ入学スルコトヲ得サルコトトス
七、校舎寄宿舎ヲ設ケ又ハ之ヲ変更シタルトキハ図面ヲ具シ直ニ文部大臣ニ届出ツヘキコトトス[20]

主査委員会の結果として「実業要項」の加設が最大の問題となった以上、補習科の内容に関する議論が盛り上がってもよいように思うが、実際にはそうならなかった。この諮問案の審議全体を通して、「実業要項」に関して質問をしたのは山田邦彦のみであり、最初の諮問案の段階で「実業要項」に工業を入れる可能性に関して[21]、第二読

会で農業を中心にした場合でも「経済」と「簿記」を課すようにした理由を尋ねただけである。[22] しかも、後者の要求に対して、主査委員の勝浦鞆雄は「補習科ノ実業要項以下ノ分ハ原案ノ侭デアッテ少シモ修正説ハアリマセヌ」[23]と答えており、主査委員会でも議論はなかったことがうかがえる。つまり、実業科目の導入に関して目立った議論は存在しないのである。最終的に修正案の三を削除し、それ以外はすべてが可決された。

では当時の補習科はどのような存在として理解されていたのか。松本順吉書記官が、中学校の補習科の現況について「現在其補習科ニ入ッテ居ル生徒ノ銘々ノ目的カラ言ヒマスレバ或ハ此中学校ノ卒業期ガ三月デアッテ高等学校ナリ其他ノ学校ノ入学期ガ九月デアルト云フコトカラ自分ノ学力ヲ補習シ又同時ニ学校ニ這入ッテ居リマセヌト徴兵ノ猶予ト云フ関係モアリマスカラ補習科ニ這入ッテ居ル生徒ガ多イダロート思ヒマス」[24]と述べている。徴兵猶予の問題は先述したが、秋入学の上級学校の入学試験のために「自分ノ学力ヲ補習」するために在籍しているということから、補習科は受験準備教育を施す機関として文部当局にも理解されていたと見ることができる。

（2）全国中学校長会議における議論

高等教育会議で決議された「実業要項」は、しばらく加えられることはなかった。実業科目の加設をめぐる問題は、その後の全国中学校長会議でも取り上げられるところとなった。最初に諮問案として出されたのは一九〇七（明治四〇）年のことであるが、第二諮問として「中学校補習科を最も有効ならしむる方法」が示された。調査委員が最初に示した答申案は以下の通りである。

一、補習科の修業期間は一年とし毎年四月一日より翌年三月三十一日に至る
一、補習科課程修了者には試験の上修業證書を授与す

一、英語（独乙語又は仏蘭西語を以て代ふることを得）数学、国漢文、歴史、地理、物理、化学、博物科を必修科目とし其他を随意科目とす
一、授業時間は毎週二十四時間以上とし歴史地理三時間物理化学三時間其他は適宜之を定む
一、補習科修了者にして出席実地授業日数の三分の二以上に達し歴史地理物理化学博物の得点七十点以上なる時は各種の高等なる学校に入学の際右の諸科目の試験を施行せず
一、補習科には一学級二人の割合を以て相当なる教員を特に本科教員以外に置くものとす[25]

ところがこの答申案は「異論百出遂に再調査を付託する[26]」ことになってしまった。その二日後に以下のような再調査報告が提出された。

一、補習科を分て左の二種とす
　一、高等の学校に入らんとする者の為めに設くるもの
　二、実地の業務に就かんとする者の為めに設くるもの
一、授業時数は毎週二十四時間以上三十時間以下とす
一、補習科には本科教員の外別に相当の教員を置く
一、第二種補習科生徒の為めには地方の情況に依り農業商業教育等に関する学科を加ふることを得[27]

当初の答申案に比べれば簡素であり、そこまで触れられていなかった非進学者向けの補習科とそれにともなう実業科目の増設を認めるという内容になっている。しかし、この再調査報告に対しても「又もや異論紛々として決せ

ず、依りて一旦休憩して三度議場に現はれしが、結局討議延期として之を次回に廻はせり」[28]となってしまった。

この会議で調査委員になるのも中学校長だが、議場で異論を述べるのもまた中学校長である。多くの中学校長は、補習科を上級学校への準備教育機関に特化させるべきものと考えていたと推察できる。当初の案にあるような多くの必修科目と時間数の制限や試験の上修業證書を出すようなことは、補習科の運営を煩雑にするだけである。まして、外部の人間を招聘しない限り実施できない実業科目を設置するなど論外ということなのだろう。

一九〇九（明治四二）年の会議でも再び第五諮問「補習科を最も有効ならしむには如何なる改良を施すべきか」として取り上げられた。そこで調査委員として板垣政一（山形中）、渡邊文敏（新発田中）、吉村勝治（大垣中）、鈴木券太郎（佐賀中）、柴崎鐵吉（天王寺中）、村上俊江（萩中）、吉田賢龍（千葉中）が指名され、以下のような案を提出した（カッコ内は審議結果）。

一、補習科教室、補習科生徒控所等の設備を完全にすること（否決）
二、補習科の学級数に対する相当の教員数を配置すること（可決）
三、補習科生徒の取締方を本科生徒と同様に厳正にすること（否決）
四、補習科を二種に分ち、一を予備的のものとし、他の一を実務的のものにすること（可決）[29]

ここでの審議は大きくもめた形跡はない。しかし、これには背景がある。この審議の一年前の一九〇八（明治四一）年の中学校令施行規則の改正により実業関係の科目を随意科目で設置可能になっていた。しかも、調査委員の一人である吉田の千葉中学校ではこの会議の段階ですでに実業科目を加設した補習科を設置していた。法的にその存在が保証され、実例も存在するのだから、反対しようがなかったのである。

(3)　一九〇八（明治四一）年の中学校令施行規則の改正

一九〇八（明治四一）年一月一七日の中学校令施行規則の改正により、補習科に実業科目の設置が可能になったが、同日に文部省は以下の通牒を出した。

○中学校令施行規則中改正毎週授業時数増加学科目及補習科ニ実業学科目加設趣旨（明治四十一年一月十七日未発普第四一〇号　各地方庁へ普通学務局通牒）

（中略）

又今回新ニ補習科ニ於テ随意科目トシテ実業ニ関スル学科目ヲ加フルヲ得シメラレ候処右ハ商事要項商業経済簿記又ハ農業工業ニ関スル簡単ナル学術ヲ授ケ中学校卒業後直ニ出テ、実地ノ業務ニ就カントスル者ノ為メニ其ノ業務上直接必要ナル知識ヲ得シメントスルノ趣旨ニ有之候ニ付各学校ヲシテ土地ノ情況ニ応シ適宜右規定ヲ利用シ其ノ効果ヲ収メシムル様御奨励相成度此段依命及通牒候也(30)

これにより各地方の実情に応じて、補習科に実業科目を加えて卒業後就職をする生徒に対して積極的に活用するよう促している。文部省の積極姿勢は以下の記事からもうかがえる。

●中学卒業者の便宜

昨日文部省令を以て発表せる中学校施行規則改正の件中補習科に商事要項、商業経済、簿記、農業、工業の実業的科目を加設し得ること、なしたるに就き当局者の語る所に依れば該改正の精神は彼の独逸に於て五ヶ年乃至六ヶ年卒業の中学校、高等女学校卒業生の為に一年乃至一年半の短期実業教育を施しつゝ、ある制度に倣ひ中学校卒業者にして実業に従事せんとするものは即ち補習科に入りて暫く実務に必要なる学習を為さしめんとするものにて要するに該改正は普通学を修了して直に実務に従事するもの、比較的成績良好ならざるより将来の中学校卒業者を社会に紹介するが為に外ならずとの事なり[31]

しかし、補習科に実業科目を設置できるようになったからといって、中学校それ自体の性質が変わるというわけではなかった。この点に関して、松浦鎮次郎は以下のように注意を促している。

中学校の補習科に実業科目を加ふるを許すに至るを見て、近来実業教育の声の盛なる結果として、中学校も亦実業教育の色を帯ぶるに至り、露骨に言へば中学教育の領域が実業教育の為めに蚕食せられたりといふが如き感を為すものなきを保せず。若し如斯く考ふるものあらば是れ大なる誤なり。補習科に実業科目を加へたるは、中学校を卒業して已に普通学の素養ある者に対ひ、処世上の便宜を与へんとするに過ぎず。（中略）補習科に於て実業科目を授くといふは、簡易なる実業的知識を授くる短期学校が中学に便宜付設されたると何の異なる所なし。之が為めに中学校が純然たる普通教育を授くる所たる性質は毫末も変更するものにあらざるなり。[32]

補習科に実業科目を加えることで、卒業後の社会への接続をよくするということにすぎず、中学校の性格に変わりはないことが強調されている。

一九〇八（明治四一）年四月の地方長官会議の牧野伸顕文相の訓示の中では、補習科に実業科目を加えることが奨励された。その訓示における実業科目加設についての発言は以下の通りである。

是まで中学校の補習科は多くは中学卒業生が高等学校の入学試験に応ずる準備を為す為めに利用せられたり今回の改正は其効用を一層多からしむ為め時に応用に適切なる新学科を加へしなり従来中学校を卒業したる者直ちに出で丶実地の業務に就かんとするも普通学の素養あるに拘はらず業務上直接に必要とする実務的智識を欠くが他め（ママ）迂闊にして事務に適せずと云ふが如き非難を受くることは往々にして聞く所なり補習科に於て実業に関する科目を設くることを得しめたるは補習科を利用し如上の卒業生に対し其己（ママ）に得たる普通学の素の養（ママ）上に簡単なる実業的智識を授け以て実務に従事する場合に便ならしめんとするに外ならず（中略）場合に依りては実業科目を授くる補習科と普通科目を授くる補習科とは其部を分ち前者にありては全然実業科目のみを授くる組織となすの必要もあるべし（中略）世間には今日の中学教育を以て単調に過ぎ修養尚ほ足らずとなし父兄も家庭の事情等を深く考慮することなく世の風潮に伴ひ子弟をして大学其外高等の学校に進学せしめ又子弟も其力を計らず濫りに同窓者と高等の学校に進み中途にして種々困難の事情に遭遇し終に廃学して方向を失ふ者少なからず此等の境遇にある生徒をして補習科の実科を修めしめ早く立身の計を為さば今日の学弊を救ふに大なる効能あるべしと信ず（中略）但し補習科の実科は所謂速成にして変則なり他の一定の課程を備ふる高等の実業学校とは仕組目的を別にするものなれば此種補習科の為め純粋なる実業学校の奨励発達を妨宮（ママ）するは本旨にあらず(33)

中学校卒業後に直接社会に出る者に対する批判を回避すべく一定の実業教育を施すが、正規の実業学校に比べれば「速成にして変則」なものを提供するという点は松浦の指摘と変わりない。松浦の論にないものとしては、受験準備の補習科と実業補習科を別々に設置することがあり得るという点と、実業補習科設置の暁にはいたずらに上級学校を目指すという「学弊」も少なくなっていくという点である。いたずらに上級学校を目指すことを諌める意見は、当時の高等学校の入試問題講評にも見られたことは第二章でも示したが、その状況に対して具体的な対策を取るということである。

(4) 補習科での実業教育導入への疑義と本科への影響

補習科における実業科目の導入を疑問視する声は最初から存在していた。以下の記事は、中学校令施行規則改正直後に『教育時論』に出された無署名の論説である。

> 補習科に商事要項商業経済簿記又は農業工業に関する学科を加ふることを得しめたるも可なり然れども今日補習科に入学する生徒には、新学科を修めんとするもの、実際上一人もあらざるべきは、吾等の信じて疑はざる所なり[34]

つまりは、補習科はあくまで入学試験準備のためのものであり、そのような学科目を増設してみたところで誰も履修しないだろうというのである。当の中学校側からも疑義が呈せられた。三重第一中学校教諭の中島健依別は以下のような批判を示した。

> 或る中学には補習科生徒に農業の実習を課して成績の見るべきものがあるので文部省では一般の中学校に此種の実習を奨励せんとして居るといふ噂である。これは吾輩には大に斬新なる事実で不相変筋道の立たぬ現象である。若し吾輩が論じ尽した前述の補習科の意義（補習科は受験準備のためにあるということ・引用者注）に於て補習科の定義を真なりとすれば何を苦んで目的外の百姓仕事などに暇を潰す馬鹿があらうか。[35]

上述した文部省の奨励方針をふまえた上で、実態としてこれが定着することはないだろうというのである。「或る中学」というのが、第六章で検討する千葉中学校を指すことは明白であるが、実態は中島の指摘する通りだったのである。

補習科への実業科目の導入後、一九一一（明治四四）年の本科における導入に議論の中心が移っていくが、高等教育会議の某議員に取材した『教育時論』の記事では、実業科目の導入の難しさが端的に示されている。

中学校随意科として実科を置くといふに、反対するの必要も無いことであるが、余はこれに余り重きを置かぬものであつて、中学校は今の儘ヤハリ普通教育を以て、人材養成に其力を注ぐべきものと思ふ。一体中学校卒業後実業に従事しようと思ふものは、それぞれ専門の実業学校に入学して、適当の教育を受けねばならぬのであつて、一週間に一時間や二時間実科を課したればとて、生徒も真面目には学習せず、又よしや真面目に学習したればとて、何の効果も無い（中略）勿論実科加設の主張は、一応の道理あることを認めるのであるが、サテ愈々これを実行問題として考へる場合に於ては、ドウも其主張に相当する効果を収め得られる見込が無い、それより中学を卒業して中ブラリンで困る様な生徒は、始めから甲種程度の実業学校に入学する様にせねばならぬと思ふ。(36)

補習科でも導入が進まないような実業科目を本科に加設することはさらに難しいということであり、そんなに実業教育を望むのであれば当人が最初から実業学校に行けばよいということなのである。

中学校は、その当初は高等教育機関への接続機能を持っているとはいえない状況だった。それゆえに第三章で示したような準備教育機関が実質的な中等教育としての機能を果たすことになった。そのような中学校も、明治二〇年代以降に高等教育機関への接続機能を十分果たし得るものへと整備されていった。第一章で見たように、明治三〇年代に入る頃には中学校と高等学校をつなぐための積極的な措置を取らなくてよくなったのである。

7　法令と実態との乖離

しかし、そのことが却って中学校に完成教育への自覚を促すことになった。井上文政期の実科中学校をめぐる議論では中学校卒業生の進学志向の強さが批判的に論じられた。さらには、中学校令施行規則をめぐる菊池と澤柳の論争は、準備教育と完成教育がまさに論点となったのである。この論争を経て、中学校は名実ともに準備教育を担うものとして方向付けられた。

そこで、完成教育を施す場所として注目されたのが補習科であった。中学校補習科に関する法令は、徴兵猶予への対策から在学期間に対して厳しい条件を課すようになり、その一方で実業科目の加設へと道を開いた。

徴兵猶予に関する規制は、陸軍からの外圧があったとはいうものの、臣民の義務である徴兵を不当に逃れることを学校が公然と奨励できるはずもない。その意味で徴兵猶予に関する規制の強化は必然である。また、上級学校進学という名目で徴兵を避けつづけることへの批判ともいえる規制の強化は、補習科という場において受験準備を行うことの意味を問い直さざるを得ないものであったと思われる。

補習科における実業科目の加設は、当時の高等遊民問題も影響していただろう[37]。いたずらに上級学校進学を求めることへの抑制という意味合いがあったことは、第二章の高等学校の入試問題講評にみる高等学校側の考え方からも十分理解できる。

しかし、実業科目の加設に関しては、実態がともなうことはなかった。法令が示す補習科のあるべき姿は、現実の前に屈してしまったのである。そもそも中学校補習科における実業科目は、その人材を外部に求めることによってしか成立し得ず、しかも実業科目を加設したところで実業学校並みの教育は不可能である。中途半端にならざるを得ない実業科目の加設が普及しなかったことも、また必然だったと言わねばならない。

卒業後直ちに社会において活躍できる人材を育て上げるということは、完成教育としての中学校という観点からは理想的な形態であろう。その意味で、準備教育にひた走る中等教育像に対して一定の疑義が呈せられること自体は十分考えられることである。その一方で、進学要求の高まりにより上級学校の入学試験が選抜試験の色彩を帯びる中で、学校としてはその生徒に対して一定の対応を迫られることも事実である。つまり、実業的素養をも身に付けた生徒を送り出そうという一連の対応は、理想には違いないかもしれないが建前にとどまってしまうのである。中等教育は準備教育か完成教育かという、その後も根深く残る問題が最も先鋭的な形で表出したのが、明治後期の中学校の補習科ということである。

しかし、存続期間は短いもののその理念を忠実に実現した補習科も存在した。それが千葉中学校の実業補習科である。しかも、文部当局との密な連携をうかがわせる側面があることから、多分に建前の側面が強いにしても中等教育の望ましい姿を具現化した存在と考えることができる。次章ではこの点を検討する。

注

（1）遠藤芳信『近代日本軍隊教育史研究』青木書店、一九九四年。

（2）神辺靖光『明治前期中学校形成史　府県別編二』（梓出版社、二〇〇六年）、同『明治前期中学校形成史　府県別編二

（環瀬戸内海）』（梓出版社、二〇一三年）、同編著『明治前期中学校形成史　府県別編三（東日本）』（梓出版社、二〇一四年）より各府県の中学校設置の経緯を見れば、高等教育機関への進学についての配慮は皆無ではないが、中学校は小学校卒業者でさらなる修学を望む者への対応として要請されることが多かった。

（3）千葉県教育百年史編さん委員会編『千葉県教育百年史』第一巻、千葉県教育委員会、一九七三年、四七七頁。

（4）四方一瀰『「中学校教則大綱」の基礎的研究』梓出版社、二〇〇四年。

（5）新谷恭明『尋常中学校の成立』九州大学出版会、一九九七年、第四章。

（6）池田雅則『私塾の近代――越後・長善館と民の近代教育の原風景』東京大学出版会、二〇一四年、第三部。

（7）海後宗臣編『井上毅の教育政策』東京大学出版会、一九六八年、二六三―二六六頁（菊池城司執筆部分）。

（8）この時期の実科および実科中学校については、谷口琢男「明治中期の中等教育改革――尋常中学校実科構想とその事例の考察を中心として」『茨城大学教育学部紀要』第一八号（一九六九年）、同『日本中等教育改革史研究序説――実学主義中等教育の摂取と展開』（第一法規出版、一九八八年）に詳しい。

（9）前書『井上毅の教育政策』二七一―二七三頁。

（10）前掲「明治中期の中等教育改革――尋常中学校実科構想とその事例の考察を中心として」八六頁。

（11）本段落の叙述は、米田俊彦『近代日本中学校制度の確立――法制・教育機能・支持基盤の形成』（東京大学出版会、一九九二年、第一部第三章）によっている。

（12）同調査の詳細については、吉野剛弘「（史料紹介）明治30年代前半の旧制中学校補習科の実態調査――大阪府公文書館所蔵・梅川卓家文書」『中等教育史研究』第二三号、二〇一六年を参照されたい。

（13）この項の記述は、特に記さない限り、遠藤芳信『近代日本軍隊教育史研究』（青木書店、一九九四年、三八二―三九九頁）によっている。

（14）「歩兵課　徴集猶予者ニ関スル件」『密大日記』（明治四〇年）（JACAR〈アジア歴史資料センター〉レファレンスコード：C03022886200（「歩兵課　徴集猶予者ニ関スル件」）・C03022884400（『密大日記』〈明治四〇年〉）（防衛省防衛研究所）。

（15）遠藤によれば、一九〇六（明治三九）年九月七日付で文部次官の澤柳政太郎から陸軍宛に省令案を含んだ文書が出されており、『密大日記』（一九〇七〈明治四〇〉年）に収録されているという（前書『近代日本軍隊教育日本史』、三九三―三九五頁）。しかし、筆者はその存在を確認できなかった。
(16) 前掲「歩兵課　徴集猶予者ニ関スル件」、四六〇―四六一頁。
(17) 文部省『明治三十七年　文部省例規類纂』、文部大臣官房文書課、四七三頁。
(18) 文部省『明治三十五年　文部省例規類纂』、文部大臣官房文書課、三七二―三七三頁。
(19) 『第七回高等教育会議議事速記録』（第一号）（一一月二四日）、三六―三八頁。なお、法令の変更をともなうものには参照として関係法令の条文が付されているが、それは省略した。
(20) 同前書（第七号）（一二月一日）、二一一頁。
(21) 同前書（第二号）（一二月一日）、五九頁。
(22) 同前書（第八号）（一二月二日）、二九八―二九九頁。
(23) 同前書、二九九頁。
(24) 同前書（第一号）（一一月二四日）、五四頁。
(25) 「全国中学校長会成績」『教育時論』第八〇二号、一九〇七年七月二五日、三八―三九頁。
(26) 「全国中学校長会」『教育時論』第八〇二号、三一頁。
(27) 前掲「全国中学校長会成績」三九頁。
(28) 前掲「全国中学校長会」三一頁。
(29) 「付録　全国中学校長会議」『教育時論』第八七四号、一九〇九年七月二五日、四六頁。
(30) 『明治四十一年　文部省例規類纂』、文部大臣官房文書課、六三八―六三九頁。
(31) 『讀賣新聞』一九〇八年一月一八日、二頁。
(32) 松浦鎮次郎「中学校補習科に於ける実業科目に付て」『教育界』第七巻第五号、一九〇八年三月三日、二七頁。
(33) 「牧野文相の訓示」『教育学術界』第一七巻第二号、一九〇八年五月一〇日、一一二頁。
(34) 「中学校令施行規則改正」『教育時論』第八二〇号、一九〇八年一月二五日、四二頁。
(35) 中島健依別「中学校補習科を論ず」『教育学術界』第二〇巻第五号、一九一〇年一月一〇日、五五頁。

（36）「中学実科談」『教育時論』第九〇五号、一九一〇年六月五日、三八―三九頁。
（37）高等遊民問題への対応としての実業教育の奨励に関しては、町田祐一『近代日本と「高等遊民」――社会問題化する知識青年層』（吉川弘文館、二〇一〇年）第1部第2章を参照されたい。

第六章　受験準備を目的としない補習科の設置と挫折——千葉中学校の実業補習科

1　補習科への実業教育導入の初発の事例としての千葉中学校

本章では、千葉中学校に設置された実業補習科[1]の設置から廃止に至る経緯とその実態を検討する。第五章で見たように、政府は高止まりの様相を呈する中学校卒業者の進学要求に対抗するために、補習科を通した実業教育の実施に向けた体制を整備した。千葉中学校の実業補習科は、それが実際に形になったいわばモデルケースである。

千葉中学校の実業補習科は、一九〇八（明治四一）年九月に開設され、一九一三（大正二）年八月に廃止された。この間、千葉中学校には、受験準備のための補習科と実業補習科が並立することになったが、受験補習科は存続し、実業補習科は廃止された。つまり、実業補習科の存在は、中学校補習科の準備教育機関としての性格をかえって明らかにしてしまうことになったが、一方で準備教育に傾倒する中学校のあり方への疑義が現場レベルに生じてきたことも事実である。本章は、その過程を明らかにしていくことにする。

第五章でも見たように、中学校のアカデミック路線の確定は、その路線を支持する菊池大麓と、実業を尊重する澤柳政太郎との論争を経た上でのことである[2]。路線の確定の発端からそのような論争があるということは、中学校での実業教育は、常にその導入の可能性が伏在していたことを含意する。本書が対象とする時期だけでも、一九〇八（明治四一）年には補習科に、一九一一（明治四四）年には本科に実業科目を置くことが可能になった。千葉中学校の実業補習科は、補習科で本格的に実業教育を導入した最初の事例である。

さらに同時代的な意味を言えば、実業補習科は、高等遊民問題が発生しはじめたこの時期における対策の一つたりえた。町田祐一はこの時期に文部省がとった高等遊民対策として高等中学校令を中心に検討しているが、この実業補習科は、完成教育を前面に出すことで進学意欲を抑制できる上に、大規模な制度改革を必要としない効率的な対策と位置付けることもできる。(3)

千葉中学校の沿革については、『千葉県教育百年史』に詳しい。しかし、実業補習科に関しては、そのようなものが設置されたということが、学則の変遷とともに示されているのみである。(4) 学校沿革史としては『創立百年』があるが、一九〇八（明治四一）年のものと思われる生徒募集公告からの一部引用と、実業補習科が「補習科第一部」と呼称された事実を伝えるのみである。(5)

千葉県立千葉高等学校には、実業補習科の実態を示す文書が断片的ではあるが残っている。そこで、本書では千葉高等学校の学校文書や『千葉県報』を主たる史料として使用するとともに、新聞雑誌などの二次史料も用いて、上述の課題を明らかにしていくことにする。

2　千葉中学校の概況と受験補習科

（1）千葉中学校の概況

実業補習科の詳細を検討する前に、千葉中学校の卒業生の進学をめぐる状況を概観しておく。

千葉県全体で見たときに、卒業生の就職率は四割程度であり、全国平均（二割弱程度）と比べて高い[6]。さらに、千葉県全体で進路未定者は二割強にとどまっており、全国平均（五割前後）と比べて少ない。県全体として進学志向は強いとはいえない。一方、千葉中学校は、県内他校に比して就職者が圧倒的に少なく、進学者と進路未定者で七～八割程度だが、全国的にみれば平均的である。しかし、県下随一の進学校で、県下で浪人せずに高等学校に進学した者の約半数は、この学校の卒業生である。

高等遊民問題と関わって、卒業後しばらく経過した状況を見ておく。一九一六（大正五）年の『千葉県立千葉中学校一覧』の卒業生名簿から分かる有業（就職ないし在学）率をみると、本科の卒業生では八割程度である[7]。しかも、学士などの称号を得ながらも無業の者もいる。これが全国的に見て高いか低いかは不明であるが、一定数の高等遊民を輩出する状況にあった[8]。

つまり、千葉中学校の進学状況は、全国的に見ればごく平均的である。県下随一の進学校であり、県下の進学志向の強い生徒が集まっていたと思われるが、進学志向が強いこと自体は中学校として珍しいことではない。そのようなごく平均的な中学校に実業補習科は導入されたのである。

(2)　千葉中学校の受験補習科

千葉中学校には、少なくとも一九〇〇（明治三三）年には補習科が設置されていた。この補習科は、上級学校進学希望者を対象としたものであり、第三章で検討した補習科と同じである。明治後期における受験補習科の生徒数は、**表6-1**の通りである。

受験補習科の修業年限は六か月である。修了者が少なく、退学者が多い状況からして、七月頃に入学試験を受ける頃には退学していたものと思われる。九月には終わってしまうので、受験補習科の修了者で上級学校進学を目指

表6－1　明治後期の受験補習科の生徒の動態

（単位：人）

	入学者	修了者	退学者
1900（明治33）年	19	1	18
1901（明治34）年	35	0	35
1902（明治35）年	31	0	31
1903（明治36）年	38	0	38
1904（明治37）年	40	0	40
1905（明治38）年	98	11	87
1906（明治39）年	99	8	91
1907（明治40）年	85	23	62
1908（明治41）年	74	34	40
1909（明治42）年	72	27	45
1910（明治43）年	70	35	35
1911（明治44）年	67	35	32
1912（明治45・大正１）年	59	22	37

出典：『創立四十年千葉中学校要覧』（千葉県立千葉高等学校所蔵）（1917年，pp. 17-18）より作成。

すのであれば、補習科修了後に他の機関に通う必要が発生する。

後述する実業補習科と異なり、受験補習科は千葉中学校の教員が授業を担当した。担当教員とその担当時間数は、**表6－2**の通りである。受験補習科の担当教員はすべて千葉中学校の教員である。実業補習科とは異なり、すべて自校で教員を手配していたということになる。

設置された学科目を見ると、いわゆる理科や社会に属するような学科目に若干弱い傾向があるが、受験に必要な学科目は一通り開講されている。しかも、年度によっては複数の履修パターンがあったようである。たとえば、一九〇八（明治四一）年度の場合、医学専門学校か高等工業学校を志望する者は地理と歴史が除かれ、東亜同文書院を志望する者は数学、地理、歴史が除かれ、それ以外の学校（高等商業学校、水産講習所、高等学校、陸軍士官学校、商船学校）を志望する者は全科を課すことになっていた。(9) 進学する上級学校に応じて、きめ細かく対応していたのである。

表6－2　受験補習科の学科目と教員の担当時間

	国　語	漢文	英　語	代 数	幾 何	三　角	物理化学	博物	地　歴
1900年 (明治33)	1 伊藤 1 吉岡		7 田中	2 櫛引 1 宇佐美	2 宇佐美 1 阿部	1 宇佐美	1 櫛引（物理）		1 後藤（歴史）
1901年 (明治34)	2 吉岡	2 山本 2 高	6 田中	2 宇佐美（数学） 1 阿部（数学） 2 櫛引（数学）			2 櫛引（物理）		1 由比（歴史）
1902年 (明治35)	1 吉岡 1 生田	1 山本 1 新田	2 寒河 1 飯田 2 田中	1 櫛引（数学）	1 宇佐美 1 阿部	1 宇佐美	1 櫛引（物理）		1 池田（歴史）
1903年 (明治36)	1 生田 1 吉岡	1 山本 1 新田	2 寒河 2 金子 1 飯田	2 宇佐美（数学） 2 阿部（数学）			1 櫛引（物理）		1 池田（歴史）
1904年 (明治37)	1 生田 1 吉岡（国文法）	1 新田 1 山本	2 金子（訳読） 2 永田（訳読） 1 飯田（英文法）	2 宇佐美 1 櫛引（数学）	2 高橋		1 櫛引（物理）		1 池田（日本史）
1905年 (明治38)	2 吉岡→小林 （文法）	2 新田	2 金子	1 櫛引 1 高橋	1 高橋	2 宇佐美 （算術三角）	2 櫛引	2 杉山	2 池田
1906年 (明治39)	2 生田 1 小林（文法）	2 山本	2 金子（訳読） 2 彦阪（訳読） 2 檜山（文作）	2 高橋	1 高橋	2 宇佐美 （算術三角）	2 櫛引	1 浦部	1 池田
1907年 (明治40)	2 生田 2 吉岡（文法）	2 山本	2 金子（訳読） 2 飯田（訳読） 2 檜山（文作）	2 高橋	1 高橋	2 宇佐美 （算術三角）	2 櫛引	2 杉山	2 池田
1908年 (明治41)	2 生田 2 加藤（文法）	2 山本	2 金子（訳読） 3 彦阪（訳読） 2 岡部（文作）	2 高橋	1 高橋	2 宇佐美 （算術三角）	2 櫛引		2 池田
1909年 (明治42)	2 生田 2 小林（文法）	2 山本	2 金子（訳読） 3 岡村（訳読） 2 岡部（会文作）	2 高橋	2 宇佐美（幾何三角） 2 宗		2 櫛引	1 浦部	1 池田
1910年 (明治43)	2 生田 2 小林（文法）	2 山本	2 金子（訳読） 3 彦阪（訳読） 2 岡部（文作）	2 高橋	2 宗	2 宇佐美 （算術三角）	2 櫛引		1 池田
1911年 (明治44)	2 生田 2 加藤（文法）	2 山本	3 岡部（訳読） 2 畔上（訳読） 2 彦阪（会作）	2 高橋	2 宗	2 宇佐美 （算術三角）	2 櫛引		1 池田
1912年 (明治45)	2 生田 2 小林（文法）	2 石井	2 岡部（訳読） 3 岡村（訳読） 2 柴田（会文作）	2 高橋	2 宗	2 宇佐美 （算術三角）	2 櫛引		1 池田

注１：数字は担当時間数。

２：担当者名右ないし下の括弧書きは担当科目名。

出典：『補習科参考書類』（千葉県立千葉高等学校所蔵）（頁数なし）より作成。

3　実業補習科の開設

(1)　開設に向けた千葉中学校の動き

千葉中学校では、一九〇八（明治四一）年に九月から翌年三月までの七か月間の実業補習科を設置した。設置直前の一九〇八（明治四一）年七月一七日の県令第四七号により、実業補習科が学則上に明記された。実業補習科設置にともない、学則の第四条、第五条、第一〇条が改正されたが、修了証書の書式を定めた第一〇条以外の改正後の条文は以下の通りである（改正はすべて加筆で、引用者による傍線が該当箇所）。

第四条　補習科ノ学科目ハ国語及漢文、外国語（英語）歴史及地理、数学、博物、物理及化学ノ中ニ就キ学校長之ヲ定ム

前項ノ外千葉中学校ニ於テハ実業ニ関スル科目ヲ加フ

第五条　補習科ノ修業期間ハ毎年四月ヨリ九月マテトシ其毎週教授時数ハ二十四時間以内トス但シ千葉中学校ノ補習科ハ実業ニ関スル科目ヲ修ムル生徒ノ為翌年三月三十一日迄継続シ其ノ毎週ノ教授時数ヲ三十時迄延長スルコトヲ得(10)

一九〇八（明治四一）年七月二一日の『千葉県報』に実業補習科の生徒募集公告が掲載された。その文面は以下の通りである。

本校ハ県令ニ基キ従来ノ短期ノ補習科ノ外ニ来ル九月ヨリ更ニ実業ノ科目ヲ加ヘタル一ヶ年ノ補習科ヲ設置セントス、抑中学教育ノ目的ハ進ンテ専門ノ学術ヲ修メントスルモノト、直ニ実業ニ就カントスルモノトノ為メニ、高等普通教育ヲ施スニアルカ、前者ノ為メニハ相当ノ機関アリト雖、後者ノ為メニハ其施設全カラサルヲ以テ、卒業後実業ニ就カントスルモ何等実業的知識及経験ナキカ故ニ中学ニテ得タル学識ヲ如何ニ応用スヘキカヲ知ラス、之レ甚遺憾トスル処也、今回ノ実業的補習科ハ即チ此欠陥ヲ補ヒ以テ中学教育ノ効果ヲシテ充分ニ発揮セシメントシテ起レルモノ也、而シテ本校ハ特ニ本県ノ状態ニ鑑ミ先ツ農業ヲ主トセル補習科ヲ設ケントス、其学科ノ予定ハ左ノ如シ

（学科目　略）

〇入学志願者心得

一、実業補習科ハ四月一日ヨリ始マリ翌年三月三十一日マテヲ学年トスルモ本学年ニ限リ九月十一日ニ始リ明年三月三十一日ニ終ルモノトス

一、入学志願者ハ身体健康品行端正ニシテ府県立中学校若ハ之レト同等以上ノ私立中学校ヲ卒業シタルモノトス但シ中学校ヲ卒業シタル日ヨリ起算シ二ヶ年ヲ超エタルモノハ入学スルコトヲ得ス

一、入学願書ハ履歴書ニ戸籍謄本及当該中学校ノ卒業證明書並ニ卒業成績表相添ヘ来ル八月二十五日迄ニ本校ニ到着ノ日取ヲ以テ差出スヘシ

（入学願書書式・履歴書書式　略）(11)

進学準備教育一辺倒の中学校のあり方に一石を投じるべく、実業科目を提供する補習科を置くという内容である。また、本来は一年の課程であるが、一九〇八（明治四一）年度に限り七か月にするということである。

この後、八月六日付で二つの文書が出された。一つは県内の県立中学校長宛で、もう一つは県内の新聞社宛である。中学校長には以下のような文書が送られた。

……補習科生徒ハ中学校卒業後二ヶ年を経過せしものは入学を許さゝる規程御承知の通ニ御坐候処実業補習科ニは仮令此年限以上のものにても徴兵に関限（ママ）無之ものに限り入学許可差支無之様其筋の意見ニ有之、尚又県ニ於ても該補習科卒業生中成績佳良なるものは県農会、農事試験場等に採用せんとするの意向も有之……(12)

一方の新聞社には以下のような文書が送られた。

……扨来九月より開設すへき本校実業補習科ニ関し左記の件乍御面倒貴紙御余白へ御掲載被下度此段及御依頼也

「中学校補習科ハ該校卒業後二ヶ年ヲ経過セシモノハ入学ヲ得サル規定ナルカ今度来九月ヨリ千葉中学校ニ設置ノ実業補習科ニハ特別ノ会議ヲ以テ兵役ニ関係ナキモノ限リ仮令二ヶ年ヲ経タルモノト雖入学ヲ許可セラル、コトナルベキ筈ナリトイフ尚仝科終了生中成績佳良ナルモノハ県農会農事試験場等ニ採用サル、コトナルベシトノ事ナリ」(13)（傍線は原文では取り消し線）

これらの文書では、徴兵に係らない限り卒業後二年以上経った者も入学可能で、さらには実業補習科修了後には県の職員として採用する意向もあるとまでいう。前者は八月六日の時点で中学校令施行規則に反した内容だが、「其筋の意見」なり「特別ノ会議」により認められるという。

実際に中学校令施行規則は九月一日に改正され、補習科の在学期間を定めた第五〇条第二項に「但シ徴兵令第二十三条ノ関係ヲ有セサル者ハ此限ニ在ラス」という但書が加えられた。つまり、千葉中学校は八月六日の段階でこの改正を知っていたことになる。実業補習科開設にあたって、政府との間に何らかのやり取りがあったことをうかがわせる。[14]

一方、実業補習科の生徒募集に関して、かなりの不安があったことがうかがえる。生徒募集に関して各校長に宛てられた文書では、率直な不安が述べられている。

……何分学年中途のことゝ云ひ一般に此趣旨を知らしむること困難に有之折角設け乍ら入学生少なくてハ張合の無之次第に候故甚だ乍御面倒昨年及今年の御校卒業生の可然御考の者へ別紙募集趣意書御配布被下度御依頼申上候[15]

この文書は「明治四十一年七月」付となっていることから、上述の募集公告とほぼ同時期に出されている。生徒募集に不安があるからこそ門戸は限りなく広げておきたかったことが上述の改正につながっていると推察される。

(2) 実業補習科の開設

実業補習科は一九〇八（明治四一）年九月一一日に開講された。その二日前には測量を担当することになっていた数学教師の宇佐美武次郎に、測量器具の調達のための東京出張を認可するよう知事に求めている。[16]さらには始業式の後で担当教員の打ち合わせが開催されたが、その打ち合わせは前日の一〇日に召集されている。[17]開講に向けた動きはかなり急であった。

九月一一日の始業式の式辞で、有吉忠一県知事は以下のように述べている。

……今日の中学制度は高等教育の予備門にして卒業後高等の教育を受くるには便宜ならんも卒業後実際の事業に従事するには頗る不完全の教育なり独逸に於ては三種の中学あり一は高等教育の予備門にして一は実業家を養成するの学校なり斯の如くんば中学卒業生も実際の用に立つことを得ん……(18)

生徒募集公告で述べられている内容と大きな違いはない。しかし、知事自ら述べているということは、この実業補習科は県をあげて動いているということの証左である。後述するように、県の農業関係の職員が補習科の授業を担当することになる。

前項の学則や入学志願者心得によれば、実業補習科は四月から一年間開講されるものとして構想されていた。事実、千葉中学校側は規定通り実業補習科を四月に開講する方向で動いていた。一九〇九（明治四二）年二月一七日付で、前項で示した生徒募集公告をもとにした募集告知の文書を添付した上で、以下のような文書を他の県立中学校長に出した。

……愈来る三月を以て予定の学科修了の見込に候ては来学年に於ても引続き若干名の生徒を募集の筈に有之候に付別紙志願者心得□（空白）枚御送付候……(19)

しかし、一九〇九（明治四二）年三月一一日の県令第一六号で、第五条の但書を「実業ニ関スル科目ヲ加ヘタル補習科ノ修業期間ハ九月ヨリ翌年八月迄トシ其ノ毎週教授時数ヲ三十時迄延長スルコトヲ得(20)」と改正し、実業補習科は九月に始まり翌年八月に終わることを定めた。開講時期の変更に際して、県と千葉中学校との間にどのような折衝があったかは不明である。[21] 他の県立中学校長に三月一三日付で開講時期の変更の案内が出されている。[22] そこには二月の文書は取り消すという以上の情報はなく、変更に至る事情は語られていない。

（3）九月開講の定常化と授業料の無償化

一九〇九（明治四二）年度以降、実業補習科は九月開講、翌年八月修了となった。一九〇九（明治四二）年八月に出された生徒募集公告は、基本的に前年の文章を踏襲したが、「第一回ハ本年三月ヲ以テ終リ修了生ハ県技手若クハ実業学校教師トナリ或ハ実務ニ従事シ居レリ今回ハ新ニ専任ノ専門教師ヲ招キ一層補習科ヲシテ有効ナラシメンコトヲ期ス」[23] と書き加えられている。

新しい「専任ノ専門教師」は、海老名昌一のことである。実業補習科は半年間の断絶を余儀なくされたが、その断絶は結果的に教員の充実をもたらした。以下に示すのは、海老名の着任を報じた新聞記事である。

千葉中学校第二回実業補習科は既報の如く来る九月より愈々開始する筈なるが去る十六日同校教師を嘱託されたる海老名昌一氏は元青森県農工化学専門学校を卒業したる後明治十九年米国遊学の途にインデイアナ州ブルダウ大学校に入り次でミチガン農学校を卒業しバアチエラ、ヲフ、サイエンスの称号を得十年間彼地にありて能く実地に就て農業を研究し明治三十年帰朝後青森県農学校長となり最近には清国湖州中学堂教習兼農学試験場長たりし由尚ほ仝氏は実業補習科専任として農業に関する科目を受持ち成る可く実際に就て教授せらる丶方針なりと[24]

海老名は長く農業教育に従事していた。彼が着任することで実業補習科は農業教育を本格化させていくことになる。海老名には六〇円の月俸が支払われることになった[25]。

一九一〇（明治四三）年二月一八日の県令第一〇号で、授業料を規定する第二五条の但書を「毎年八月及実業ニ関スル科目ヲ加ヘタル補習科ニ入学シタル者ノ授業料ハ之ヲ徴収セス」[26]と改正した。海老名の着任にともない、実業補習科は人件費が増大することになるにもかかわらず、実業補習科は無償化されるにいたったのである。

4　実業補習科の実態

(1)　学科目と担当教員

学科目の担当教員が判明している一九〇八（明治四一）年度と一九一二（大正一）年度の学科目と担当者、授業時間数は**表6－3**の通りである。普通科目として修身（一九一二（大正一）年度のみ）、漢文、化学（理化学）があるが、それ以外はすべて農業関係の科目である。

受験準備の補習科がすべて千葉中学校の教員によって運営されたのに対して、実業補習科では普通科目と簿記関係科目の教員のみが千葉中学校の教員である。一九〇八（明治四一）年度の農業関係科目の教員はほぼすべて県職員の兼務で、その後も多くの職員の出講がみられることから、県をあげて実業補習科の運営に協力していることが分かる。補習科専従だったのは海老名のみであるが、当初嘱託だった海老名は一九一〇（明治四三）年一一月三〇日付で補習科専任教諭となった[27]。

海老名は実業補習科を本格的な農業教育の場としていくべく努めた。一九一二（大正一）年度の授業時間の三分の一を占める実習に関しては、海老名がその詳細を記しており、「水曜日二時間は測量、土曜日二時間は昆虫採集

表６－３　実業補習科の学科課程と担当教員

1908（明治41）年度			
学科目	時数	教員名	所属
漢　文	2	吉田賢龍	千葉中
漢文作文	1	生田長浩	千葉中
化　学	1	櫛引純二郎	千葉中
測量簿記	2	宇佐美武次郎	千葉中
農業汎論	2	石山騰太郎	技　師
農業経済	2	田中喜介	事務官
農芸土木	3	宮川波衛	技　師
畜産学	2	山村　哲	技　師
土壌学	1	澁谷貴重	農業技手
園芸学	3	小田喜八	農会技手
作物論	2	矢吹修二	農会技手
肥料論	2	（未定）	
（養　蚕）	2		
（実　習）	1		

1912（大正１）年度						
学科目		時数 Ⅰ	時数 Ⅱ	時数 Ⅲ	教員名	所属
修　身		1	1	1	海鹽綿衞	千葉中
漢文学		2	2	2	山本　廉	千葉中
理化学		1	1	1	亀川兼吉	千葉医学校
土木学		2	2	2	古賀孝久	千葉県技師
測量製図		2	2	2	松原政喜	千葉県技師
農学	農業簿記	1	1	1	宇佐美武次郎	千葉中
農学	土壌学	3			海老名昌一 川村雄次郎 矢吹修二	千葉中（補習科） 千葉県技師 千葉県技手
農学	肥料学	3				
農学	園芸学	2				
農学	果樹栽培学	2				
農学	作物病学	2	1			
農学	普通作物学	2				
農学	畜産学		2	3		
農学	昆虫学		2			
農学	経済学		3			
農学	養蚕学		4			
農学	特用作物		2			
農学	農産製造			2		
農学	農政法規			3		
農学	林学大意			3		
農学	実　習	8	8	10		

注１：1908（明治41）年度の学科目で括弧付きのものは，『千葉教育雑誌』に記載のなかったもの。
　２：1912（大正１）年度の時間数：ローマ数字は学期。
出典：1908（明治41）年度：（時数のみ）「明治四十一年度県立千葉中学校学事事績」『明治四十一年　回議綴』（千葉県立千葉高等学校所蔵）（頁数なし）より作成。
（上記以外）「千葉中学校の補習科」『千葉教育雑誌』第198号（1908年10月15日，p. 44）より作成。
1912（大正１）年度：海老名昌一「中学校の農業科を尤も有効ならしむる方法」『教育学術界』第26巻第２号（1912年10月15日，pp. 191-192）より作成。

表６－４　実業補習科の生徒の動態

（単位：人）

	実業補習科			（参考）受験補習科		
	入学者	修了者	退学者	入学者	修了者	退学者
1908（明治41）年	11（6）	10（6）	1（0）	74	34	40
1909（明治42）年	3（2）	3（2）	0	72	27	45
1910（明治43）年	6（1）	6（1）	0	70	35	35
1911（明治44）年	8（1）	7（1）	1（0）	67	35	32
1912（明治45・大正１）年	5（2）	5（2）	0	59	22	37

注１：千葉中学校出身者の内数は，『千葉県立千葉中学校一覧』1914（大正３）年より作成。
注２：実業補習科のカッコ内の数は，千葉中学校出身者で内数。
注３：1908（明治41）年度の実業補習科は９月から翌年３月まで。受験補習科は４月から９月まで。
出典：『創立四十年千葉中学校要覧』（千葉県立千葉高等学校所蔵）（1917年，pp. 16-18）より作成。

にし（害虫益虫百余種を採集せしむ）て第一、第二学期は毎週間八時間にして一回二時、第三学期は十時間田畑の作業せしむる」[28]という。さらに、第一学期には農産物展覧会や共進会の際に実地審査の方法を学ぶとともに県内の模範的な農場を見学、第二学期には成田の御料牧場や千葉県種畜場などを見学、第三学期には県外の施設の見学と、学外への見学も多く設定されていた[29]。

（2）生徒の動向

実業補習科の生徒の動態は、**表６－４**の通りである。この表には受験準備を目的とした補習科の生徒の動態も合わせて示してある。この表からも分かる通り、順調に生徒数を維持しつづける受験補習科に対して、実業補習科の生徒数は伸び悩んだ。最も多かった一九〇八（明治四一）年度でも入学者は一一人しかいない。生徒数を見る限り、実業補習科は明らかに低調である。

実業補習科は千葉中学校出身でない生徒も入学可能であったが、その生徒たちの詳細は不明である。一方、千葉中学校出身者については、『千葉県立千葉中学校一覧』から動向が分かる。千葉中学校出身で実業補習科に入学した者の動向は**表６－５**の通りである。

過年度卒業生は必ずしも多くはない。徴兵に関係しない限り、卒業後二年以上経った者の入学も認めたが、表6－5の一二人のうち該当者は一人であり、法令改正は功を奏していない。また、最初の年度こそ多くの卒業生が実業補習科に入学したが、それ以降は一名ないし二名にとどまっている。一年間という修業期間の長さに起因する可能性はあるだろう。しかし、一九〇九（明治四二）年度以降は海老名の着任により農業教育が本格化していくことを考えると、中学校を卒業し、上級学校入試に臨んだ後に農業に邁進することを決心するのは困難だったとみるべきであろう。

実業補習科修了後の就職状況を見ておきたい。『千葉県立千葉中学校一覧』の卒業生名簿を見る限り、修了後すぐに何らかの職に就いている。受験浪人などにより未定となることが多い本科の卒業生とは対照的である。一定の時間が過ぎてからの状況として、一九一六（大正五）年の『千葉県立千葉中学校一覧』の卒業生名簿を見れても、全員が何らかの業務に就いている。高等遊民問題が社会問題化する中で、実業補習科出身者は堅実に社会に生きていたということができる。

表6－5　千葉中学校出身者の動向

	本科卒業	実業補習科入学
A	**1906（明治39）年**	1908（明治41）年
B	**1907（明治40）年**	
C	**1907（明治40）年**	
D	1908（明治41）年	
E	1908（明治41）年	
F	1908（明治41）年	
G	**1908（明治41）年**	1909（明治42）年
H	1909（明治42）年	
I	1910（明治43）年	1910（明治43）年
J	1911（明治44）年	1911（明治44）年
K	**1911（明治44）年**	1912（大正1）年
L	1912（明治45）年	

注1：本科は各年3月卒業，実業補習科は各年9月入学。
2：太字は過年度卒。
出典：『千葉県立千葉中学校一覧』（1914（大正三）年）より作成。

(3)　募集公告にみる実業補習科の衰退

実業補習科は最初の年度をピークとして低調な状況が続いたが、その影響が如実に表れているのが生徒募集公告である。一九一〇（明治四三）年の生徒募集公告は以下の通りである。

一、本校ハ実業ノ科目ヲ加ヘタル一ヶ年ノ補習科ニシテ中学校卒業後直チニ実業ニ就カントスルモノ、為メニ実業的知識及経験ヲ付与シ以テ中学教育ノ効果ヲシテ充分ニ発揮セシメントシテ起レルモノ也、而シテ本校ハ特ニ本県ノ状態ニ鑑ミ先ツ農業ヲ主トセル補習科ヲ設ク其学科ハ左ノ如シ

（学科目・入学志願者心得　略）[30]

実業補習科設置の理念は消え、引用では省略した「入学志願者心得」には学則改正にともなう授業料無償化が反映された。

さらに、最終年度の一九一二（大正二）年度には、「入学志願者心得」の後ろに「附記　本科卒業生ノ状況」として、「農業補習科卒業生ハ十九名ニシテ県立農事試験場、千葉県庁、郡役所、北海道庁等ニ奉職セシモノ七名農学校等ノ教師トナリタルモノ三名一年志願兵一名農事改良等ノ実業ニ従事セルモノ七名研究生一名ナリ[31]」と記されている。中学校における実業教育の意義といった生徒にとってはあまり関心のない内容は消え、授業料が無料であるとか、卒業の進路といった直接的なメリットを訴えるものに変化していった。

5　実業補習科の廃止と受験準備一辺倒への懐疑

一九一一（明治四四）年七月三一日の中学校令施行規則改正により、本科に随意科目として実業の設置が可能となった。この改正と同日に訓令第一四号が出された。実業の随意科目化については以下のように述べている。

学科目中ニ新ニ実業ノ一科目ヲ加ヘ土地ノ情況ニ応シ簡易ナル農業、商業又ハ手工ヲ授クルコト、ナシタルハ中学校ハ予備教育ノ機関ニアラスシテ高等普通教育ヲ施スヘキ本来ノ性質ニ鑑ミ中等以上ノ国民タルヘキ者ヲ

シテ実業ニ関スル智能ヲ習得セシムルト共ニ之ニ対スル趣味ヲ上進シ勤労ヲ重ンスルノ美習ヲ養成セシムルノ最緊要ナルヲ認メタルニ因ル然リト雖地方ニ依リテハ或ハ直ニ適良ナル教員ヲ得ルコト能ハサル事情アルヘク（中略）当分ノ内之ヲ欠クコトヲ得シメタル

「勤労ヲ重ンスルノ美習ヲ養成セシムルノ最緊要」ということから高等遊民問題への喫緊の対策という側面が見られるが、「中学校ハ予備教育ノ機関ニアラス」と進学準備一辺倒の姿勢からの転換も表明されている。実業補習科には追い風ともいえる訓令である。しかも、農業の専任教員を擁する千葉中学校が、本科に随意科目で農業関係科目を設置することは決して困難ではない。

この改正にともない、一九一二（明治四五）年三月に千葉県立中学校学則も大幅に改正されたが、本科に実業を加えることはなかった。その後、一九一三（大正二）年一月にも学則を改正し、実業補習科を廃止した。補習科関係の改正は以下の通りである（引用者による太字が加筆箇所、傍線が削除箇所）。

第九条　補習科ノ修業期間ハ毎年四月ヨリ九月迄トス但シ実業ヲ加ヘタル補習科ノ修業期間ハ九月ヨリ翌年八月迄トス

附則

本令ハ大正二年四月一日ヨリ之ヲ施行ス

本令施行ノ際現ニ実業ヲ加ヘタル補習科ニ在学スル生徒ニ就キテハ其ノ終了ニ至ル迄仍従前ノ規定ニ依ル(32)

実業補習科の廃止により、県職員と兼務していた嘱託の教員は兼務を解かれ、実業補習科のために千葉中学校に

表6-6　大正前期の受験補習科の生徒の動態

（単位：人）

	入学者	修了者	退学者
1913（大正２）年	44	13	31
1914（大正３）年	47	19	28
1915（大正４）年	37	15	22
1916（大正５）年	36	15	21
1917（大正６）年	27		

出典：『創立四十年千葉中学校要覧』（千葉県立千葉高等学校所蔵），（1917年，p. 18）より作成。

着任した海老名は退職した。[33] 海老名は退職後に君津郡立天羽農学校の校長兼教諭として着任した。[34] 低調である以上当然ともいえるこの廃止に対して、学校当局は「遂ニ廃止スルニ至リシハ遺憾ナリ」[35] と評した。

では、実業補習科の廃止は、受験補習科のさらなる隆盛をもたらしたかというと、そうではなかった。実業補習科廃止後の受験補習科は、衰退していくのである。大正前期の受験補習科の生徒数は、**表6-6**の通りであるが、明治期に比べて生徒数を減らしている。補習科に行かずに東京の予備校に通う可能性も十分にあるので、進学意欲の衰退を必ずしも意味しないが、そこで補習科が選ばれるわけではなかったということである。

一方の千葉中学校も、一九一五（大正四）年六月に四月入学の上級学校の増加に合わせて修学期間を一年に変えることを除いて、受験補習科の衰退に対応を取ることもなかった。[36] 実業補習科の廃止は、受験補習科の隆盛をもたらしたわけではなかったのである。

6　「選抜」から距離を取ることの限界と葛藤

千葉中学校の実業補習科は、その修了者の就職状況を見れば、高等遊民問題が叫ばれはじめる中で堅実な実績を残しており、有効な対応策の一つといえるものだった。しかし、四月始業への変更もままならず、九月始業という中途半端な時期に生徒を受け入れる中で、生徒は集まることはなかった。つまるところ、この試みは失敗に終わったのである。

高等教育機関へ進むための最も確実な回路である中学校への入学を、多くの生徒の家業であろう農業に向き合うことからの脱却を目指していると考えれば、実業補習科の不振は必然である。安定した将来が訴えられ、しかも無料の実業補習科は生徒数が伸び悩むのに対し、授業料を徴収する受験補習科は堅実に生徒を集めつづけた。実業補習科の存在は、上級学校進学という希望をふりまくことが補習科に求められるものだということを、逆説的に明らかにしてしまったのである。

しかも、学校当局も、実業補習科こそ導入したが、実業教育全般に対して熱心とはいえない。実業補習科は海老名と県職員に事実上丸投げであるし、一九一一（明治四四）年の中学校令施行規則の改正に際しても動くことはなかった。つまるところ、千葉中学校は、県下随一の進学校としての道を選んだということである。

実業補習科は、あくまで簡易な手段として構想されたものである。千葉中学校の実業補習科は、専任教員を一人擁し、県職員を嘱託として迎え、本格的な農業教育を目指したが、それでも農業学校に及ぶものではない。進学準備一辺倒の中学校のあり方を変えることは政府も訓令で示しはしたが、実業学校との並立を前提としている以上、中途半端にならざるを得ないのである。

しかし、このような実業補習科の廃止に対して、学校当局は「遺憾ナリ」と評している。事実の報告を淡々と行っている「学事々蹟」の中では異例の表現である。しかも、その後の受験補習科の衰退と、その衰退への学校側の冷淡ともいえる対応を勘案すると、上述の「遺憾ナリ」という評価は、形式的な言辞とも言い切れない。むしろ、準備教育一辺倒の中学校という姿を前面に出すことへの躊躇が、完成教育に必ずしも熱心でない関係者にも認識されはじめたと考えてもよいだろう。

中等教育機関と高等教育機関とが制度的に安定して接続するようになって間もないこの時期に、実業補習科のような制度を導入するというのは、中学校の成熟度を考えれば、いささか早計だったということであろう。これまでの各章でも論じてきた通り、中学校は全体として準備教育に邁進していたし、それが周囲から求められてもいたのである。つまるところ、実業補習科は理想論にすぎなかったということである。

しかし、準備教育と完成教育とをめぐる葛藤は、後の時代にも続いていく問題でもある。その意味で、この実業補習科をめぐる問題は、中等教育の理想は理想として語る一方で、受験という切迫した現実には対処するという屈折した状況の端緒なのである。

注

（1）千葉中学校の実業補習科は、学則では「実業ニ関スル科目ヲ加ヘタル補習科」、千葉中学校より出される各種報告では「第一種補習科」と呼称されることが多いが、一般的には「実業補習科」と呼ばれていたことから、本論文では特に必要な場合を除き「実業補習科」で統一する。

（2）米田俊彦『近代日本中学校制度の確立――法制・教育機能・支持基盤の形成』（東京大学出版会、一九九二年）の第一部第三章に詳しい。

（3）町田祐一『近代日本と「高等遊民」――社会問題化する知識青年層』（吉川弘文館、二〇一〇年）の第一部第二章に詳しい。

（4）千葉県教育百年史編さん委員会編『千葉県教育百年史』第一巻、千葉県教育委員会、一九七三年、九五〇―九五一頁。

（5）一〇〇周年記念誌編集委員会編『創立百年』千葉県立千葉高等学校創立一〇〇周年記念事業期成会、一九七九年、五七―五八頁。

（6）この段落における千葉中学校、千葉県、全国平均の状況は、『全国公立私立中学校ニ関スル諸調査』の「前年度卒業生徒ニ関スル調」を参照した。なお、特異な数値を取る年度も一部にあるが、平均を取るとともに、千葉県内に関しては『千葉県統計書』も参照した。

（7）一九〇七（明治四〇）年から一九一二（明治四五）年の本科卒業生の有業率は、年度順に八八・二％（六七／七六）、六五・一％（四一／六三）、八〇・五％（六二／七七）、七五・〇％（六六／八八）、八二・二％（六〇／七三）、九二・

一％（七〇／七六）である（括弧内の単位は人）。一九一二（明治四五・大正一）年の有業率が高いのは、多くの卒業生が学生だからである。
(8) 前掲『近代日本と「高等遊民」』では、『文部省年報』の統計から「高等遊民」の数を算出しているが、「其他及不詳等」に多く含まれる進路未定者も「高等遊民」として扱っているため、比較ができない。
(9) (表題なし)『補習科参考書類』千葉県立千葉高等学校所蔵、頁数なし。なお、一九一〇（明治四三）年度も、必修学科目の違いはあれ同様の措置が取られていることが、同一簿冊の史料より分かる。
(10) 『千葉県報』第二〇七三号、一九〇六年三月三〇日、七六九頁、同第二三〇五号、一九〇八年七月一七日、九五頁。
(11) 「実業補習科生徒募集」『千葉県報』第二三〇六号、一九〇八年七月二一日、一二八―一二九頁。
(12) (表題なし)『明治四十一年　回議綴』千葉県立千葉高等学校所蔵、頁数なし。
(13) 同前掲、頁数なし。
(14) 法令改正に向けた動きが新聞や教育雑誌にて報じられることは珍しくないが、管見の限りこの改正が報道された形跡はない。また、『文部省例規類纂』にも、この改正に関連する照会はない。
(15) 前掲『明治四十一年　回議綴』頁数なし。
(16) 「職員出張ニツキ開申」同前掲、頁数なし。
(17) 前掲『明治四十一年　回議綴』頁数なし。
(18) 「千葉中学校の補習科」『千葉教育雑誌』第一九八号、一九〇八年一〇月一五日、四四頁。
(19) 前掲『明治四十一年　回議綴』頁数なし。
(20) 『千葉県報』第二三七〇号、一九〇九年三月一二日、九六頁。
(21) 一九〇九（明治四二）年四月の高等園芸学校の開校を考えれば、開講時期をずらすことで、実業補習科は進学断念者の方向転換のための機関に特化させようとしたとも考えられるが、高等園芸学校費も含めた教育費予算が一九〇八（明治四一）年一二月一六日に可決された後でも四月開講を考えていたことから、少なくとも千葉中学校は両者を完全に別のものと考えていたとみるべきである。
(22) 「再照会案」前掲『明治四十一年　回議綴』頁数なし。

(23)「実業補習科生徒募集」『千葉県報』第二四一一号、一九〇九年八月三日、一五―一六頁。
(24)「千葉中〓(ママ)実業補習と専任教師」（傍点原文ママ）『東海新聞』一九〇九年八月二二日、二頁。
(25)「叙任及辞令」『千葉教育雑誌』第二〇九号、一九〇九年九月一五日、五三頁。
(26)『千葉県報』第二四六六号、一九一〇年二月一八日、九七頁。
(27)『千葉県尋常中学校沿革概略』一九一一年、千葉県立千葉高等学校所蔵、頁数なし。
(28)海老名昌一「中学校の農業科を尤も有効ならしむる方法」『教育学術界』第二六巻第二号、一九一二年一〇月一五日、一九二頁。
(29)同前。
(30)「実業補習科生徒募集」『千葉県報』第二五〇九号、一九一〇年七月一九日、八〇―八一頁。
(31)「実業補習科生徒募集」『千葉県報』第二七一五号、一九一二年七月二三日、一九〇頁。
(32)『千葉県報』第二六七四号、一九一二年三月一日、一二頁。同第二七六四号、一九一三年一月一七日、一頁。
(33)「千葉県立千葉中学校学事々績　大正二年」『大正二年度　回議綴』千葉県立千葉高等学校所蔵、頁数なし。
(34)「叙任及辞令」『千葉教育雑誌』第二五七号、一九一三年九月一五日、五五頁。
(35)前掲「千葉県立千葉中学校学事々績　大正二年」、頁数なし。
(36)『千葉県報』第三〇〇七号、一九一五年六月一日、一―二頁。

終　章　「受験」の成立――「創設」の時代から「調整」の時代へ

1　本書の総括

これまで、「受験」の成立をめぐる動向を、入学試験制度、準備教育機関、そして中等教育機関という三つの側面から検討を進めてきた。本書の総括にあたって、まずはこれまでの検討から得られた点をまとめておきたい。

第一部では、入学試験の変化について、制度的な変遷と、高等学校側の意識という、二つの側面から検討した。その中等教育機関も高等教育機関も未整備だった時代には、入学試験は「資格」として機能するものであった。その学校での学習に堪える学力を担保するものとして機能していたのである。その後の学校制度の整備にともない、高等教育機関の収容定員を上回る中等教育機関修了者が安定的に供給されるようになった。学校制度が整備されているために、これらの卒業生は一定の学力を保持しているのであって、入学試験は定員まで絞り込む、すなわち「選抜」としての入学試験に変容していった。

「選抜」としての入学試験の成立は、入学試験における学校間格差という問題を顕出させることになった。学校間格差自体は、森文政期の高等中学校においても予科補充科を置かなくてよい第一高等中学校とその他の学校という形で存在していたのだが、そもそも高等中学校に入ることが困難な状況の中で、それが問題視されることはなかった。学力的に十分な受験生が高等学校に参集し、しかもその高等学校入学者が二つの帝国大学に入ることが事実上決まっている状況で、都市の高等学校に不合格になる高学力の者と、地方の高等学校に合格する相対的に学力の低い者との格差が問題とされたのである。いうなれば、学校間格差は入試制度改革の理由として、「発見」されたものである。

学校間格差とそれにともなう損失を解消するために、総合選抜制の導入に代表されるさまざまな入試制度改革が実施されたが、学校間格差をめぐる問題を解消するには至らないどころか、むしろ顕出させることになった。それは地方の高等学校の生徒の意識にも影響を与えるほどであった。それゆえに総合選抜制は高等学校側から廃止が建議される状況になったのである。また、政府が一括して入学試験を管理する総合選抜制のもとでは、山口高等学校のような特定の地域の青年たちに利するような学校はその存続が不可能となった。上級学校進学にあたっては、「藩閥」といったものはもはや通用せず、実力本位の時代が到来したということも意味しているのである。

その高等学校は、「選抜」ということに対して全くといっていいほど無批判ないしは無自覚であった。高等学校側にとって選抜試験は必然なのであり、高等学校入試ではその水準に見合ったレベルの問題を出題することが第一義なのである。そこに中学校への配慮はない。高等学校側の認識レベルでは、「資格」としての入学試験という意識を引きずりつつ、高等学校教育を受けるにふさわしいだけの学力という、従来よりもさらに高い「資格」を求めていたということである。そのような入学試験観のもと、学校間格差の意識も薄れることになった。大切なのは高等学校としての水準である以上、学校間格差は後背に追いやられることにもなるからである。

つまり、より高い「資格」を求めることで、「選抜」は正当化される。高い学力という「資格」によって、人数まで絞ることが、「入れたい生徒」を入れる、すなわち「選抜」するということであり、その手段が他ならぬ入学試験なのである。

第二部では、受験生の側から見た入学試験という観点から、受験準備教育機関と受験メディアについて検討した。中学校卒業者の増加と学校制度の整備によって、予備校はそれまでの中学校と高等学校の橋渡しを果たす教育機関から一年間にわたって浪人生の教育や三月に中学校を卒業した受験生の学習の援助を請け負う教育機関へと変化した。しかし、橋渡しという機能の残存、受験準備を専門とする機関の少なさという点から、この時期の予備校は過渡的な性格を持っていた。しかし、一年という修業年限の意味は大きい。予備校に通う目的が純然たる学力の向上ではなく、翌年の入学試験ということが明確となったからである。

入学試験の変化にともなう対応の必要性が予備校を後押ししたわけであるが、新たな「選抜」への対応は極めて迅速だった。明治二〇年代までと、明治三〇年代以降の予備校は、その設置主体も運営のあり方も異にしており、そこには断絶があるのだが、その断絶は決して長い空白をともなってはいないからである。ある意味では親切ともいえる「選抜」への対応が、逆に入学試験をめぐる諸問題に蓋をしてしまったともいえる。

このように「選抜」への対応がさしたる間断もなく進められた背景には、上京遊学が当時の青年たちの間にそれなりに普及していたということも関連しているだろう。地方にいたとしても正規の学校階梯を昇ることが得策となった時期にあって、上京してまで遊学する先が私立中学校から予備校に取ってかわられたということである。『中学世界』は、特集号を組むようになった明治四〇年代から受験雑誌としての性質を帯びはじめた。入試問題講評を通じて、高等学校側の考え方は受験生にも伝わり、また合格者の受験体験談などを通して、受験に必要な情報を入手するようになった。

その『中学世界』の受験・進学情報は、東京そして高等学校、とりわけ一高を頂点とするヒエラルキーの維持に貢献する暗黙知を提供した。一方、『中学世界』には一貫して受験生の一高志向を批判する記事も存在しているが、それとても受験生にとってはクールダウンの材料にはならなかった。記事の筆者としてはクールダウンを企図していたとしても、読者には却って自らの奮起を促す材料となったとみるべきである。

つまり、受験メディアを通して、受験生は「選抜」の秩序を内面化していくことになったのである。一高教員による入試問題講評を読み、支持するとしないとにかかわらず一高を軸として進む志望校選択に関する記事を読むことで、結果的にその秩序を受け入れることになったのである。

第三部では、「選抜」としての入学試験の成立にともなう中学校のあり方の変化を検討した。

中学校は、その当初は高等教育機関への接続機能を持っているとはいえない状況だった。そのような中学校も、明治二〇年代以降に高等教育機関への接続機能を十分果たし得るものへと整備されていった。明治三〇年代に入る頃には中学校と高等学校をつなぐための積極的な措置を取らなくてよくなったのである。

しかし、そのことが却って中学校に完成教育への自覚を促すことになった。井上文政期の実科中学校をめぐる議論では中学校卒業生の進学志向の強さが批判的に論じられた。さらには、中学校令施行規則をめぐる菊池と澤柳の論争は、準備教育と完成教育がまさに論点となったのである。この論争を経て、中学校は名実ともに準備教育を担うものとして方向付けられた。

そこで、完成教育を施す場所として注目されたのが補習科であった。中学校補習科に関する法令は、徴兵猶予への対策から在学期間に対して厳しい条件を課すようになり、その一方で実業科目の加設へと道を開いた。補習科は、学校の一組織としての体制を強めていくとともに、受験準備教育一辺倒である必然性がないものへと、少なくとも法令上は変化していった。

このような補習科への法令上の位置付けの変化に忠実に対応したのが、千葉中学校の実業補習科であった。その修了者の就職状況を見れば、高等遊民問題が叫ばれはじめる中で堅実な実績を残しており、有効な対応策の一つといえるものだった。しかし、九月始業という中途半端な時期に生徒を受け入れる状況の中で、生徒は集まることはなかった。むしろ、実業補習科の存在は、上級学校進学という希望をふりまくことが補習科に求められるものだということを、逆説的に明らかにしてしまった。

つまり、補習科への実業科目の加設は、実態がともなうことはなかった。法令が示す補習科のあるべき姿は、現実の前に屈してしまったのである。そもそも中学校補習科における実業科目は、その人材を外部に求めることによってしか成立し得ず、しかも実業科目を加設したところで実業学校並みの教育は不可能である。中途半端にならざるを得ない実業科目の加設が普及しなかったことは、必然だったと言わねばならない。

では、補習科への実業教育の導入の失敗が何の影響も及ぼさなかったかといえば、そうでもない。準備教育一辺倒の中学校という姿を前面に出すことへの躊躇が、完成教育に必ずしも熱心でない関係者にも認識されはじめたことも事実である。しかし、それは中等教育の理想は理想として語る一方で、受験という切迫した現実には対処するという屈折した状況の端緒でもある。

このような知見をもとに、本書の総括を行いたい。

学校制度が整備されていなかった明治前期にあっては、入学試験は学校制度を整備するための梃子としての役割を果たしていた。高等教育機関は入学試験を課すことで教育水準の維持に努め、受験準備教育機関も中等教育機関も入学試験に通用する学力を担保するためにその水準の維持向上に努めた。その限りにあって、諸機関は同じ方向を向いていたといってよい。

ところが、学校制度の整備とともに、入学試験という装置は引き継ぎながらも、その性格を変えることになった。その結果、同じ方向を向いていた諸機関は、その向きをそれぞれ変えていくことになった。高等学校は「選抜」を自明のものとして、選抜度の高い入学試験を維持した。予備校はそのような「選抜」により入学を果たし得ない青年たちを親切なまでに支え、受験メディアは立身出世主義のメンタリティを保持する受験生を助長した。いわば「選抜」の下請けとなった。一方の中学校は、進学要求を持った青年を抱えつつも、自らの教育機関としての完結性を主張し、単なる上級学校への通過点、すなわち「選抜」の下請けであることから逃れようとした。この後の展開は、このように交錯する諸機関の思惑をいかに調整していくかということになる。二〇世紀の「受験」を規定する構図は、近代日本における学校制度の確立にともない成立したのである。

2 今後の課題と展望

明治後期に発生した諸事象や問題は、その後の時代に拡大、発展していくことになる。その点を探求していくことが第一の課題である。以下、入学試験制度、受験準備教育、中学校に関して、それぞれ今後の課題について述べていく。

学校間格差をめぐる問題は、一九一七(大正六)年の総合選抜制の再導入、一九二六(大正一五・昭和元)年の二班制の導入時にも再び問題視される。(1) つまり、明治期に「発見」された学校間格差の問題は、その後も一向に収まることはなく、幾度となく入試制度改革の理由となっていく。学校間格差と入学試験制度改革との関係については、その後の動向も検討していかなければならない。

他校種からの進出の多かった予備校は、大学令等の法令改正や入学時期の四月統一にともない、受験準備専門の予備校が台頭することになる。また、明治期には必要悪という評価にとどまっていた予備校の評価にも変化が見られるようになる。(2)

明治期における他校種からの参入による予備校の隆盛は、新たな問題を生み出すことにもなった。私立大学による予備校の設置は、帝国大学と私立大学との格差を明確にさせることになった。そもそも依拠する法令が異なる上に、設備等の物理的な面でもその差は歴然としてはいた。その上に、予備校を設置する一方で、予科も予備校的な機能を保有させることで、私立大学は帝国大学に人材を供給する存在として機能する、すなわち帝国大学の下位に位置することが明確になってしまったのである。それゆえに、一九一八（大正七）年の大学令により、法令上は帝国大学と私立大学が対等になってからは、この種の予備校は姿を消すことになる。大学令における予科は、高等学校高等科に相当させるべく二年ないし三年の課程を設置することになっていたので、予備校との並行運営を不可能にさせるものでもあった。

受験準備教育機関として機能した中学校補習科は、大正後期に入ってその設置道府県数を減少させることになった(3)。つまり、大正期以降の学制改革が、結果的に受験準備専門の予備校の台頭を呼んだということである。大正期以降の実態の解明が求められる。

受験メディアも、大正期以降に広がりを見せる。『受験と学生』や『受験旬報』などの雑誌も刊行されるようになる。上級学校への進学者層の拡大により、受験メディアはさらなる隆盛を見せる。「受験」の展開過程における受験メディアが提供した情報の詳細の検討が必要である(4)。

中学校の独自性は、大正期の臨時教育会議における年限短縮の議論で再び問われることになった。どの学校も年限短縮を拒む中で、消去法的に中学校が年限短縮の対象に選ばれてしまったというその事実が、準備教育に傾倒する中学校の苦悩を端的に示している(5)。

中学校における実業教育の導入は、一九三一（昭和六）年の第一種第二種課程の導入という形で実現する。第一種が隆盛を極めたというわけでもないが、それ相応の中学校が第一種課程を設置した。その一方で、補習科を設置しつづけた地域では、受験準備への傾倒が見られる。このような分断された中学校の状況も検討されなければならない。[6]

さらに、上級学校の中学校教育への配慮のなさに対して、中学校側も入試問題講評という形で反論するようになる。[7] 進学可能な青年の量的拡大は、中学校と高等学校との新たな関係を生み出すことにもなったのである。両者の関係の変化も検討が必要である。

もう一つは、本書で捨象した点に関わるものである。「受験」が成立しつつあった明治後期に、当の高等学校はさまざまな形で廃止の危機に見舞われた。学制改革論議の中ではおおむね廃止の対象となり、一九一一（明治四四）年の高等中学校令はまさしく高等学校を廃止しようというものであった。歴史に仮定は禁物だが、仮に高等中学校令が施行されたならば、「選抜」としての入学試験というあり方自体も変容を迫られたであろう。[8] しかし、学制改革論議は議論のレベルにとどまり、高等中学校令も無期延期となった。結果的に高等学校も生き残り、「受験」も続くことになるために、本書ではその問題について触れることはしなかった。しかし、本論文で明らかになった状況を、その状況に異を唱えていた文脈の中に置き直してみる必要はあるだろう。これが第二の課題である。

注

（1）一九一七（大正六）年の総合選抜制の再導入については、吉野剛弘「大正前期における旧制高等学校入試――入学試験をめぐる議論と入試制度改革」『慶應義塾大学大学院社会学研究科紀要』第五三号、二〇〇一年を参照されたい。

（2）大正期以降の進学案内書や受験雑誌における予備校の評価に関しては、吉野剛弘「受験雑誌・進学案内書にみる近代日本における予備校」『哲学（三田哲学会）』第一一五集、二〇〇六年を参照されたい。

（3）中学校補習科の全国的な設置動向については、吉野剛弘「『全国中学校ニ関スル諸調査』にみる旧制中学校の補習科」『中等教育史研究』第一九号、二〇一二年を参照されたい。

（4）『受験と学生』については、菅原亮芳編著『受験・進学・学校――近代日本教育雑誌にみる情報の研究』学文社、二〇〇八年において分析されている（第一章第二節。執筆者は船寄俊雄）が、さらなる検討が必要である。

（5）高等学校入試における「四修」をめぐる臨時教育会議での議論の経緯、その後の論争については、吉野剛弘「大正後期の旧制高等学校入試における「四修」について――第七高等学校造士館を中心に」『大学史研究』第一七号、二〇〇一年、同「文部省の調査にみる大正後期の旧制高等学校入試における「四修」」『大学史研究』第二〇号、二〇〇四年を参照されたい。

（6）さしあたって、吉野剛弘「昭和初期の旧制中学校における進学志向と補習科――広島県立福山誠之館中学校を事例として――」『日本教育史研究』第三六号、二〇一七年を参照されたい。

（7）一九三〇（昭和五）年に限定されるが、この年の入試問題講評にみる中学校と高等学校とのせめぎ合いについては、吉野剛弘「高等学校入試における中学校と高等学校との相克――一九三〇（昭和五）年の高等学校入試の講評の分析を通して」田中克佳編著『「教育」を問う教育学――教育への視角とアプローチ』慶應義塾大学出版会、二〇〇六年所収を参照されたい。

（8）一九一一（明治四四）年の高等中学校令については、市川美佐子「一九一一（明治四四）年高等中学校令の成立過程――「中学教育令」案を中心として」『日本の教育史学』第二〇集、一九七七年、同「小松原文相期における学制改革構想と高等中学校令」『国立教育研究所紀要』第九五集、一九七八年に詳しい。

あとがき

本書は、二〇一五（平成二七）年度に慶應義塾大学に提出した博士論文「近代日本における中等・高等教育制度の確立と「受験」の成立」を加筆修正したものである。

この博士論文は、それまでに執筆してきた左記の論文がもとになっている。特定の章ないし節に対応したものもあれば、複数にまたがるもの、博士論文全体の構想に関わるものなど多岐にわたっている。また、論文の一部のみが反映されている場合もある。そのような事情があるため、刊行順に列挙するにとどめる。

「近代日本における予備校の歴史」『慶應義塾大学大学院社会学研究科紀要』第四八号、一九九九年。

「明治後期における旧制高等学校受験生と予備校」『慶應義塾大学大学院社会学研究科紀要』第五一号、二〇〇〇年。

「明治後期における旧制高等学校入試――文部省の入試政策と各学校への影響を中心に」『慶應義塾大学大学院社会学研究科紀要』第五二号、二〇〇一年。

「改正高等学校令前の高等学校入試の講評にみる入学試験観と学校間格差」『中等教育史研究』第一〇号、二〇〇二年。

「近代日本における受験準備教育機関――研数学館を事例として」『鹿児島女子短期大学紀要』第四〇号、二〇〇五年。

「受験雑誌・進学案内書にみる近代日本における予備校」『哲学（三田哲学会）』第一一五集、二〇〇六年。

「受験準備教育機関としての旧制中学校の補習科――東京府立中学校を事例として」『人間と社会の探求（慶應義塾大学大学院社会学研究科紀要）』第六六号、二〇〇八年。

「雑誌『中学世界』にあらわれた受験・進学情報」『中等教育史研究』第一〇号、二〇一〇年。

第九章「雑誌『中学世界』の書誌的分析」第一〇章「雑誌『中学世界』にみる受験・進学情報」『近代日本人のキャリアデザイン形成と教育ジャーナリズム』高崎商科大学、二〇一一年（二〇〇七～二〇一〇年度科学研究費補助金　基盤研究〈B〉研究成果報告書）。

「宮崎県の旧制中学校と受験準備教育――宮崎中学校を事例として」『人間と社会の探求（慶應義塾大学大学院社会学研究科紀要）』第七二号、二〇一一年。

「明治後期における旧制中学校補習科関係法令の変遷とその影響」『人間と社会の探求（慶應義塾大学大学院社会学研究科紀要）』第七六号、二〇一三年。

「明治後期の中等教育と高等教育とのアーティキュレーション」『近代日本研究』第三一巻、二〇一五年。

「旧制中学校補習科における実業科目の導入と挫折――千葉中学校の実業補習科を通して」『日本の教育史学』第五八集、二〇一五年。


博士論文の執筆に至るまでに、研究代表者ないし連携研究者として、三度の研究補助を受ける機会に恵まれた。すなわち、本書は、「旧制高等学校の入学試験制度と受験準備教育機関（予備校）の歴史の研究」（二〇〇〇～二〇〇二年度科学研究費補助金〈特別研究費奨励費〉）、「近代日本人のキャリアデザインの形成と教育ジャーナリズム」（二〇〇七～二〇一〇年度科学研究費補助金　基盤研究〈B〉)、「学校内受験準備教育機関としての旧制中学校の補習科の歴史的研究」(二〇一一～二〇一四年度科学研究費補助金　若手研究〈B〉)の研究成果でもある。記して感謝の意を表したい。

この研究に入りはじめたきっかけは、高校に入学した一九九一(平成三)年にまで遡る。第二次ベビーブーマーが大学受験を迎えようという時期にあって、予備校はまさしく隆盛を極めていた。私立の中高一貫校に通っていた私も、ご多聞にもれずお茶の水にある某予備校の現役生クラスの授業を受けに行っていた。一九九一(平成三)年の春期講習が私にとっての予備校の最初の経験となるが、そのときのパンフレットを捨てそびれ、夏を迎えてしまった。春期講習に夏期講習、これといった理由もなくたまってしまったパンフレットを見て、それらを捨てずに集めはじめたのが、私の予備校研究の出発点である。当時は隆盛を極めていたこの華やかなる機関に、私はすっかりはまってしまった。

そんな予備校フリークの割には浪人もせずに大学に入学したが、アルバイトで始めた某進学塾の講師の仕事には力を入れるも、およそ真面目とは言い難い学部時代を過ごした。卒業論文は、戦前期の日本の予備校の歴史を概観するものを書いたが、いわばこれを思い出に予備校業界に行けばいいかと考えていたくらいである。もっとも、学部四年の夏に受けた某予備校の講師の採用試験の問題を見て、担当教科の専門性の壁の高さを知り、その構想はあっさり消えることになったのだが。

アルバイトをしていた進学塾の正社員になるという考えもなくはなかったが、就職活動というものに今一つ気分が乗らず、大学院に進んだ。ずいぶん不純な動機ではあるが、文系の大学院に進んだ以上、もう娑婆には戻れないだろうという思いもあったので、とにかく研究しようと決めた。教育史研究というものに本格的に向き合うようになったのは、大学院に入ってからということになるのだろう。といっても、性格が急に直るはずもなく、周囲の人々と比べてかなり軽薄だったように思う。

思い出づくりに書いた卒論を学内紀要に掲載する機会に恵まれ、修士課程のうちに業績があったことも幸いしたのか、博士課程進学とともに日本学術振興会特別研究員に採用された。博士課程の三年になり、オーバードクターも覚悟しなければならないかと思っていたところに、最初の赴任校である鹿児島女子短期大学の就職話をいただき、あれよあれよという間に大学教員の道を歩みはじめた。

文系にあっても博士号を早く取るべきという時代の流れもあり、旧制高等学校の入学試験の通史を書くという課程博士論文の研究計画書を通した上での就職であった。しかし、教員ともなれば、研究も職務の合間にせざるを得ないわけで、新たな環境に流されるままに、二〇〇六（平成一八）年三月に課程博士の期限は切れてしまった。

課程博士の期限は過ぎ去るも、当時の私は鹿児島より東京に戻り、任期付教員の身分であった。一定の期間を経れば他大学への異動を余儀なくされる身であるから、公募に通るためにも博士論文は書かねばならないものになった。任期付と言っても何やかんやでテニュアになれるだろうから大丈夫という甘い言葉に唆されて早々に異動を決めた自分を後悔しつつ、安定した身分を犠牲にしたという負債を帳消しにするためにも、博士論文を書き上げねばならなかったという方が正確な言い方だろう。

そのような中で、何とか書き上げたのが、本書のもとになる博士論文である。二〇一五（平成二七）年に書き上げたのだから、大学院修士課程に入学した一九九八（平成一〇）年を起点とすれば、一七年もの時間がかかったことになる。「美人薄命」の言葉を信じ、夭逝することを夢想していた私からすると、あまりにも長い時間である。とはいえ、博士論文に本格的に取りかかったのは二〇一五（平成二七）年に入ってからだから、実質的には九か月で書き上げた計算である。公募書類を書きつつ、博士論文も書いていたわけだが、よくそんなことができたものと我ながら感心してしまう。加齢とともに体力の低下は避けられないから、おそらくあの時期での博士論文の執筆は、私の人生の中で最後のチャンスだったようにすら思う。

本書の出版にあたっては、多くの方々に指導をいただいてきた。周囲の人々に恵まれる状況をして、高校野球界で某王子と呼ばれていた人が「持っている」と自らを評しているのを聞いたことがあるが、私も相当「持っている」人間だとつくづく思わずにはいられない。

博士論文の主査を務めていただいた米山光儀先生には、大学院入学時から現在に至るまでご指導をいただいた。直接的な指導関係が生じたのは博士課程進学時に副指導教授になっていただいたときからであるが、修士課程の頃から授業その他の場を通じてご指導くださった。また、正指導教授であった田中克佳先生が逝去されてからは、事実上の指導教授としていろいろと気にかけていただいた。博士論文の執筆に至ったのは、二〇一五（平成二七）年の年賀状がきっかけである。ご自身のサバティカルがなくなったので、私に博士論文を書くようにと尻を叩いていただいたわけだが、この一通の年賀状なくして本書の存在もまたあり得ない。

日本近代社会教育史を専攻されている先生からすれば、私は畑違いの人間である。慶應義塾一五〇周年事業にもお忙しく関わられる中、そのような畑違いの人間に研究の指導をされるのは、決して楽なことではなかったものと思われる。博士号の取得と本書の出版をもって、これまでの学恩へのいくらかの恩返しはできたのだろうかという点だけが気がかりである。

副査を務めていただいた松浦良充先生には、高等教育に関する歴史研究をされている立場からご助言いただいた。高等教育史といっても、先生の専攻されるアメリカと、本書が対象とする日本には、ずいぶんな違いがある。また、松浦先生が着任された頃の私は博士課程三年であり、授業を履修することもなく、私は就職してしまった。その後も慶應の関係者という中で交流はあったものの、特段の指導関係があったかといわれると、そうでもないといわざるを得ない。そのような状況で、かつ学会や学内での要職としての公務に大変ご多忙な中、博士論文の審査を快諾いただいた。

学外より副査を務めていただいた荒井明夫先生には、近代日本の中等教育史研究の立場からご助言いただいた。荒井先生とは、博士課程在籍中に入会した中等教育史研究会や全国地方教育史学会を中心に、さまざまな機会にご指導とご助言をいただいた。また、明治前期の中学校形成史の共同研究のメンバーにも加えていただき、研究手法を磨く機会を与えていただいた。

任期切れが迫っていた二〇一五（平成二七）年の年賀状では、まずは博士論文を書くことから始めなければならないという抱負を、何人かの先生方には表明していた。荒井先生もそのお一人だったのだが、そこにいち早く反応いただき、博士論文の相談に乗っていただいた。米山先生からの年賀状、荒井先生への相談、この二つが揃ったときに私の博士論文執筆が始まったことを考えると、感謝の意とともに、深い感慨を覚える。

また、菅原亮芳先生には、先生を研究代表者とする科研費の研究会の一員として加えていただいた。本書の第四章は、この研究会での成果が母体となっている。あの研究会なくしては、本書もなかったということである。

これまでに記した方々の他に、慶應義塾大学の教育学専攻の諸先生方、大学院でともに学んだ先輩・同輩・後輩の支えがあったからのことであることはいうまでもない。お世辞にも人数の多い所帯とはいえない教育学専攻であるから、在籍していた時期によっては、必ずしも私のように恵まれた環境に浴することができるとも限らない。忌憚なく議論を交わせる環境に身を置けた私は、やはり「持っている」ということなのだろう。

研究者として多くの学会や研究会に所属しているが、中等教育史研究会は、研究上の刺激を受けるという点はもちろんのことであるが、学会のたびに同宿し放談する、浮田真弓さん、三上敦史さん、三木一司さんという友人（といっても七歳年上の方々だが）に恵まれたという点でも、私にとって非常に重要な存在である。思えば二〇一五

(平成二七) 年の春の中等教育史研究会では、博士論文の構想について発表をし、会員諸氏から貴重な助言をいただいた。ここに名前を逐一記すことはしないが、あの発表からいくらかの修正を経て、何とか博士論文を書けたのだから、あの研究会での発表もまた本書の起点の一つというべきである。

本書の執筆にあたっては、多くの史料を探索することになった。図書館に行くのは当然であるが、公文書館や大学文書館、さらには史料公開を業としていない場所にまで赴くことになった。千葉県文書館、東京都公文書館、大阪府公文書館、宮崎県文書センター、東京大学文書館、京都大学大学文書館、熊本大学五高記念館、山口大学経済学部東亜経済研究所、千葉県立千葉高等学校、宮崎県立大宮高等学校では、史料を閲覧させていただくのみならず、さまざまなご助言をいただく機会もあった。

ここまでつつがなく研究生活を送ることができたのは、両親の支えがあってこそのことである。大学院に進み、傍から見れば何をやっているのかよく分からない研究なるものを進める私が、経済的に困ることもなく研究生活を送ることができたのは、両親の惜しみない援助のためである。世間一般では、孫の顔を見せてやるというのが最大の親孝行というものらしい。しかし、孫を産み出す体力は私にはもはや残されていないので、本書を孫と思っていただくより他はあるまい。

本書の刊行に際しては、元・株式会社ミネルヴァ書房の東寿浩さんに大変お世話になった。東さんと最初にお会いしたのは、博士論文が通った直後の二〇一六 (平成二八) 年の三月に、本書とは別の企画の話を聞くためであった。どこかで見たことのあるようなと思っていたら、私がアルバイトで勤めていた進学塾の某教室で、講師と生徒として会っていたのだという。通常授業の担当ではなかったが、単科講座あたりで教えたことがあるのかもしれない。世間は狭い。そして、何とも奇遇なことである。本書の編集担当者は、途中で二回の変更を経て最終的に水野安奈さんにかわったが、初校段階での変更にもかかわらず、さまざまなことにご対応いただいた。このような貴重な出会いもあり、本書を公にすることができた。記して感謝の意を表したい。

二〇一八（平成三〇）年より、埼玉学園大学に奉職することとなった。本書は、埼玉学園大学研究叢書として、出版助成を得て刊行されたものである。着任早々に助成の申請をしたのだが、新たな勤務先で何も為していない状況で申請したということでもある。そのようなこともあり、出版助成を申請するということについて思うところがなかったわけでもないのだが、早期の出版を望むこちらの意向を酌んでいただき、埼玉学園大学研究叢書第一七巻として刊行する機会を得た。学長である峯岸進先生をはじめとする叢書刊行委員会の委員の方々に厚く御礼を申し上げたい。

二〇一九年一月

吉野剛弘

索　　引

あ　行

か　行

さ　行

た　行

な・は行

ま・や行

ら・わ行

参考文献・史料

書　籍

天野郁夫『旧制専門学校論』玉川大学出版部，1993年。

天野郁夫『試験の社会史――近代日本の試験・教育・社会』東京大学出版会，1983年。

天野郁夫『学歴の社会史――教育と日本の近代』新潮選書，1992年。

池田雅則『私塾の近代　越後・長善館と民の近代教育の原風景』東京大学出版会，2014年。

遠藤芳信『近代日本軍隊教育史研究』青木書店，1994年。

大村喜吉『斎藤秀三郎伝――その生涯と業績』吾妻書房，1960年。

海後宗臣編『井上毅の教育政策』東京大学出版会，1968年。

神辺靖光『日本における中学校形成史の研究（明治初期編）』多賀出版，1993年。

神辺靖光編著『明治前期中学校形成史』府県別編１・２・３，梓出版社，2006・2013・2014年。

旧制高等学校資料保存会編『資料集成　旧制高等学校全書』昭和出版，1980-1985年。

教育史編纂会編『明治以降教育制度発達史』全13巻，龍吟社，1938-1939年。

厳平『三高の見果てぬ夢――中等・高等教育成立過程と折田彦市』思文閣出版，2008年。

国立教育研究所『日本近代教育百年史』国立教育研究所，1973-1974年。

小宮山道夫『熊本大学五高記念館所蔵第五高等中学校史料――協議会・高等中学校長会議関係』（平成20・21年度科学研究費補助金研究成果報告書）2010年。

小宮山道夫『学校間接続関係の形成と近代教育政策の地方における受容過程に関する実証的研究』（平成22～24年度科学研究補助金研究成果報告書）2013年。

斉藤利彦『競争と管理の学校史――明治後期中学校教育の展開』東京大学出版会，1995年。

佐々木享『大学入試制度』大月書店，1984年。

佐々木享『わが国大学入学試験制度の総合的調査研究（アーティキュレイション問題を中心に）』（昭和62年度科学研究費補助金　一般研究〈Ｂ〉 研究成果報告書）1988年。

新谷恭明『尋常中学校の成立』九州大学出版会，1997年。

菅原亮芳編『受験・進学・学校――近代日本教育雑誌にみる情報の研究』学文社，2008

年。

菅原亮芳『近代日本における学校選択情報――雑誌メディアは何を伝えたか』学文社，2013年。

武石典史『近代東京の私立中学校――上京と立身出世の社会史』ミネルヴァ書房，2012年。

竹内洋『立志・苦学・出世――受験生の社会史』講談社現代新書，1991年。

竹内洋『学歴貴族の栄光と挫折』日本の近代 12，中央公論新社，1999年。

辰野隆編『落第読本』鱒書房，1955年。

田中智子『近代日本高等教育体制の黎明――交錯する地域と国とキリスト教界』思文閣出版，2012年。

谷口琢男『日本中等教育改革史研究序説――実学主義中等教育の摂取と展開』第一法規出版，1988年。

寺崎昌男・編集委員会編『近代日本における知の配分と国民統合』第一法規出版，1993年。

筧田知義『旧制高等学校教育の成立』ミネルヴァ書房，1975年。

東京都立教育研究所編『東京都教育史』通史篇１～４，東京都立教育研究所，1994-1997年。

外山正一『藩閥之将来』博文館，1899年。

永添祥多『長州閥の教育戦略――近代日本の進学教育の黎明』九州大学出版会，2006年。

日本教育学会入試制度研究会編『大学入試制度の教育学的研究』東京大学出版会，1983年。

町田祐一『近代日本と「高等遊民」――社会問題化する知識青年層』吉川弘文館，2010年。

望田幸男編『国際比較・近代中等教育の構造と機能』名古屋大学出版会，1990年。

米田俊彦『近代日本中学校制度の確立――法制・教育機能・支持基盤の形成』東京大学出版会，1992年。

論　文

荒井明夫「山口高等中学校の性格と歴史的役割」『地方教育史研究』第23号，2002年。

伊藤彰浩「日露戦争後における教育過剰問題――「高等遊民」論を中心に」『名古屋大学教育学部紀要（教育学科）』第33巻，1986年。

神立春樹「明治36年度全国高等学校入学試験状況――旧々山口高等学校の進退窮まれるをみる」『岡山大学経済学会雑誌』第27巻第１号，1995年。

小宮山道夫「高等中学校と尋常中学校との接続関係に関する研究――第五高等中学校における入退学実態の分析」『一八八〇年代教育史研究年報』第3号，2011年。

斉藤利彦「学校・競争・淘汰――明治期における試験と進学の態様」『思想』第831号，1993年。

佐々木享「大学入試の歴史（第37回-第39回）」『大学進学研究』第14巻第2-5号，1992-1993年。

佐々木享「学校間の「接続関係」に関する覚え書き――近代日本の高等教育における入学者選抜制度史序説」『愛知大学文学論叢』通号116，1998年。

菅原亮芳「近代日本私学教育史研究（1）-（6）」『日本私学教育研究所紀要』第32号（1）-第37号（6），1996-2002年。

関口（小金井）義「各種学校の歴史②・⑥」『各種学校教育』第2号・7号，1965・1966年。

関口義「わが国に於ける予備校の発達過程とその展望」『天王寺予備校二十年史』天王寺学館，1974年。

田中政男「「高等予科学生原簿」（第一号）に見る予科生の実態」『明治大学史紀要』第10号，1992年。

谷口琢男「明治中期の中等教育改革――尋常中学校実科構想とその事例の考察を中心として」『茨城大学教育学部紀要』第18号，1969年。

谷本宗生「私立東京英語学校生・上田英吉の「遊学日記」（その1）（その2）」『一八八〇年代教育史研究紀要』第1・2号，2009年・2010年。

寺崎昌男「日本における近代学校体系の整備と青年の進路」『教育学研究』第44巻第2号，1977年。

中川言美「防長教育会による育英事業の展開――山口高等学校廃止前を中心として」『広島大学教育学部紀要　第1部（教育学）』第41号，1992年。

中島太郎「旧制高等学校制度の成立」『東北大学教育学部研究年報』第5集，1957年。

中島太郎「旧制高等学校制度の変遷（Ⅰ）-（Ⅲ）」『東北大学教育学部研究年報』第11-13集，1963-1965年。

中野実「帝国大学体制成立前史（2）――大学分校を中心にして」『東京大学史紀要』第18号，2000年。

西山伸「第三高等中学校における「無試験入学制度」」『地方教育史研究』第23号，2002年。

学校沿革史

第一高等学校編『第一高等学校六十年史』第一高等学校，1939年。

第七高等学校記念祝賀会編『記念誌』第七高等学校記念祝賀会，1926年。

『龍南会雑誌』第五高等中学龍南会，1891-1919年。

『校友会会誌』第六高等学校校友会，1902-1916年。

山口高等商業学校編『山口高等商業学校沿革史』山口高等商業学校，1940年。

防長教育会編『防長教育会百年史』防長教育会，1984年。

河野隆二編『資料と写真で見る研数』研数学館，1989年。

慶應義塾編『慶應義塾百年史』上・中（前後）・下・別巻，慶應義塾，1958-1969年。

専修大学編『専修大学百年史』専修大学出版局，1981年。

中央大学編『中央大学五十年史』中央大学，1935年。

中央大学七十年史編纂所編『中央大学七十年史』中央大学，1955年。

中央大学百年史編集委員会専門委員会編『中央大学史資料集』第2集，中央大学大学史編纂課，1987年。

東京大学百年史編集委員会編『東京大学百年史　通史1』東京大学，1984年。

東洋大学創立百年史編纂委員会・東洋大学井上円了記念学術センター編『東洋大学百年史』東洋大学，全8巻，1988-1995年。

日本大学『日本大学七十年略史』日本大学，1959年。

日本大学編『日本大学九十年史』日本大学，1982年。

日本大学百年史編纂委員会編纂『日本大学百年史』全5巻，日本大学，1997-2006年。

法政大学『法政大学百年史』法政大学，1980年。

明治大学百年史編纂委員会編『明治大学百年史』全4巻，明治大学，1986-1994年。

明治大学広報課歴史編纂資料室編『資料　明治大学教育制度発達史稿』〔2〕〔3〕明治大学広報課歴史編纂資料室，1977・1978年。

立命館百年史編纂委員会『立命館百年史　通史1』立命館，1999年。

100周年記念誌編集委員会編『創立百年』千葉県立千葉高等学校創立100周年記念事業期成会，1979年。

錦城学園百年史編纂委員会編『錦城百年史』錦城学園，1984年。

正則学園高等学校『正則学園八十年小史』正則学園高等学校，1979年。

正則学園編『正則学園史　紫紺百年の時を刻みて』正則学園，1996年。

東京開成中学校『東京開成中学校校史資料』東京開成中学校，1936年。

東京府立第一中学校編『東京府立第一中学校創立五十年史』東京府立第一中学校，1929年。

日本中学校編『日本中学校五十年史』日本中学校，1937年。

早稲田中・高等学校校史編纂委員会『早稲田中学校　早稲田高等学校　百年の軌跡――1895年（明治28年）～1995年（平成７年）』早稲田中学校，1995年。

宮崎県立宮崎大宮高等学校創立百周年事業委員会大宮高校百年史編集委員会編『大宮高校百年史』宮崎県立大宮高等学校弦月同窓会，1991年。

史料（公文書関係）

『官報』

『文部省年報』

『文部省例規類纂』

文部省教育調査部『高等学校関係法令の沿革』文部省，1940年。

文部省専門学務局『明治三十八年高等学校大学予科入学者選抜試験報告』1906年。

文部省専門学務局『明治三十九年高等学校大学予科入学者選抜試験報告』1907年。

文部省専門学務局『明治四十年高等学校大学予科入学者選抜試験報告』1908年。

文部省専門学務局『明治四十二年高等学校大学予科入学者選抜試験報告』1910年。

文部省専門学務局『明治四十三年高等学校大学予科入学者選抜試験報告』1911年。

文部省専門学務局『明治四十四年高等学校大学予科入学者選抜試験報告』1912年。

文部省専門学務局『明治四十五年高等学校大学予科入学者選抜試験報告』1913年。

文部省専門学務局『大正二年高等学校大学予科入学者選抜試験報告』1914年。

文部省専門学務局『大正四年高等学校大学予科入学者選抜試験報告』1916年。

高等教育会議編『高等教育会議決議録（自第１回至第５回・自第８回至第11回）』

『第七回高等教育会議議事速記録』文部省，1903年。

『高等学校入学，卒業及帝国大学卒業ノ三点ニ於テ各成績良好ナルモノノ他ノ二点ニ於ケル成績関係調』（慶應義塾大学図書館所蔵）

『高等学校ニ於ケル入学志願者，入学試験受験者及入学者数並入学志願者及入学者ノ年齢調　高等学校入学者ノ入学前ノ履歴　高等学校卒業生在学年数調　高等学校入学者入学後ノ死亡者数調』（慶應義塾大学図書館所蔵）

『開成学校一覧』

『東京大学予備門一覧』

『東京英語学校一覧』

『山口高等中学校一覧』

『全国（公立私立）中学校ニ関スル諸調査』

『文部省及諸向往復書簡』（東京大学史史料室所蔵）

『専門学務局往復書類』（京都大学大学文書館所蔵）
『高等学校長会議決議』（五高記念館所蔵）
『明治二十七年ヨリ明治三十三年八月ニ至ル　文部省達通牒等綴　其他書類』（山口大学経済学部東亜経済研究所所蔵）
『東京府学事年報』
『各種学校ニ関スル書類』（621-C7-13・1896（明治29）年，621-C7-14・1896（明治29）年，622-D5-14・1897（明治30）年）（東京都公文書館所蔵）
『私立各種学校』（624-D7-5・1900（明治33）年，624-A5-8・1901（明治34）年，625-B6-1・1902（明治35）年，625-B6-2・1902（明治35）年，625-D5-3・1903（明治36）年，625-D5-5・1903（明治36）年，626-C5-10・1904（明治37）年，627-B5-22・1906（明治39）年）（東京都公文書館所蔵）
『私立学校』（627-D5-1・1907（明治40）年，627-D5-3・1907（明治40）年，627-D5-4・1907（明治40）年，627-D5-5・1907（明治40）年，628-C6-5・1908（明治41）年，629-A5-13，1909（明治42）年）（東京都公文書館所蔵）
『府立学校』（625-B5-15・1902（明治35）年，626-C5-2・1904（明治37）年，626-A5-2・1905（明治38）年，629-C5-6・1910（明治43）年）（東京都公文書館所蔵）
『例規』（626-C5-1・1904（明治37）年）（東京都公文書館所蔵）
『宮崎県学事年報』
『中学校高等女学校農学校』（簿冊番号：25015）（宮崎県文書センター所蔵）
『学事関係諸令達通牒』（簿冊番号：108527）（宮崎県文書センター所蔵）
『通常大阪府会速記録』『明治三三年府会市部会郡部会速記録』（(C0-0059-6060）大阪府公文書館所蔵）
『通常大阪府会速記録』『明治三四年府会市部会郡部会速記録』（(C0-0059-6062）大阪府公文書館所蔵）
『梅川卓家文書 10』（大阪府公文書館所蔵，K0-0010-111）
『密大日記』（明治40年）（JACAR〈アジア歴史資料センター〉レファレンスコード：C03022884400）（防衛省防衛研究所）
『千葉県統計書』
『千葉県報』
『明治三十三年四月　回議綴』（千葉県立千葉高等学校所蔵）
『明治四十一年　回議綴』（千葉県立千葉高等学校所蔵）
『大正二年度　回議綴』（千葉県立千葉高等学校所蔵）
『創立四十年千葉中学校要覧』1917年（千葉県立千葉高等学校所蔵）

『千葉県尋常中学校沿革概略』1911年（千葉県立千葉高等学校所蔵）
『補習科参考書類』（千葉県立千葉高等学校所蔵）

史料（進学案内書関係）

文淵編『明治24年　東京遊学案内』少年園，1891年。
黒川安治編『明治25年　東京遊学案内』少年園，1892年。
黒川隆一編『明治26年　東京遊学案内』少年園，1893年。
黒川敏隆編『明治27年　東京遊学案内』少年園，1894年。
黒川敏隆編『明治28年　東京遊学案内』少年園，1895年。
黒川敏隆編『明治29年　東京遊学案内』少年園，1896年。
少年園編『明治30年　東京遊学案内』少年園，1897年。
少年園編『明治31年　東京遊学案内』少年園，1898年。
少年園編『明治32年　東京遊学案内』少年園，1899年。
少年園編『明治33年　東京遊学案内』少年園，1900年。
少年園編『明治35年　東京遊学案内』内外出版協会，1902年。
京都帝国大学自彊会同人編『学界之先蹤　青年修学指針』博文館，1906年。
高橋都素武『全国学校案内』内外出版協会，1909年。
長坂金雄『全国学校沿革史』東都通信社，1914年。
帝国教育会編『学生年鑑』冨山房，1917年。

新聞・雑誌

『朝日新聞』
『東海新聞』
『東京日日新聞』
『防長新聞』
『讀賣新聞』
『教育界』
『教育学術界』
『教育時論』
『中学世界』
『千葉教育雑誌』
『法学新報』
『日本法政新誌』

《著者紹介》

吉野　剛弘（よしの・たけひろ）

1975年　千葉県生まれ。
1998年　慶應義塾大学文学部卒業。
2016年　慶應義塾大学大学院社会学研究科博士課程修了。
博士（教育学）。
鹿児島女子短期大学講師，東京電機大学講師などを経て，
現　在　埼玉学園大学人間学部准教授。
著　書　『「教育」を考える教育学』（共著，慶應義塾大学出版会，2006年），
『明治前期中学校形成史　府県別編Ⅲ　東日本』（共著，梓出版社，2014年）など。

埼玉学園大学研究叢書第17巻
近代日本における「受験」の成立
――「資格」試験から「選抜」試験へ――

2019年2月10日　初版第1刷発行　〈検印省略〉

定価はカバーに
表示しています

著　者　吉　野　剛　弘
発行者　杉　田　啓　三
印刷者　坂　本　喜　杏

発行所　株式会社　ミネルヴァ書房
607-8494　京都市山科区日ノ岡堤谷町1
電話代表　(075) 581-5191
振替口座　01020-0-8076

冨山房インターナショナル

ISBN 978-4-623-08473-9
Printed in Japan